Pädagogik, Landwirtschaft, Medizin oder Kunst – auf zahlreichen Gebieten haben Rudolf Steiner (1861–1925) und die Anthroposophie bis heute großen Einfluss. Zum 150. Geburtstag dieses vielseitigen Gelehrten, der als Anthroposoph, Schulbegründer und Sozialreformer weltweit bekannt wurde, hat Walter Kugler sein Kompendium zu Steiners Werk grundlegend überarbeitet. Mit vielen Originaldokumenten und Bildern verfolgt Kugler die Beiträge Rudolf Steiners zur Wissenschaft, Kunst und zur sozialen Frage und gibt eine umfassende Einführung in seine Denkweise.

Prof. Dr. Walter Kugler, geboren 1948, studierte Musik, Erziehungswissenschaften und Politologie, lehrte an der Universität Köln und anderen Instituten und ist Leiter des Rudolf Steiner Archivs in Dornach bei Basel. Seit 2008 ist er Professor of Fine Art an der Brookes University in Oxford. Im DuMont Buchverlag ist bisher von ihm erschienen ›Rudolf Steiner in Kunst und Architektur‹ (zus. mit Simon Baur, 2007).

WALTER KUGLER

Rudolf Steiner
und die
Anthroposophie

DUMONT

Von Walter Kugler ist im DuMont Buchverlag außerdem erschienen:
Rudolf Steiner in Kunst und Architektur (zus. mit Simon Baur)

Juli 2010
DuMont Buchverlag, Köln
Alle Rechte vorbehalten
© 1978 DuMont Buchverlag, Köln
© 1991 DuMont Buchverlag, Köln
Umschlag: Zero, München
Umschlagabbildung: © akg-images
Gesetzt aus der Adobe Garamond
Satz: Angelika Kudella, Köln
Druck und Verarbeitung: CPI – Clausen & Bosse, Leck
Gedruckt auf säurefreiem und chlorfrei gebleichtem Papier
Printed in Germany
ISBN 978-3-8321-6138-5

www.dumont-buchverlag.de

INHALT

VORWORT

»Wenn man noch viel verrückter denkt, als die Philosophen,
kann man ihre Probleme lösen.«
Ludwig Wittgenstein[1]

»Du musst dein Leben ändern« – so tönte es einst dem Dichter
Rilke aus einer griechischen Skulptur entgegen und 1907 aus seinem Gedicht *Archaischer Torso Apollos* heraus. Seitdem haben Generationen von Lesern diese Aufforderung zu deuten und so mancher wohl auch zu leben versucht. Doch so befreiend dieser Aufruf
für jeden sein mag, so quälend kann er werden, wenn man sich entschließt, ihm tatsächlich auch zu folgen. »Mein Leben ändern –
gern! Aber wie?«

»Du musst dein Leben umstülpen!« – diese Empfehlung
stammt von Markus Brüderlin, derzeit Direktor des Kunstmuseums in Wolfsburg, der mit seiner Ausstellung ›Rudolf Steiner und
die Kunst der Gegenwart‹ (Mai – Oktober 2010, in Kooperation
mit dem Kunstmuseum Stuttgart) ein spannungsreiches Terrain
betreten und zugleich kreiert hat. Parallel hierzu ist in Wolfsburg
eine zweite, vom Vitra Design Museum konzipierte Ausstellung
unter dem Titel ›Rudolf Steiner – Die Alchemie des Alltags‹ zu sehen. Steiner, so hat man den Eindruck, ist rechtzeitig zu seinem
150. Geburtstag 2011 in der Gegenwart angekommen. Wenn man
Brüderlin fragt, wie er darauf gekommen ist, dann ist er, der sich
seit Jahrzehnten mit der ihm eigenen Sicherheit auf allen Ebenen
der Kunst des 20. und 21. Jahrhunderts bewegt, ganz schnell bei
Rudolf Steiner, denn seine Erfahrung lehrte ihn: An Steiner kommt
man einfach nicht vorbei, wenn es um Substanz geht. Das Heilige

und das Profane war jenes Spannungsfeld, in dem er sich scheinbar mühelos bewegte. Da ging es nicht um eine korrosionsanfällige Zementierung von Positionen, sondern um Wechselbeziehungen zwischen Geist und Materie, Innen und Außen und eben auch um Umstülpungen. Im Ausstellungskatalog liest sich das so: »Steiner hat bei dem Versuch, das Verhältnis zwischen der äußeren, physischen und der inneren, geistigen Welt darzustellen, eine Denk- und Fühl-Methode entwickelt, die auf eigentümliche Weise ein Grundprinzip der modernen Kultur, des Denkens bis hin zur Praxis der Gestaltung vorwegnimmt, und ihn als eine Schlüsselfigur des Aufbruchs in die Moderne ausweist. Es handelt sich um das Prinzip der ›Umstülpung‹, der Inversion.«[2]

Mich umstülpen, das war mein Thema Ende der sechziger Jahre, nachdem ich zunächst versucht hatte, mich mit Marx- und Engelszungen in den damaligen gesellschaftspolitischen Diskurs einzuklinken, schon bald aber dazu übergegangen war, mich mehr und mehr auf dem wachsenden Markt von zunächst weniger anstrengend daherkommenden Reformkonzepten umzusehen. Irgendwann hörte ich, dass am Anfang des 20. Jahrhunderts eine Stimme aufgetaucht war, die an Substanz, Vielfalt und Nachhaltigkeit hinsichtlich der von ihr angeregten Reformprojekte einzigartig sei. Die Rede war von Rudolf Steiner. Zu meinem großen Erstaunen war in der wissenschaftlichen Literatur nahezu nichts, oder wenn ja, dann zumeist nur Belangloses zu finden, und so begann ich nach und nach, mich durch Steiners Schriften durchzubuchstabieren. Steiner, so mein Eindruck, ist ein akribischer Sammler, ein Enzyklopädist, vor allem aber einer, dem es an Inspirationen nicht mangelt und der darum immer auch etwas in Bewegung zu setzen vermag. Von den Vorsokratikern bis zu Nietzsche, vom Anfang aller Zeiten bis zum Klassenkampf, von den Veden über die Kabbala bis hin zu Mythen unserer Tage und von Kleinstlebewesen bis zum Menschen: die Bandbreite seines Wissens und die Waghalsigkeit seiner Denkfiguren empfand ich als außergewöhnlich, vor allem aber inspirierend.

1861 im Niemandsland zwischen Österreich und Ungarn geboren und später, nach seinem Studium an der Technischen Hochschule in Wien, zunächst als Goetheforscher, Philosoph und Literaturkritiker in Fachkreisen bekannt geworden, hatte sich Steiner nach und nach einen ganz eigenen Weg durch den wissenschaftlichen und gesellschaftspolitischen Diskurs seiner Zeit gebahnt. Dabei entwickelte und vertrat er eine in seinen Augen zukunftsfähige Geisteswissenschaft, die Anthroposophie, und stellte schließlich mehr vom Kopf auf die Füße, als sich mancher träumen ließ und manch anderem lieb war. Mehrere Tausend Waldorfschulen und Kindergärten weltweit und ebenso über den ganzen Globus verteilte Kliniken, therapeutische Einrichtungen, ökologisch geführte Landwirtschaftsbetriebe und Bankinstitute schöpfen aus Steiners Ideenpotenzial, das immer auch für Irritationen gut war und noch ist. Steiner hat eben nicht nur Bücher geschrieben und mehr als 5000 Vorträge europaweit gehalten, sondern unermüdlich all jene inspiriert und unterstützt, für die es nicht darauf ankommen sollte, »dass man von einer Geistigkeit weiß oder zu wissen glaubt, sondern darauf, dass dies eine Geistigkeit ist, die auch beim Erfassen der praktischen Lebenswirklichkeit zutage tritt«.[3]

Bei Steiner, so erfuhr ich nach und nach, gab es nie einen Stillstand. Die von ihm immer wieder neu und ganz gezielt komponierten Kontrastierungen in Wort und Bild, Denken und Handeln erzeugten stets ganz unerwartete Bewegungen und provozierten neue Sichtweisen. Zwei Beispiele: In seinem Vortrag am 25. November 1923 stellt er die Frage, warum die Menschen die Rosen lieben. Seine Antwort: »Die Menschen lieben sie, weil die Rosen die allerersten

Kindheitserinnerungen aufnehmen [...] während des nächtlichen Schlafes.«⁴ So ungewöhnlich, zugleich aber sehr berührend diese Antwort ist, so überraschend ist auch sein in poetischer Manier vorgetragenes Fazit über den Zusammenhang von Schmetterling und Pflanze: »Schaue die Pflanze. Sie ist der von der Erde gefesselte Schmetterling. Schaue den Schmetterling. Er ist die vom Kosmos befreite Pflanze.«⁵

Steiners Sprache ist zweifellos keine akademische. Er führt auch nicht die Sprache des Alltäglichen, obgleich oder weil es ihm gerade um dieses zu tun war. Sein Gestus ist kein sich allem und jedem anpassendes Hinunter und auch kein verklärendes Hinauf, sondern ein ständiges Dazwischensein, zwischen Mensch und Kosmos, Idee und Erfahrung. Ihm geht es nicht um neue Wahrheiten, sondern um eine möglichst genaue Beschreibung dessen, was er sieht, dessen, was sich hinter dem Schleier (zu Sais) befindet. »Seine große Leistung«, so konnte daher der Künstler Joseph Beuys einmal sagen⁶, »ist es gewesen, gar nichts ›erfunden‹ zu haben, sondern (nur!) aus der unendlich gesteigerten Wahrnehmung heraus vorgetragen zu haben, was des Menschen höhere Sehnsucht ist, wenn er es auch noch nicht weiß.«

Um Rudolf Steiner in seiner ganzen Vielfalt und Tiefe kennenzulernen, gibt es im Grunde genommen nur eines: Steiner im Original zu lesen. Mehr als 300 Bände umfasst zurzeit die Gesamtausgabe seiner Schriften und Vorträge, die man auch in digitaler Form (HDD) haben und – je nach Interesse – ausgiebig recherchieren kann. Um einen ersten Zugang zu ermöglichen und die Art seines wissenschaftlichen Denkens verfolgen und beurteilen zu können und im Weiteren einen Einstieg in seine Überlegungen zu Fragen der Ästhetik und Kunst sowie über gesellschaftspolitisch-soziale Zusammenhänge zu ermöglichen, war dieses Buch vor mehr als dreißig Jahren geschrieben worden. Inzwischen wurde es mehrmals überarbeitet. Es ist aber dennoch das, was man vielleicht ein spätes Jugendwerk nennen kann, irgendwie geblieben. Das muss ja nicht unbedingt von Nachteil sein.

Es ist mir in all den Jahren auch nicht entgangen, dass gegenwärtig ein hohes Maß an Sensibilisierung erreicht ist für jene Worte, die eine Mitschuld an rassistischen Exzessen des 20. Jahrhunderts tragen. In diesem Zusammenhang werden in den Medien immer wieder auch Äußerungen von Rudolf Steiner zitiert. Nicht um diese zu rechtfertigen, sondern eine notwendige Differenzierung vorzunehmen, sei hierzu gesagt, dass es in dem etwa 90 000 Seiten umfassenden Werk etwa zehn Sätze gibt, die aus heutiger Sicht berechtigterweise die Empfindung einer Diskriminierung von Minderheiten aufkommen lassen können. Steiners Intention war jedoch – und schon dies ist heute problematisch –, Entwicklungsvorgänge innerhalb verschiedener Rassen oder indigener Völker minutiös zu beschreiben. Einen Überlegenheitsanspruch der einen über die andere Rasse hat er aber nie formuliert. So kulminiert jener am häufigsten zitierte Vortrag, in dem er die verschiedenen Rassen hinsichtlich ihrer physischen, seelischen und geistigen Entwicklungsdynamik behandelt, in den Worten: »Es ist einmal so beim Menschengeschlecht, dass die Menschen über die Erde hin eigentlich alle aufeinander angewiesen sind. Sie müssen einander helfen. Das ergibt sich schon aus ihrer Naturanlage.«[7] Das ist der Gestus seiner Überlegungen, der zugleich auch substanzbildend ist für die Arbeit in anthroposophisch geführten Einrichtungen weltweit.

Die Schlusszeilen dieser kleinen Vorbemerkung gehören aber nun Ernst Brücher. Ihm saß ich erstmals 1977 als Novize in Sachen DuMont-Buchautor gegenüber. Schon nach wenigen Minuten hatte ich mein sorgsam getipptes Manuskript mehrmals zusammen- und wieder auseinandergerollt, denn der Herr Verleger wollte gar nichts sehen, sondern einfach nur hören. Und so begann ich beim Saturnzustand, entwickelte mit Leidenschaft Steiners Bild vom Evolutionsgeschehen – das übrigens auch J. L. Borges sehr berührt hat – und fächerte akribisch seine Deutung der »Apokalypse« und der »Chymischen Hochzeit« auf. Da war der Beginn einer Jahrzehnte währenden Freundschaft besiegelt. – Herzlichen Dank, lieber Ernst.

Walter Kugler, Oxford im April 2010

WISSENSCHAFT

»Aus bloßer menschlicher Vorliebe heraus
sollte nicht einmal Wahrheit produziert werden.«
Rudolf Steiner[8]

Anthropologie und Anthroposophie

Der Reiz der Wissenschaft lag immer schon darin, sich auf dem Terrain von Unbestimmtheiten zu bewegen. Sie sind es letztlich, die das Erkenntnisinteresse in Bewegung bringen und Fortschritte ermöglichen. Zweifellos geht es auch hier um Aufklärung rund um gegebene Fakten, um die Bestimmung von deren Quantitäten und Qualitäten, um die Erforschung der ihnen immanenten Dynamik, vor allem aber geht es um die Freilegung jenes »imaginären Planes«, der allem und jedem Einzelnen – ursprünglich wie auch in einzelnen Phasen seiner Entwicklung – zugrunde liegt. Wissenschaft betreiben, das schließt aber vor allem auch immer ein Stück weit, so Peter Sloterdijk im Gespräch mit Hans-Jürgen Heinrichs, den »Selbstversuch« mit ein: »Wer Arzt werden möchte, muss Versuchstier sein wollen.«[9] Wissenschaft tun, so lehrt uns dieser Satz, bedeutet Risiko und, so sei hinzugefügt, auch Kritik. Dabei geht es aber nicht um Kritik im umgangssprachlichen Sinne, sondern um Kritik als Anspruch, das Bestehende und Mögliche nach seinen Bedingungen hin zu befragen, zu prüfen und zu transformieren, d. h. unter Anwendung logischen Denkens und der Vernunft in eine aktive Bewusstheit zu überführen.

Wissenschaft und damit auch geistige Veränderungen vollziehen sich zumeist auf dem Hintergrund der Entwicklung neuer Begriffe. Dies wird geradezu beispielhaft deutlich an dem Begriff »Anthropologie«, der sich zu einem eigenständigen Forschungsgebiet von hohem Rang entwickelt hat. Ihren Anfang nahm diese Wissenschaftsrichtung im Jahre 1596, dem Geburtsjahr von René Descartes, des »Vaters der Neuzeit«, mit einer Publikation von Otto Casmann (1562–1607), erschienen unter dem Titel ›Psychologia anthropologica‹, in der erstmals der Versuch einer Integration des bis anhin auf viele Wissenschaften verteilten Wissens vom Menschen unternommen wurde. Die dem Casmannschen Werk zugrunde liegende Absicht verdient nicht zuletzt auch deshalb besondere Beachtung, da mit Beginn der Neuzeit Erkenntnisfortschritte vielfach nur aufgrund einer zunehmenden Spezialisierung möglich schienen, womit aber stets die Gefahr einer einseitigen Betrachtungs- und Interpretationsweise des zu untersuchenden Gegenstandes verbunden war. Dem Willen nach einer allseitigen und umfassenden Betrachtungsweise des Menschen standen aber schon bald die Entwicklung und dann die Vorherrschaft rein naturwissenschaftlicher Methoden entgegen. Die Weichen für die Installierung der Moderne waren gestellt, als sich die Wissenschaften entschlossen hatten, die längst überfällige Emanzipation von der Metaphysik endgültig zu vollziehen. Die Triumphe des begrifflich-abstrakten, des analytischen Denkens waren es dann zwar auch, die den hohen Zivilisationsstandard, die Wohlstandsgesellschaft, wenn auch nicht für alle, erst ermöglichten. Doch mit dem Abschied vom Metaphysischen wurde zugleich etwas in Kauf genommen, dessen schwerwiegende Folgen noch nicht ganz abzusehen sind: der Verlust des Himmels, der Verlust des Gegensatzes von Geist und Materie, Heiligem und Profanem.

Diesem Trend folgend, hat sich auch die Anthropologie mehr und mehr naturwissenschaftlicher Methoden bedient, obwohl gerade die philosophische Anthropologie, wie sie durch Scheler, Rothacker, Gehlen und andere vertreten wurde, zunächst richtungsweisend war. Der Umschwung zugunsten naturwissenschaftlicher Methoden und die Positionierung ihrer Vorrangstellung gegenüber geisteswissenschaftlichen Ansätzen wird erstaunlicherweise auch von dem Philosophen Gadamer mit vollzogen: »Ein richtiges Menschenbild, das ist vor allem ein durch Naturwissenschaft, Verhaltensforschung, Ethnologie wie durch die Vielfalt geschichtlicher Erfahrung entdogmatisiertes Menschenbild.«[10]

Ganz anders hatte dies noch im 19. Jahrhundert Immanuel Hermann Fichte, Sohn Johann Gottlieb Fichtes, gesehen: »Aber schon die *Anthropologie* endet in dem von den mannigfaltigsten Seiten her begründeten Ergebnisse, dass der Mensch nach der wahren Eigenschaft seines Wesens, wie in der eigentlichen Quelle seines Bewusstseins einer übersinnlichen Welt angehöre. Das Sinnenbewusstsein dagegen, und die auf seinem Augpunkte entstehende phänomenale Welt, mit dem gesamten, auch menschlichen Sinnenleben, haben keine andere Bedeutung, als nur die Stätte zu sein, in welcher jenes übersinnliche Leben des Geistes sich vollzieht, indem er durch frei bewusste eigene Tat den jenseitigen Geistesgehalt der Ideen in die Sinnenwelt einführt.«[11] Wohin eine solche Auffassung notwendigerweise führen muss, beschreibt er unmittelbar daran anschließend mit den Worten: »Diese gründliche Erfassung des Menschenwesens erhebt nunmehr die Anthropologie in ihrem Endresultate zur Anthroposophie.«[12]

Der Begriff Anthroposophie war auch damals nicht unbekannt[13], denn bereits im Jahre 1575, einundzwanzig Jahre vor Casmanns ›Psychologia anthropologica‹, wurde er in der in Basel anonym erschienenen Schrift ›Arbatel. De Magia Veterum. Summum Sapientiae Studium‹ verwendet im Sinne einer übergeordneten Kategorie für eine »Wissenschaft des Guten«, deren Gegenstand und Ziel die »Kenntnis der natürlichen Dinge und Klugheit in menschlichen Angelegenheiten« ist.

Auch der Schweizer Philosoph und Anthropologe Ignaz Paul Vital Troxler (1780–1866), Schüler und Freund des nur um fünf Jahre älteren Schelling, sah in der Anthroposophie eine Steigerung dessen, was die bisherige Philosophie, die zu einer Art »Meditationsphilosophie« sich entwickeln müsse, bis anhin zu geben vermochte: »Wenn es nun höchst erfreulich ist, dass die neueste Philosophie, die [...] in jeder Anthroposophie, also in Poesie, wie in Historie, sich offenbaren muss, empor windet, so ist doch nicht zu übersehen, dass diese Idee nicht eine Frucht der Spekulation sein kann, und die wahrhafte Persönlichkeit oder Individualität des Menschen weder mit dem, was sie als subjektiven Geist oder endliches Ich aufstellt, noch mit dem, was sie als absoluten Geist oder absolute Persönlichkeit diesem gegenüberstellt, verwechselt werden darf.«[14]

Im Jahre 1882 veröffentlichte Robert Zimmermann in Wien sein Hauptwerk unter dem Titel ›Anthroposophie im Umriss‹, das nicht ohne Wirkung auf Rudolf Steiner blieb, der bei Zimmermann verschiedentlich Vorlesungen besucht hatte. Gleichwohl war Steiner ein zu eigenständiger schöpferischer Geist, als dass sich die von ihm entwickelte Wortbedeutung exakt auf eine der vor seiner Zeit entwickelten Sinngebungen zurückführen oder reduzieren ließe. Dies wird besonders deutlich, wenn er auf das Werk von Robert Zimmermann zu sprechen kommt: »Von dieser *Anthroposophie* habe ich ja später den Namen genommen. Sie erschien als ein mich dazumal als Zeiterscheinung außerordentlich interessierendes Buch. Nur ist *diese* Anthroposophie zusammengesetzt aus den entsetzlichsten abstrakten Begriffen«.[15]

Anthroposophie und Anthropologie, so wird es in Rudolf Steiners Schriften und Vorträgen immer wieder sehr deutlich, schließen einander nicht aus. So wesentlich für ihn naturwissenschaftliche Forschungsmethoden für das Erfassen des Wesens des Menschen und seine Eingebundenheit in seine natürliche wie auch soziale Umgebung auch sind, so einseitig erscheinen sie ihm zugleich, denn von einer umfassenden Aufklärung über die den Menschen, die Natur und den Kosmos konstituierenden Kräfte sind sie noch sehr weit entfernt. Anthroposophie, verstanden als Forschungsmethode, thematisiert die Materie ebenso wie den Geist und konzentriert sich dabei immer wieder auf die unterschiedlichen Gesetzmäßigkeiten, die beiden zugrunde liegen, und zugleich auf die Verbindungslinien. Entgegen den bisweilen sehr oberflächlichen Polemiken mancher Universitätsgelehrter geht Steiner hierbei äußerst akribisch und systematisch vor, ganz »in der Manier der Wissenschaft, nicht des Glaubens«[16], wie Max Brod beobachtet hat.

Die Anthroposophie, mit der Zielrichtung eines gesteigerten »Bewusstseins des Menschentums«, konzentriert sich zum einen auf die Erforschung der *Bewusstseinszustände* des Menschen, die differenziert betrachtet werden unter den Aspekten des Wachens, Schlafens und Träumens. Im Weiteren untersucht sie die *Lebenszustände*, wie sie sich im Seelischen in vielfältiger Weise durch polare Kräfte wie Sympathie und Antipathie äußern. Und schließlich widmet sie sich den *Formzuständen* in ihrer physischen Sichtbarkeit. So durchzieht die Dreiheit von *Bewusstsein, Leben und Form*, die ihre Entsprechung findet in der »Welt-Dreiheit« von Raum, Zeit und Ewigkeit, das gesamte Wirken Rudolf Steiners. Dass jedem dieser Begriffe eine eigene Entwicklungsdynamik zugrunde liegt, die

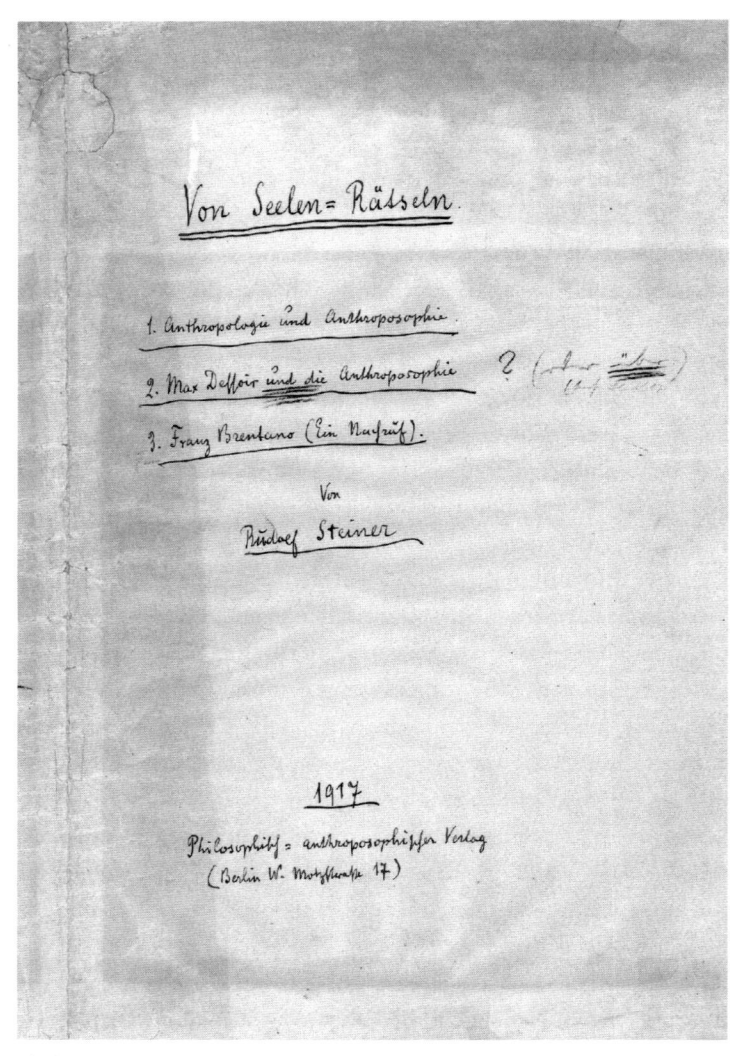

Von Seelen = Rätseln.

1. Anthropologie und Anthroposophie.

2. Max Dessoir und die Anthroposophie

3. Franz Brentano (Ein Nachruf).

Von

Rudolf Steiner

1917

Philosophisch = anthroposophischer Verlag
(Berlin W. Motzstraße 17)

Entwurf des Titelblatts zur Schrift ›Von Seelen-Rätseln‹, 1917

18

z. B. Goethe auf Polaritäten und entsprechend beobachtbare Vorgänge der Steigerung zurückführt – eine Betrachtungsweise, die von Steiner in seinen Darstellungen über Evolution und Devolution, Einstülpung, Ausstülpung und Umstülpung modifiziert zur Anwendung kommt –, bildet einen weiteren Forschungsschwerpunkt. Damit sind gleichsam die Eckdaten des anthroposophischen Forschungsansatzes benannt, wobei es dabei nicht um irgendein zahlenmystisches Spiel geht, sondern darum, die Aufmerksamkeiten nicht irgendwo im Eindimensionalen oder Abstrakten abzulähmen, sondern Bewegungsrichtungen zu provozieren, die umfassendere Sichtweisen ermöglichen.

Wissenschaft und Okkultismus

Die Erkenntnis dessen, was der Mensch ist, was seine Entwicklung bestimmt, ist Aufgabe der Wissenschaft seit Urzeiten. Dass sich die Denkweisen im Laufe der Kulturentwicklung geändert haben, ist nicht zu leugnen. Ob aber alles, was gegenwärtig im Gewande der Wissenschaft daherkommt, plausibler, exakter oder wahrheitsgemäßer ist als die Überlieferungen früherer Zeiten, ist auch für so manchen heutigen Wissenschaftler nach wie vor eine große Frage, denn je tiefer man in die Erscheinungen der Natur eindringt, desto deutlicher werden die Schwierigkeiten, mit den zeitbedingten Methoden und Instrumentarien die grundlegenden Fragen unseres Daseins zu erklären.

Bei genauerem Hinsehen zeigt sich, dass das, was von den großen Okkultisten vorangehender Epochen erforscht und beschrieben wurde, letztlich ein wesentliches Antriebspotenzial für die heutigen Wissenschaften ist. Anders gesagt: Die Okkultisten vergangener

Tage wie etwa Agrippa von Nettesheim, die Rosenkreuzer oder Paracelsus sind die Vorgänger und Wegbereiter der heutigen Wissenschaften. »Die Phalanx dieser Okkultisten«, so der studierte Naturwissenschaftler und Schriftsteller Andrej Belyj, »geht unwillkürlich zu den Vätern der Naturwissenschaft über. Zum Beispiel Newton; seine ›Kraft‹ ist natürlich die ›qualitas occulta‹. Ich sage es einmal großzügig: auch Newton ist Okkultist; alle Newtonschen Theorien in der Physik sind unwillkürlich mystisch.«[17]

Rudolf Steiner, der 1879–1883 ein naturwissenschaftliches Studium an der Technischen Hochschule in Wien absolviert und später, 1892, an der Universität Rostock in Philosophie promoviert hat, scheute sich nicht, auf beiden Ebenen, der modernen Wissenschaft einerseits und dem »Okkulten« andererseits, zu forschen. Die Folge war: Den »Okkulten« war er nicht immer okkult und den modernen Wissenschaftlern nicht wissenschaftlich genug. Schaut man sich die Steiner-Kritiker von damals und heute an, dann bemerkt man sehr bald, dass sie weder das eine noch das andere Gebiet – und schon gar nicht ihren Zusammenhang – eingehend studiert haben. Einer, der beide Gebiete beackert hat, ist der amerikanische Wissenschaftler und Publizist (›Life‹ und ›Time‹) Russell W. Davenport. In seinem posthum erschienenen Buch ›The Dignity of Man‹ (New York 1955) fasst er seine Eindrücke so zusammen: »Dass die akademische Welt es fertig gebracht hat, Steiners Werke als unbegründet und unerheblich abzutun, ist eines der intellektuellen Wunder des 20. Jahrhunderts. Wer auch immer es auf sich nimmt, dieses umfangreiche Werk mit offenem Sinn zu prüfen (sagen wir wenigstens hundert Bände), wird sich einem der größten Denker aller Zeiten gegenübersehen, dessen Beherrschung der modernen Wissenschaften ebenso bewundernswert ist wie seine Kenntnis auf dem Gebiete der alten Wissenschaften. Steiner ist nicht mehr Mystiker als Albert Einstein; er war in erster Linie Wissenschaftler, aber *ein Wissenschaftler, der es wagte, in die Geheimnisse des Lebens einzudringen.*«

Als Rudolf Steiner begann, seine »seelischen Beobachtungsresultate« (natur-)wissenschaftlich zu begründen, stieß er immer wieder auf das Phänomen, dass besonders auf dem Gebiet der Philosophie stets von *Grenzen menschlicher Erkenntnis* die Rede war. In dieser Anschauung sah er auch die Ursache für die Unfähigkeit moralischen Handelns, die eben dadurch bedingt ist, dass die Wissenschaft vor den Grenzen des Übersinnlichen Halt macht und das Feld des Übersinnlichen den Mystikern überlässt. Eine Brücke von der Wahrnehmung der sinnlichen Erscheinung hinüber zu einer geistigen und moralischen Weltordnung zu schlagen und damit zu einem umfassenden Verständnis der Dinge und Nicht-Dinge zu gelangen, schien ihm nur möglich, wenn die bestehenden Erkenntnisgrenzen überwunden werden. Denn für ihn war das Wirken übersinnlicher Kräfte ebenso eine Tatsache wie das der physischen Naturkräfte; das eine ist dem anderen ebenbürtig. »Materie nie ohne Geist. Geist nie ohne Materie«, diese Goethesche Grundformel sollte ihn sein ganzes Leben begleiten.

Den Ausgangspunkt seines Denk- und Weltbildes findet man in seinen naturwissenschaftlichen und erkenntnistheoretischen Studien aus den achtziger Jahren des 19. Jahrhunderts.[18] Bereits damals zeichnete sich ein Auflösungsprozess desjenigen ab, was als Erkenntnistheorie in Verbindung mit der Logik *die* philosophische Disziplin war, die man als »Wissenschaftslehre« bezeichnete. Die erkenntnistheoretischen Darstellungen jener Zeit können auch als ein letzter Versuch aufgefasst werden, einen beständigen Einfluss der Philosophie auf die Wissenschaften in die Zukunft hinein sicherzustellen. Dass dieses Vorhaben gescheitert ist, beschreibt Jürgen

Habermas in seiner Schrift ›Erkenntnis und Interesse‹ so: »Die Stellung der Philosophie zur Wissenschaft, die einst durch den Namen Erkenntnistheorie bezeichnet werden konnte, ist durch die Bewegung des philosophischen Gedankens selber ausgehöhlt worden: Philosophie ist aus dieser Stellung durch Philosophie verdrängt worden. Erkenntnistheorie musste fortan durch eine vom philosophischen Gedanken verlassene Methodologie ersetzt werden. Denn die Wissenschaftstheorie, die [...] das Erbe der Erkenntnistheorie antritt, ist eine im szientistischen Selbstverständnis der Wissenschaften betriebene Methodologie.«[19] Die Ursachen sieht Habermas darin, dass die Resultate neuzeitlicher Metaphysik immer stärker in Zweifel gezogen wurden. So führte Hegels Kritik an Kants transzendentallogischer Fragestellung bereits zu dem Ergebnis, »dass die Philosophie ihre Stellung zur Wissenschaft nicht etwa nur wechselt, sondern überhaupt preisgibt«.[20] Zudem war der Anspruch auf Absolutheit, den die Erkenntnistheorie für sich erhob – so behauptete Kant für die Vernunfterkenntnis eine gegenüber der Wissenschaft souveräne Stellung –, nicht dazu angetan, Grundlagen bildend für die Wissenschaft zu sein, zumal da der Positivismus, der seit Comte zunehmend die Wissenschaft beeinflusste, sich sowohl auf empiristische wie rationalistische Elemente stützte.

In jene Zeit hinein, in der der Auflösungsprozess der Erkenntnistheorie zugunsten einer Wissenschaftstheorie, in der die Theorien der Erkenntnis unberücksichtigt blieben, nicht mehr aufzuhalten war, stellte Rudolf Steiner seine grundlegenden erkenntnistheoretischen Schriften.

Wissenschaft bedeutete für ihn, den Erkenntnisvorgang in verschiedenen Lebensbereichen zur Anwendung zu bringen. Dieser gilt erst als ein abgeschlossener, wenn Wahrnehmungs- und Begriffsurteil – das Wahrnehmungsurteil gründet sich auf die Tätigkeit des

Verstandes, das Begriffsurteil auf die der Vernunft – sich zu einer »höheren Einheit« verbinden. Damit war in der Erkenntnistheorie Steiners die Voraussetzung geschaffen, empirische Methode und Idealismus zusammenzuführen, da der Empirismus als die Methode bezeichnet werden kann, die sich auf das Wahrnehmungsurteil – Objekt des Verstandes ist der Begriff –, der Idealismus als diejenige, die sich auf das Begriffsurteil – Objekt der Vernunft ist die Idee – stützt.

In seinen Kommentaren zu Goethes Naturwissenschaftlichen Schriften schreibt Rudolf Steiner hierzu: »Die heutige Erfahrungswissenschaft befolgt die ganz richtige Methode: am Gegebenen festzuhalten; aber sie fügt die unstatthafte Behauptung hinzu, dass diese Methode nur Sinnenfällig-Tatsächliches liefern kann. Statt bei dem, wie wir zu unseren Ansichten kommen, stehen zu bleiben, bestimmt sie von vorneherein das Was derselben. Die einzig befriedigende Wirklichkeitsauffassung ist die empirische Methode mit idealistischem Forschungsresultat. Das ist Idealismus, aber kein solcher, der einer nebelhaften, geträumten Einheit der Dinge nachgeht, sondern ein solcher, der den konkreten Ideengehalt der Wirklichkeit ebenso erfahrungsgemäß sucht, wie die heutige hyperexakte Forschung den Tatsachengehalt.«[21]

Meditation

> »Meditieren heißt ja, dasjenige, was man weiß,
> in Andacht zu verwandeln, gerade die einzelnen
> konkreten Dinge.«[22]

Die Erkenntnismethode Steiners – und dies ist wohl mit ein Grund dafür, dass sie von Universitätsprofessoren als unwissenschaftlich angesehen wird – beschränkt sich jedoch nicht allein auf den jeweils zu erforschenden Gegenstand bzw. Inhalt, sondern konzentriert sich auch auf die Denkvorgänge selbst. Für Steiner ist das Denken Ausdruck einer inneren seelischen Tätigkeit, weshalb er die Notwendigkeit einer intensiven Schulung der Seelenkräfte immer wieder betont. Solche Schulungen waren in östlichen Meditationspraktiken durchaus geläufig, wurden aber von der Wissenschaft völlig abgelehnt. Eine Ausnahme machte der Physiker und Philosoph Carl Friedrich von Weizsäcker, der in seinem Buch ›Zum Weltbild der Physik‹ die »kulturgebundene Blickbeschränkung« der Wissenschaftskollegen kritisierte und für ein intensives Meditieren plädierte, denn, so Weizsäcker, »Meditation ist eine Aneignung einer Wahrheit durch das Bewusstsein, bei der nicht nur der Inhalt, sondern die Struktur des Bewusstseins verändert wird. Sie hängt damit zusammen, dass Erkenntnis selbst ein Lebensvorgang ist.«[23]

Eine der Grundübungen, die Steiner nahelegt, besteht in der Konzentration auf einen Gegenstand, der möglichst einfach beschaffen sein soll. In dem Sich-Hinwenden zur Form, Farbe, Funktion usw. hat der Übende so vorzugehen, dass er stets das Fortschreiten seiner Gedanken rein an den sachlichen Bezügen orientiert und kontrolliert. Gedankenkontrolle ist das eigentliche Gestaltungsprinzip. Man geht von einem bestimmten Gedanken aus und reiht an ihn alles das, was sachgemäß mit ihm verbunden werden kann. »Der Gedanke soll dabei am Ende des Zeitraumes noch ebenso farbenvoll und lebhaft vor der Seele stehen wie am Anfang.«[24] Das bereits Gedachte soll im Verlauf einer solchen Konzentrationsübung nicht erinnerungsgemäß wiederholt werden. Der Denkvorgang wäre dadurch unterbrochen. Auch soll das Denken nicht in die Zukunft gerichtet sein. Dies lenkt ebenso ab wie das Erinnern. Eine solche Übung soll einen gewissen Zeitraum hindurch, etwa vier Wochen lang, täglich fünf Minuten durchgeführt werden. Am Ende eines solchen Übungszusammenhanges »versuche man, das innere Gefühl von Festigkeit und Sicherheit, das man bei subtiler Aufmerksamkeit auf die eigene Seele bald bemerken wird, sich voll zum Bewusstsein zu bringen«.[25] Dabei wird man bemerken, dass man immer weniger »Beiwerk« benötigt, um einen Gegenstand sachgemäß zu erfassen. Das Wesentliche einer Sache wird immer intensiver erlebbar.

Eine andere Übung, die vor allem der Schulung des Willens dient, besteht darin, dass man sich täglich eine Handlung vornimmt, die außerhalb des bis dahin Gewohnheitsmäßigen liegt. Das heißt, der Übende bestimmt frei Art und Dauer der Handlung. Auch hier versuche man sich abschließend seines Gefühles hinsichtlich des innerlich erlebbaren Tätigkeitsantriebes bewusst zu werden. Ziel beider Übungen und vieler weiterer ist es, das, was vielfach rein gewohnheitsmäßig abläuft, in das Bewusstsein zu heben. Man wird dann unter anderem auch feststellen, dass das Alltagsdenken und -handeln bisweilen allzu sehr von Willkür, von Nebensächlichkeiten bestimmt wird. Zu dem Wesentlichen und damit zum Wesen der Dinge vorzudringen ist eines der entscheidenden Anliegen des anthroposophischen Schulungsweges.

Erkenntnistheorie und anthroposophischer Schulungsweg richten die Aufmerksamkeit einerseits auf das bewusste Erleben des Verhältnisses des einzelnen Menschen zur Welt und andererseits auf sein eigenes Inneres. Ein weiterer Schritt besteht nun darin, den Blick darauf zu richten, wie die Welt in ihrem Werden und Sein beschaffen ist. Diesen Schritt vollzog Rudolf Steiner, indem er seinen erkenntnistheoretischen Studien und Darstellungen verschiedener seelischer Übungswege, die er seiner Mitwelt in mehreren Schriften, Aufsätzen und Vorträgen zugänglich machte, umfangreiche Ausführungen über die Weltentwicklung[26] folgen ließ.

Eine weitere Grundlage schuf er mit seiner erstmals im Jahre 1909 dargestellten »Sinneslehre«. Hier wird besonders deutlich, wie er großen Wert darauf legte, nicht aus einer Willkür heraus Forschungsresultate über geistige Geschehnisse seinen Zeitgenossen bloß mitzuteilen, sondern exakt zu beschreiben, wie man von einfachen Tatsachen der sinnlich-physischen Welt zu nichtsinnlich-geistigen Erscheinungen kommen kann. Die Notwendigkeit, diesen Weg auch methodisch-wissenschaftlich zu untermauern, war ihm ein dringendes Anliegen.

Eine Anschauung von den menschlichen Sinnen als denjenigen »Organen«, durch die der Mensch sich und die Welt wahrnimmt und zu Bewusstsein bringt, erschien ihm als der entscheidende Schritt, um dasjenige, was er in seiner ›Philosophie der Freiheit‹ in erkenntnistheoretisch-philosophischer Weise umrissen hat, nun in geistig-praktisches Leben hineinzuführen.

Seine menschenkundlichen Studien führten schließlich dazu, das Spektrum allgemein bekannten fünf Sinne um sieben auf insgesamt 12 Sinne zu erweitern. Im Einzelnen handelt es sich um den Lebens-, Eigenbewegungs-, Gleichgewichts-, Wärme-, Wort-, Denk- und Ich-Sinn. Dabei bedeutet Wort-Sinn eigentlich Wort-Wahrnehmungs-Sinn, Denk-Sinn = Gedanken-Wahrnehmungs-Sinn usw. Was Steiner dazu veranlasste, wie bereits Comenius lange Zeit vor ihm, von diesen insgesamt zwölf Sinnen zu sprechen, beschreibt er in seinem Fragment gebliebenen Werk ›Anthroposophie‹ mit den Worten: »In anthroposophischer Beleuchtung darf alles dasjenige ein menschlicher Sinn genannt werden, was den Menschen dazu veranlasst, das Dasein eines Gegenstandes, Wesens oder Vorganges so anzuerkennen, dass er dieses Dasein in die physische Welt zu versetzen berechtigt ist.«[27]

Kunst – Wissenschaft – Religion

Nach dem Desaster des Ersten Weltkrieges waren neue Ideen praktisch auf allen Lebensgebieten gefragt. Rudolf Steiner reagierte ganz unmittelbar auf dieses Bedürfnis. Seine Kurse und Vorträge über gesellschaftspolitische Fragen, Pädagogik, Medizin, Physik und Nationalökonomie enthalten eine Fülle von Anregungen und konkreten Vorgaben für eine wissenschaftlich fundierte Lebenspraxis, die bereits zu seinen Lebzeiten, aber insbesondere in den Jahren nach seinem Tod von zahlreichen Wissenschaftlern und Praktikern aufgegriffen wurden und permanent fortentwickelt werden.

Wenn heute von der Notwendigkeit eines ökologischen Denkens die Rede ist, so bedeutet dies vor allem, dass das, was ursprünglich eine Einheit bildete und im Zuge des Fortschritts atomisiert, isoliert, zerstört wurde, wieder in seinen Zusammenhängen und Wechselbezügen begriffen werden muss. Ein zentrales Motiv seiner innovativen Anstöße war daher die Suche nach den Verbindungslinien zwischen Wissenschaft, Kunst und Religion, da letztlich jedes Gebiet für sich ein Torso bleiben muss. Entsprechend formulierte er einen ganzen Katalog von Fragen, etwa der folgenden Art:

Müssen wir nicht, wenn wir wissenschaftlich streben, dasjenige in der Seelenverfassung haben, was künstlerisch gestaltet und bildet? Wie wäre es, wenn wir anders gar nicht in die Natur hineinkommen? Wenn die Natur künstlerisch begriffen sein will? Wenn insbesondere die Menschennatur schon in ihren physischen Organen künstlerisch begriffen sein will? Was machen wir denn dann, wenn wir eine noch so strenge Wissenschaft haben und die Natur, die Welt von uns ein künstlerisch gestaltetes Erkennen fordert? Ich weiß sogar, dass gerade Wissenschaftler der Gegenwart einen solchen Satz für eine Absurdität halten [...] Und nicht anders ist es, wenn wir auf ein anderes Gebiet uns begeben, auf das Gebiet der Sittlichkeit, auf das Gebiet des sozialen Wirkens und Arbeitens und auf das Gebiet der religiösen Vertiefung. Alles dasjenige, was in diese drei Gebiete fällt, es wird ja seit langer Zeit schon, gerade seit derjenigen Zeit, seit welcher der wissenschaftliche Geist in so maßgebender Weise die neuere Menschheit ergriffen hat, sozusagen aus der Wissenschaft verbannt [...] Aber schließlich ist ja das Soziale ohne die Grundlagen des Sittlichen und des Religiösen wirklich nicht einer gesunden Lösung entgegenzuführen. Und so wird man gerade in Bezug auf das Soziale hinschauen müssen zunächst auf die sittlichen und auf die religiösen Grundlagen des menschlichen Lebens. Und da finden wir nun ganz deutlich ausgesprochen, noch deutlicher als in Bezug auf das künstlerische Erleben, gerade in den neuesten Erscheinungen, dass auf der einen Seite zwar die Wissenschaft mit ihrer starken Gewissheit und Gewissenhaftigkeit steht, dass aber erst recht das Vertrauen fehlt, den Geist dieser Wissenschaftlichkeit einzuführen in moralische Gesinnung und in religiöses Bewusstsein. Und stärker als je wird heute gerade von den scheinbar fortschreitenden Geistern betont: Wissenschaft müsse an ihrem Platz stehen bleiben. Sie müsse von alledem aber, was der Mensch als Impulse zu erstreben hat für sein sittliches Handeln, für seine Religiosität, verbannt werden; dahin gehöre nicht Wissenschaft, dahin gehöre der Glaube. Man macht nun ebenso, wie man zwischen Wissenschaft und Kunst eine strenge Scheidung macht, auch eine strenge Scheidung zwischen Wissenschaft und Sittlichkeit und Religiosität [...] Heute streben diese drei Zweige wiederum mit aller Macht in den unbewussten und unterbewussten Tiefen des Menschen zu einer Einheit, zur Harmonisierung hin.[28]

Mit der Vorstellung von einer Einheit von Kunst, Wissenschaft und Religion hat Steiner darüber hinaus auch aber auch gesellschaftspolitische Ziele im Auge. So trat er im Sommer 1922 im Rahmen eines in Wien veranstalteten West-Ost-Kongresses mit einer Reihe von Vorträgen an die Öffentlichkeit, in denen er die Ursachen für das Desaster des Ersten Weltkrieges und der folgenden Jahre akribisch benannte. Am Ende des dritten Vortrages heißt es dann: »In unserer Zeit erlebten wir, bis zum höchsten Triumph entwickelt, die Trennung von Religion, Kunst und Wissenschaft. Das aber, was gesucht werden muss und was erst eine Verständigung finden lassen kann zwischen Ost und West, das ist die Harmonisierung, die innere Einheit von Religion, Kunst und Wissenschaft. Und zu dieser inneren Einheit möchte die Weltauffassung und Lebensanschauung, von der hier gesprochen worden ist und weiter gesprochen werden wird, führen.«[29]

Raum und Zeit

Bereits vor Beginn seines Studiums der Naturwissenschaften an der Technischen Hochschule in Wien hatte sich Rudolf Steiner ausführlich mit Kants ›Kritik der reinen Vernunft‹ und Fichtes ›Wissenschaftslehre‹ auseinandergesetzt. Diente ihm die Kant-Lektüre dazu, »zu einem Urteil darüber [zu] kommen, wie das menschliche

Denken zu dem Schaffen der Natur steht«[30], so suchte er bei Fichte sich eine Vorstellung von dem Schritt zu machen, den dieser über Kant hinaus tun wollte, da, so Fichte: »Kant die Wahrheit bloß angedeutet, aber weder dargestellt noch bewiesen«[31] habe. In seiner Autobiografie ›Mein Lebensgang‹ schreibt Steiner hierzu: »Mir kam es damals darauf an, das lebendige Weben der menschlichen Seele in der Form eines strengen Gedankenbildes auszudrücken. Meine Bemühungen um naturwissenschaftliche Begriffe hatten mich schließlich dazu gebracht, in der Tätigkeit des menschlichen ›Ich‹ den einzig möglichen Ausgangspunkt für eine wahre Erkenntnis zu sehen. Wenn das Ich tätig ist und diese Tätigkeit selbst anschaut, so hat man ein Geistiges in aller Unmittelbarkeit im Bewusstsein.«[32] Seine weiteren philosophischen Studien führten ihn schließlich über den »transzendentalen Synthetismus« Traugott Krugs zu Schelling, Hegel und Herbart.

Im Herbst 1879 ließ Steiner sich an der Technischen Hochschule in Wien für Mathematik, Naturgeschichte und Chemie einschreiben. Daneben hörte er Vorlesungen bei dem Goethe-Forscher Karl Julius Schröer über deutsche Literatur, bei dem »Herbartianer« Robert Zimmermann und dem stark von der aristotelischen Philosophie beeinflussten Franz Brentano über »praktische Philosophie«. Schon recht bald geriet der junge Steiner in jenes Spannungsfeld von Naturwissenschaften einerseits und der Philosophie andererseits, das sein weiteres Studium stark prägen sollte: »Ich hielt mich damals für verpflichtet, durch die Philosophie die Wahrheit zu suchen. Ich sollte Mathematik und Naturwissenschaft studieren. Ich war überzeugt davon, dass ich dazu kein Verhältnis finden werde, wenn ich deren Ergebnisse nicht auf einen sicheren philosophischen Boden stellen könnte.«[33] Sein Erkenntnisinteresse war vor allem auf das Erfassen des Zusammenhanges von Idee und Wirklichkeit gerichtet, wobei sich in ihm zunehmend die Anschauung heranbildete, dass Gedanken nicht Spiegelbilder einer Wirklichkeit, sondern diese Wirklichkeit selbst sind: »Gedanken-Erleben war mir das Dasein in einer Wirklichkeit, an die als an einer durch und durch erlebten sich kein Zweifel heranwagen konnte. Die Welt der Sinne erschien mir nicht so erlebbar. Sie ist da; aber man ergreift sie nicht wie den Gedanken. Es kann in ihr oder hinter ihr ein wesenhaftes Unbekanntes stecken.«[34] Dass das Denken selbst Erfahrung ist und wie sich diese Erfahrung zu anderen Erfahrungen verhält, schildert er in seiner im Jahre 1886 erschienenen Schrift ›Grundlinien einer Erkenntnistheorie der Goetheschen Weltanschauung‹, die den Auftakt zu weiteren erkenntnistheoretischen Schriften bildet.

Von ausschlaggebender Bedeutung für seine weitere Erkenntnisarbeit sollten aber dann doch seine mathematisch-naturwissenschaftlichen Studien werden. Hier beschäftigte ihn vor allem im Zusammenhang mit der damals noch in Entstehung begriffenen »Synthetischen Geometrie« das Problem von Raum und Zeit:[35] »Die Vorstellung des Raumes bot mir die größten inneren Schwierigkeiten. Er ließ sich als das allseitig ins Unendliche laufende Leere, als das er den damals herrschenden naturwissenschaftlichen Theorien zugrunde lag, nicht in überschaubarer Art denken. Durch die neuere (synthetische) Geometrie, die ich durch Vorlesungen und im Privatstudium kennenlernte, trat vor meine Seele die Anschauung, dass eine Linie, die nach rechts in das Unendliche verlängert wird, von links wieder zu ihrem Ausgangspunkt zurückkommt. Der nach rechts liegende unendlich ferne Punkt ist derselbe wie der nach links liegende unendlich ferne. […] Hinter dem Raumrätsel stand in diesem meinem Lebensabschnitt für mich das von der Zeit. Sollte auch da eine Vorstellung möglich sein, die durch ein Fortschreiten in die ›unendlich ferne‹ Zukunft ein Zurückkommen aus der Ver-

gangenheit ideell in sich enthält?« Im Laufe seines Studiums wurde
für ihn immer deutlicher, dass die Mathematik die erste Stufe übersinnlicher Anschauung ist. Als er viele Jahre später einmal gefragt
wurde, wann ihm der Zusammenhang zwischen sinnlicher und
übersinnlicher Welt bewusst geworden ist, da antwortete er: »In dem
Moment, wo ich den inneren Sinn der sogenannten neueren oder
synthetischen Geometrie kennengelernt habe. Also, wenn man von
der analytischen zur synthetischen Geometrie übergeht, welche einem gestattet, nicht nur äußerlich an die Gebilde heranzukommen,
sondern die Gebilde in ihren gegenseitigen Beziehungen zu erfassen, die also von Gebilden ausgeht, und nicht von äußeren Koor-
dinaten.«[36]

Atomismus

Das methodische Vorgehen Rudolf Steiners und seine daraus resul-
tierenden Anschauungen zeigen deutlich, auf welch exakt wissenschaftlichen Boden er seine später so vielfältigen Darstellungen von
»übersinnlichen Welten« zu stellen vermochte. Jegliche Art von Mystik, die sich nicht auf umfassende erkenntnistheoretische Grundlagen stützen kann, lehnte er als unwissenschaftlich ab. Die früheste
Abhandlung Rudolf Steiners, die vorliegt, endete mit einer Skizzie-
rung der Raum-Zeit-Problematik. Bei dieser Darstellung des damals einundzwanzigjährigen Studenten, die die Überschrift trug
›Einzig mögliche Kritik der atomistischen Begriffe‹[37], handelt es
sich um eine erkenntnistheoretisch-philosophische Kritik, die me-
thodisch an die Vorstellungen anknüpft, die zur damaligen Zeit die
Diskussionen über das Wesen der Atome in Physikerkreisen be-
herrschten. So wirft Rudolf Steiner grundlegende Probleme der

Atomphysik auf, die noch Jahrzehnte später immer wieder Gegenstand umfangreicher Darstellungen verschiedener bedeutender Physiker, wie etwa Heisenberg[38], waren. Dort heißt es unter anderem: »Die Atome müssen eine der sinnlichen Erfahrung unzugängliche Existenz haben. Andererseits sollen aber auch sie selbst und auch die in der Atomwelt vor sich gehenden Prozesse, speziell Bewegungen, nicht bloß Begriffliches sein. Der Begriff ist ja bloß Allgemeines, das ohne räumliches Dasein ist. Das Atom soll aber, wenn auch nicht selbst räumlich, doch im Raume da sein, doch etwas Besonderes darstellen. Es soll in seinem Begriffe noch nicht erschöpft sein, sondern über denselben hinaus eine Form der Existenz im Raume haben. Damit ist in den Begriff des Atoms eine Eigenschaft aufgenommen, die ihn vernichtet. Er soll analog den Gegenständen der äußeren Wahrnehmung existieren, doch nicht wahrgenommen werden können. *In seinem Begriffe ist die Anschaulichkeit zugleich bejaht und verneint.*«[39] Und gegen Ende problematisiert er bezüglich des Atom-Begriffes die Raum-Zeit-Dimension mit den Worten:[40] »Eine große Anzahl falscher Vorstellungen ist namentlich durch die unrichtigen Begriffe von Raum und Zeit in Umlauf gekommen. Wir müssen diese beiden Begriffe daher einer Diskussion unterwerfen. Die mechanische Naturerklärung bedarf zur Annahme ihrer Atomwelt außer den in Bewegung begriffenen Atomen noch den absoluten Raum, das ist ein leeres Vakuum, und eine absolute Zeit, das ist einen unveränderlichen Maßstab des Nacheinander. (Man vergleiche: Otto Liebmann, ›Gedanken und Tatsachen‹, Straßburg 1882) Was ist aber Raum? Absolute Ausdehnung kann die einzige Antwort sein. [...] Wie der Raum nur etwas an den Gegenständen, so ist auch die Zeit nur an und mit den Prozessen der Sinnenwelt gegeben. Sie ist denselben immanent. An sich sind beide bloße Abstraktionen.«

In seinem Stuttgarter Vortrag vom 12. Mai 1917[41] nannte Rudolf Steiner diesen ersten Versuch zur Formulierung eines geisteswissenschaftlich erforschten Raum-Zeit-Begriffes den *Nerv* seines damaligen Forschungsanfanges. Der tiefere Sinn dieser Worte wird deutlich, wenn man hinschaut, wie Rudolf Steiner auf allen Sachgebieten, die er behandelte, nicht nur einzelne Phänomene und deren Zusammenwirken beschreibt, sondern nach deren Entwicklungsgesetzen sucht. Zeit, verstanden als Prozess des Werdens und Vergehens, der Evolution und Devolution, wird so zum Mittelpunkt seiner Anschauung vom Menschen und seiner Entwicklungsgeschichte, sowohl das physische als auch das seelisch-geistige Geschehen, einschließlich seiner Einbindung in kosmische Konstellationen, betreffend. Auch seine umfassenden Darstellungen über die Wiedergeburt des Menschen und seiner Schicksalsentwicklung haben ihre wissenschaftliche Grundlage in der in so frühen Jahren ausgebildeten Zeit-Erkenntnis.

Die oben erwähnte Abhandlung über den Atomismus sandte der 21-jährige Steiner an den Ästhetiker Friedrich Theodor Vischer mit dem folgenden Begleitschreiben, in dem er seine Motive ausführlich darlegt:

Wien, am 20. Juni 1882
Euer Hochwohlgeboren!
Hochgeehrter Herr Professor!

Euer Hochwohlgeboren werden entschuldigen, wenn ein Ihnen völlig Unbekannter es wagt, dieses Schreiben an Sie zu richten, und zu seiner Rechtfertigung aus dem Grunde nichts weiter beifügt, weil ihm diese Handlung nur dann als zu entschul-

digen dünkt, wenn hochgeehrter Herr Professor sie als solche auffassen.

Ich erlaube mir nämlich, die beiliegende Abhandlung zu übersenden. Der Druck derselben wurde bisher durch äußerliche Umstände verhindert, und ich ließ daher eine Abschrift derselben anfertigen. Euer Hochwohlgeboren werden aus derselben ersehen, dass Ihre hochgeschätzten Schriften, die ich vollständig gelesen, vielfache Anregungen zu derselben gegeben haben. Ich glaube, es muss einmal Ernst gemacht werden gegen jene Auffassung der Welt, welche nur Atom und mechanische Vorgänge anerkennen will. Meine Abhandlung scheint mir den Punkt zu berühren, auf den es allein ankommt. Der linkische Stil und die vielleicht nicht überall ganz klare Darstellung dürften wohl der Sache Eintrag tun. Ich habe einstmals mich ganz in die mechanisch-materialistische Naturauffassung hineingelebt, hätte auf ihre Wahrheit ebenso geschworen, wie es viele andere der Jetztzeit machen; aber ich habe auch die Widersprüche, die sich aus derselben ergeben, selbst durchlebt. Was ich vorbringe, ist daher nicht bloße Dialektik, sondern eigene innere Erfahrung. Weil ich weiß, wie ich damals dachte, kann ich diese Weltanschauung auch in ihrem tiefsten Wesen erkennen, sehe ihre Mängel vielleicht leichter als andere, die einen anderen Bildungsgang durchgemacht. Meine Berufsstudien sind ja Mathematik und Naturwissenschaft.

Die Ansichten, welche Euer Hochwohlgeboren über den Darwinismus haben, scheinen mir die Keime zu sein für das Urteil der späteren Zeit darüber. Von einer Korrektur des Zeitbegriffes hat man wirklich das Heil der Wissenschaft in mannigfacher Hinsicht zu erwarten. Gewiss wird auf diese Weise mehr erreicht werden, als durch die vergeblichen Bemühungen Carneris und

anderer, welche den Darwinismus auch mit allen seinen Un-
wahrheiten und Unklarheiten mit der Ethik in Vereinigung
bringen wollen.

Schließlich erlaube ich mir, wenn Euer Hochwohlgeboren
diese Bitte nicht unbillig finden sollten, recht sehr zu bitten, mir
nur mit wenigen Zeilen Ihr Urteil über das in der Abhandlung
Ausgesprochene mitteilen zu wollen. Wenn ich mit dieser Kühn-
heit allzu sehr über die Grenzen des gewöhnlichen Anstandes
heraustrete, so habe ich dafür in der Tat nichts zu meiner Ent-
schuldigung als meinen glühenden Eifer für die Wahrheit und
den Gedanken, dass Euer Hochwohlgeboren einem Ihrer Verehrer
es gewiss verzeihen werden, wenn er um dieser willen sich etwas
zu tun erdreistet, was in jedem anderen Falle Frechheit wäre.

Mit ausgezeichneter Hochachtung
Rudolf Steiner

Adresse von morgen an: Brunn am Gebirge, Nieder-Österreich.

Licht und Farbe

Obwohl seine naturwissenschaftlichen Pflichtstudien weitere Bemühungen, auf diesem Gebiete zu forschen, zunächst nicht zulie-
ßen, waren es immer wieder naturwissenschaftliche Probleme, vor
allem auf den Gebieten der Wärmelehre (kinetische Gastheorie)
und der Optik, die ihn zu weiteren erkenntnistheoretischen Studi-
en drängten. Entscheidend waren hier seine Untersuchungen auf
dem Gebiete der Optik, durch die er erstmals auf Goethes Naturwissenschaftliche Schriften aufmerksam wurde, deren Herausgabe

innerhalb Kürschners ›Deutscher Nationalliteratur‹ und der Weimarer ›Sophienausgabe‹ er wenige Jahre später auf Empfehlung seines Lehrers, Professor Karl Julius Schröer, besorgte. Jedoch noch gänzlich unbeeinflusst von Goethe stellte er fest, dass Licht als solches gar nicht sinnlich wahrgenommen wird. »Es werden Farben wahrgenommen *durch* Licht, das sich in der Farbenwahrnehmung überall offenbart, aber nicht selbst sinnlich wahrgenommen wird. ›Weißes‹ Licht ist nicht Licht, sondern schon eine Farbe. So wurde mir das Licht eine wirkliche Wesenheit *in der Sinneswelt*, die aber selbst außersinnlich ist.«[42] Seine Schlussfolgerung aus alledem lautete:[43] »Die Farbe wird nicht nach Newtonscher Denkungsweise aus dem Lichte hervorgeholt; sie kommt zur Erscheinung, wenn dem Lichte Hindernisse seiner freien Entfaltung entgegengebracht werden.«

Rudolf Steiner stimmte mit Goethe darin überein, dass Farben ›Modifikationen des Lichtes‹ sind, dass Licht eine ›geistige Entität‹, das allen Farbempfindungen Gemeinsame ist. Dabei stützte er seine Auffassungen über Licht und Farbe nicht allein auf theoretisch-physikalische oder philosophische Überlegungen, sondern auch auf eigene experimentelle Versuchsanordnungen. »Ich empfand damals die Notwendigkeit, durch eigenes Gestalten gewisser optischer Experimente die Gedanken, die ich über das Wesen des Lichtes und der Farben ausgebildet hatte, an der sinnlichen Erfahrung zu prüfen. Es war für mich nicht leicht, die Dinge zu kaufen, die für solche Experimente notwendig waren. [...] Mit den gebräuchlichen Versuchsanordnungen der Physiker war ich durch die Arbeiten in dem Reitlingerschen physikalischen Laboratorium bekannt. Die mathematische Behandlung der Optik war mir geläufig, denn ich hatte gerade über dieses Gebiet eingehende Studien gemacht. – Trotz aller Einwände, die von Seiten der Physiker gegen die Goethesche Farbenlehre gemacht werden, wurde ich durch meine eigenen Ex-

I.) Atome sind anzusehen als ideelle Raumeinfälle; das Idealische sind die Ergebnisse von sich begegnenden Kräfterichtungen – z.B. Kräfterichtung

a b c wirken im Raume; durch ihre Begegnung wird eine Kraftresultante bewirkt, die als Atom von tetraedrischem Charakter wirkt.

Elemente sind der Ausdruck bestimmter Kraftbegegnungen; dass sie sich als solche offenbaren, beruht darauf, dass die eine Kraft in ihrer Begegnung mit einer andern eine Wirkung hervorbringt; während andere Kraftwirkungen gegen einander unwirksam sind.

Krystalle sind die Ergebnisse complicierterer Kraftbegegnungen; Atome die der einfacheren.

Amorphe Massen ergeben sich durch die Neulocalisierung der Kraftrichtungen.

II.) Kraft ist die einseitig räumlich angesehene Offenbarung des Geistes. Man kann nicht sagen, dass Kraft auf die Materie wirke, da Materie nur in der Anordnung der Wirkungen sich begegnender Kraftstrahlen besteht. Es geht niemals eine Energieform auf die andere über; sowenig wie das Tun des Einen Menschen in das des andern. Was übergeht, ist nur der arithmetische Maßausdruck. Geht mechanische in Wärmeenergie über, so ist der reale Vorgang: es ist ein bestimmtes Quantum mech. Energie im Stande in einem Geistwesen, das als Wärme sich offenbart, ein bestimmtes Quantum dieser Offenbarung anzuregen. (So ist das in gesunder Art noch bei J. R. Mayer. Erst Helmholtz hat die Sache verwirrt).

III. Weder Ton noch Wärme, noch Licht, noch Electricität sind Schwingungen, so wenig als ein Pferd eine Summe von Galoppschritten ist. Ton z.B. ist ein

Notizen aus einer sich an einen Vortrag anschließenden Fragenbeantwortung, Stuttgart, Dezember 1919

perimente immer mehr von der gebräuchlichen physikalischen Ansicht zu Goethe hin getrieben.«[44]

Wie intensiv sich Rudolf Steiner mit der Farbenlehre Goethes, aber auch Newtons auseinandergesetzt hat, wird deutlich in der von ihm herausgegebenen Goetheschen Farbenlehre, die er mit nahezu fünfzehnhundert Kommentaren versah. Seine Einleitung zur Farbenlehre sowie weitere ausführliche Einleitungen zu anderen Sachgebieten (Die Entstehung der Metamorphosenlehre / Goethes Erkenntnisart / Von der Kunst zur Wissenschaft / Die meteorologischen Vorstellungen Goethes u. a.) sind innerhalb der Rudolf-Steiner-Gesamtausgabe in Band 1 erschienen. In ihnen wird bereits der Grundstein zu Rudolf Steiners »goetheanistischer Weltauffassung« gelegt; sie bieten daher eine gute Einstiegsmöglichkeit in seine Ideenwelt und die Art seiner Gedankenführung.

Zu Beginn der neunziger Jahre publizierte er seine bis dahin gewonnenen Anschauungen in seinem wohl bedeutendsten Werk, ›Die Philosophie der Freiheit‹, nachdem er bereits in seiner Dissertation, die unter dem Titel ›Wahrheit und Wissenschaft, Vorspiel einer Philosophie der Freiheit‹ zwei Jahre zuvor erschienen war, die Voraussetzungen für eine Erkenntnistheorie und das Problem des Verhältnisses von Erkennen und Wirklichkeit einer umfassenden philosophischen Betrachtung unterzogen hat. Die folgenden Sätze aus seinem Aufsatz ›Die Natur und unsere Ideale‹ bilden nach seinen eigenen Worten eine Art Urzelle dieses Buches:[45]

Unsere Ideale sind nicht mehr flach genug, um von der oft so schalen, so leeren Wirklichkeit befriedigt zu werden. – Dennoch kann ich nicht glauben, dass es keine Erhebung aus dem tiefen Pessimismus gibt, der aus dieser Erkenntnis hervorgeht. Diese Erhebung wird mir, wenn ich auf die Welt unseres Innern schaue, wenn ich an die Wesenheit unserer idealen Welt näher herantrete. Sie ist eine in sich abgeschlossene, in sich vollkommene Welt, die nichts gewinnen, nichts verlieren kann durch die Vergänglichkeit der Außendinge. Sind unsere Ideale, wenn sie wirklich lebendige Individualitäten sind, nicht Wesenheiten für sich, unabhängig von der Gunst oder Ungunst der Natur? Mag immerhin die liebliche Rose vom unbarmherzigen Windstoße zerblättert werden, sie hat ihre Sendung erfüllt, denn sie hat hundert menschliche Augen erfreut; mag es der mörderischen Natur morgen gefallen, den ganzen Sternenhimmel zu vernichten: durch Jahrtausende haben Menschen verehrungsvoll zu ihm emporgeschaut, und damit ist es genug. Nicht das Zeitendasein, nein, das innere Wesen der Dinge macht sie vollkommen. Die Ideale unseres Geistes sind eine Welt für sich, die sich auch für sich ausleben muss, und die nichts gewinnen kann durch die Mitwirkung einer gütigen Natur.

Welch erbarmungswürdiges Geschöpf wäre der Mensch, wenn er nicht innerhalb seiner eigenen Idealwelt Befriedigung gewinnen könnte, sondern dazu erst der Mitwirkung der Natur bedürfte? Wo bliebe die göttliche Freiheit, wenn die Natur uns, gleich unmündigen Kindern, am Gängelband führend, hegte und pflegte? Nein, sie muss uns alles versagen, damit, wenn uns Glück wird, dies ganz das Erzeugnis unseres freien Selbstes ist. Zerstöre die Natur täglich, was wir bilden, auf dass wir uns täglich aufs Neue des Schaffens freuen können! Wir wollen nichts der Natur, uns selbst alles verdanken!

Diese Freiheit, könnte man sagen, sie ist doch nur ein Traum! Indem wir uns frei dünken, gehorchen wir der ehernen Notwendigkeit der Natur. Die erhabensten Gedanken, die wir fassen, sind ja nur das Ergebnis der in uns blind waltenden Natur.

Oh, wir sollten doch endlich zugeben, dass ein Wesen, das sich selbst erkennt, nicht unfrei sein *kann*! Indem wir die ewige Gesetzlichkeit der Natur erforschen, lösen wir jene Substanz aus ihr los, die ihren Äußerungen zugrunde liegt. Wir sehen das Ge-

Arbeitsplan zur Herausgabe von Goethes ›Naturwissenschaftlichen Schriften‹

webe der Gesetze über den Dingen walten, und das bewirkt die *Notwendigkeit.* Wir besitzen in unserem Erkennen die Macht, die Gesetzlichkeit der Naturdinge aus ihnen loszulösen, und sollten dennoch die willenlosen Sklaven dieser Gesetze sein?

Rudolf Steiner,
Weimar ca. 1894

Aber noch ein weiteres Motiv liegt dieser Schrift zugrunde, das er
in seiner Autobiografie wie folgt darlegt: »Es gliederten sich mir
dazumal die wahre Erkenntnis, die Erscheinung des Geistigen in
der Kunst und das sittliche Wollen im Menschen zu einem Ganzen zusammen. In der menschlichen Persönlichkeit musste ich einen Mittelpunkt sehen, in dem diese ganz unmittelbar mit dem
ursprünglichsten Wesen der Welt zusammenhängt.«[46]

Anfang der neunziger Jahre wird Steiner diese Gedanken erneut
aufgreifen und in seinem philosophischen Hauptwerk ›Die Philosophie der Freiheit‹ ausführlich behandeln. Über seine Zielsetzung
schreibt er in seiner Autobiografie: »In dem Hindeuten darauf, dass

die Sinneswelt in Wirklichkeit geistiger Wesenheit ist, und dass der Mensch als seelisches Wesen durch die wahre Erkenntnis der Sinneswelt in einem Geistigen webt und lebt, liegt das eine Ziel meiner ›Philosophie der Freiheit‹. In der Kennzeichnung der moralischen Welt als einer solchen, die ihr Dasein in dieser von der Seele erlebten Geistwelt aufleuchten und damit den Menschen in Freiheit an sich herankommen lässt, ist das zweite Ziel enthalten.«[47]

Die Bedeutung dieses Werkes liegt darin, dass hier nicht nur beschrieben wird, wie der Mensch die Dinge in der richtigen Weise denken kann, sondern wie er – ganz praktisch gesehen – zu einem sittlichen Handeln kommt. Ihm geht es darum, nicht nur eine »moralische Fantasie« auszubilden, sondern das Jetzt in ein Zukünftiges zu transformieren. Das hierzu nötige Handwerkszeug bezeichnet er als »moralische Technik«: »Das moralische Handeln setzt also voraus neben dem moralischen Ideenvermögen und der moralischen Fantasie die Fähigkeit, die Welt der Wahrnehmungen umzuformen, ohne ihren naturgesetzlichen Zusammenhang zu durchbrechen. Diese Fähigkeit ist moralische Technik. Sie ist in dem Sinne lernbar, wie Wissenschaft überhaupt lernbar ist. Im allgemeinen sind Menschen nämlich geeigneter, die Begriffe für die schon fertige Welt zu finden, als produktiv aus der Fantasie die noch nicht vorhandenen zukünftigen Handlungen zu bestimmen.«[48] Über den Zusammenhang des ethischen Individualismus mit der Freiheit sagt er etliche Jahre später in seinem biografischem Vortrag vom 27. Oktober 1918:[49] »Das, was ich niedergeschrieben hatte, war zunächst ein ethischer Individualismus. Das heißt, ich hatte zu zeigen, dass der Mensch nimmermehr frei werden könne, wenn nicht sein Handeln entspringe aus jenen Ideen, die in den Intuitionen der einzelnen menschlichen Individualität wurzeln. Sodass dieser ethische Individualismus als letztes ethisches Entwicklungsziel des

Menschen nur anerkannte den sogenannten freien Geist, der sich herausarbeitet sowohl aus dem Zwang der Naturgesetze wie auch aus dem Zwang von allen konventionellen sogenannten Sittengesetzen [...] Erst die hierdurch gewonnenen Gesetze verhalten sich zum menschlichen Handeln so wie die Naturgesetze zu einer besonderen Erscheinung. Sie sind aber durchaus nicht identisch mit den Antrieben, die wir unserem Handeln zugrunde legen. Will man erfassen, wodurch eine Handlung des Menschen dessen sittlichem Wollen entspringt, so muss man zunächst auf das Verhältnis dieses Wollens zu der Handlung sehen. [...] So schrieb ich dazumal rückhaltlos:

Leben in der Liebe zum Handeln und Lebenlassen im Verständnisse des fremden Wollens ist die Grundmaxime des freien Menschen.

Der nachfolgende Brief Rudolf Steiners an den Philosophen Eduard von Hartmann[50] sowie eine Besprechung der ›Philosophie der Freiheit‹ in der ›Frankfurter Zeitung‹ vom 3. Dezember 1893 mögen das Bisherige ergänzen und darüber hinaus einen Einblick geben in die Art, wie Steiners Anschauungen damals rezipiert wurden.

Weimar, den 1. November 1894

Hochgeschätzter Herr Doktor!

Vor allen Dingen bitte ich viele Male um Entschuldigung, wenn ich bis heute, also über alles Maß lange, mit dem Zurücksenden der ›Philosophie der Freiheit‹ gezögert habe. Ich habe in diesem Jahre unter fortwährendem Drängen der Verlagsbuch-

handlung den größten Teil der Schopenhauer-Ausgabe für die
›Cottasche Bibliothek der Weltliteratur‹ fertig gestellt und auch
bereits zu vier Bänden die Korrekturen gelesen. Das alles ne-
ben meinen Arbeiten für die Weimarische und die Kürschnersche
Goethe-Ausgabe. Das alles ist mühevoll und zeitraubend.

Für die eingehende Berücksichtigung meines Buches bin
ich Ihnen vielen Dank schuldig. Ihre Einwürfe haben mich im
höchsten Maße gefördert. Sie dürfen mir es glauben, hochge-
schätzter Herr Doktor, dass es mir schmerzliche Stunden bereitet
hat und immerfort bereitet, in den erkenntnistheoretischen
Grundfragen von Ihren Anschauungen abweichen zu müssen.
Ich kann mich aber von der Richtigkeit der für den transzenden-
talen Realismus vorgebrachten Gründe nicht überzeugen. Ich
glaube nämlich, auf Seite 115 bis 121 meiner Philosophie der
Freiheit gezeigt zu haben, wie der transzendentale Realismus
sich im Bewusstsein aus dem naiven Realismus entwickelt, aber
auch zugleich, dass der Erstere, wenn er seine in sich wider-
spruchsvollen Elemente abstreift, in den immanenten Monis-
mus einmünden muss. Ich zweifelte keinen Augenblick daran,
dass der transzendentale Realismus die einzige annehmbare Welt-
anschauung sei, wenn ich die Erwägungen für richtig halten
könnte, die dazu führen, den Satz aufzustellen: »Die Welt ist
meine Vorstellung.« Ich bin der Meinung, dass man, um den
transzendentalen Realismus zu begründen, auch probeweise nicht
vom naiven Realismus ausgehen darf. Wenn man dies tut und
dann zeigt, dass bei konsequentem Fortschreiten vom naiven
Realismus sich herausstellt, dass dessen Voraussetzung, die Vor-
stellungsobjekte seien Dinge an sich, nicht gelten könne, so be-
weist man, wie ich glaube, nur, dass der naive Realismus kein
Ausgangspunkt für die Philosophie ist. Man beweist, dass er

einen ›Widerspruch in sich‹ enthält und dass man mit seinen Voraussetzungen philosophisch nichts anfangen kann. Man kann den naiven Realismus deshalb mit seinen eigenen Anschauungen weder beweisen noch widerlegen. Drews gesteht dies in seiner Besprechung meines Buches bis zu einem gewissen Grade auch zu, indem er behauptet, »es ist nur als eine argumentatio ad hominem anzusehen, wenn der transzendentale Realismus, um den naiven Realismus zu widerlegen, sich scheinbar auf dessen Standpunkt stellt«. Drews gesteht weiter zu, dass der transzendentale Realismus eine eigentliche Überzeugungskraft gar nicht aus dieser Widerlegung des naiven Realismus zieht, sondern aus der Anerkennung des fundamentalen Satzes: »Kein Objekt ohne Subjekt.« Ich kann diesem Satz nun aber keine andere als eine bloß logische Bedeutung zuerkennen. Er besagt für mich nichts weiter, als dass ›das Gegebene‹ in Bezug auf das ›Ich‹ (diese beiden als Wahrnehmungsinhalt genommen) die logische Eigenschaft des Objektseins, das Ich die des Subjektseins erhält. Nicht aber wird über den Inhalt des als Objekt Auftretenden dadurch etwas ausgemacht, also auch nicht dieses: dass er meine Vorstellung ist. Es ist klar, dass, sobald das Axiom anerkannt wird: die Welt ist meine Vorstellung, meine philosophische Anschauungsweise unbedingt zum Phänomenalismus und subjektiven Idealismus führt.

Nimmt man einmal die ganze empirische Welt in das Bewusstsein herein, dann kann man auch mit meinen Mitteln nicht wieder aus dem Bewusstsein heraus. Dann gilt für mich Ihre Bemerkung auf der letzten Seite meines Buches: »dass der Phänomenalismus mit unausweichlicher Konsequenz zum Solipsismus, absoluten Illusionismus und Agnostizismus führt und nichts getan ist, um diesem Rutsch in den Abgrund der

Unphilosophie vorzubeugen, weil die Gefahr gar nicht erkannt ist«. Ich kann nur den Schritt nicht mitmachen, durch den die empirisch gegebene Welt in das Bewusstsein hereingenommen wird. Deshalb bin ich auch nicht Phänomenalist. Der empirisch gegebene Weltinhalt ist für mich nicht Bewusstseinsinhalt. Bewusstseinsinhalt ist für mich nicht die Feder, mit der ich schreibe (ich meine den empirisch gegebenen Inhalt), sondern dasjenige Bild der Feder, das zurückbleibt, wenn ich die Feder weglege und den Blick von ihr abwende, d. i. aber identisch mit der Erinnerungsvorstellung. Aber auch im Augenblicke des Wahrnehmens rechne ich nur so viel zum Bewusstseinsinhalt, als dann als Erinnerungsvorstellung zurückbleibt. Ich glaube nun nicht, dass die Erinnerung an eine Wahrnehmung bloß eine abgeblasste Wiederholung der letzteren ist. Mir scheint die Erinnerungsvorstellung von dem Inhalte der Wahrnehmung numerisch verschieden zu sein. Denn wenn innerhalb meines Bewusstseins, ohne Zuhilfenahme der Wahrnehmung, eine Vorstellung zustandekommt, so kann ich den Inhalt derselben keineswegs als gleichwertig mit einem mir durch die Wahrnehmung gegebenen Inhalt ansehen. Wenn ich zum Beispiel aus einer Reisebeschreibung [mir] eine Vorstellung von einer Kirche mache (von der ich nie ein Bild gesehen habe), so kann dieses ebenso gut mit der später gesehenen Kirche kongruieren wie das Erinnerungsbild, das ich von der erst gesehenen Kirche mitnehme. Beide Bilder: die Erinnerungsvorstellung und die aus meinem Bewusstseinsinhalte kombinierte Vorstellung eines nicht wahrgenommenen Gegenstandes stehen für mich in gleichem Sinne dem Inhalte gegenüber, der mir im Akte des Wahrnehmens gegeben ist und den ich vom Bewusstseinsinhalt unterscheiden kann. Diesen letzteren Inhalt kann ich nicht ins Bewusstsein hereinnehmen. Er kann *mir deshalb auch nicht Bewusstseinsphänomen sein. Hier liegt für mich die Schwierigkeit und die Unmöglichkeit, mich zum transzendentalen Realismus zu bekennen.*

Eine andere ist dann die, dass ich in der gesamten mir bekannten philosophischen Literatur für das Transzendente keinen Inhalt finden kann. Alle dem Transzendenten beigelegten Qualitäten sind nur Entlehnungen aus der Sphäre des immanenten Weltinhaltes. Ich finde das Tor nicht, das uns aus dem Immanenten in das Transzendente führt. Deshalb suche ich die Elemente der Welterklärung bloß im Gebiete des Immanenten. Und mit dieser erkenntnistheoretischen Ansicht verträgt sich nur der ethische Standpunkt, der auch die sittlichen Ideale im Gebiete des Immanenten, das heißt innerhalb des menschlichen Bewusstseins, entspringen lässt. Diese Anschauung führt aber notwendig zum ethischen Individualismus. Denn innerhalb des Immanenten kann von sittlichen Ideen nur als von Gedanken des individuellen Bewusstseins gesprochen werden. Deshalb muss ich an die Stelle der sittlichen Einsicht die moralische Fantasie setzen. Die Frage: warum die in verschiedenen Köpfen entstehenden sittlichen Ideale nicht ganz verschieden, sondern im wesentlichen zusammenstimmend sind, scheint mir eine unberechtigte zu sein, da die Vereinzelung in verschiedene individuelle Bewusstseine mir vor dem zusammenfassenden Blicke zu verschwinden scheint. Ich glaube sogar, dass die Individualisierung des Einzelbewusstseins ein bloß logischer Prozess ist, der innerhalb des Immanenten vollzogen wird und auch innerhalb des Immanenten wieder aufgelöst werden kann. Das sittliche Ideal, das ich denke, ist numerisch identisch mit dem, das ein anderer denkt. Es scheint dies nur deshalb nicht zu sein, weil es verknüpft ist mit gewissen Wahrnehmungsinhalten der Welt, die nicht nume-

risch identisch sind, nämlich mit den organischen Individuen. Diese sind aber nur nicht numerisch identisch, weil sie räumlich-zeitliche Wesenheiten sind. Wo aber die Begriffe Raum und Zeit aufhören Bedeutung zu haben, wie in der Sphäre des Ethischen, da hört auch die Möglichkeit auf, von Numerisch-Verschiedenem zu sprechen. Deshalb hat auch der Ausdruck ethischer Individualismus nur Sinn, solange ich davon spreche, dass das ethische Ideal zunächst verknüpft mit einem individuellen organischen Wesen erscheint, nicht aber, wenn ich von seiner Verknüpfung mit dem Weltinhalte spreche.

Ich empfinde es auch als einen Mangel meines Buches, dass es mir nicht hat gelingen wollen, die Frage ganz klar zu beantworten, inwiefern das Individuelle doch nur ein Allgemeines, das Viele ein Eines ist. Aber dies ist vielleicht die schwierigste Aufgabe einer Philosophie der Immanenz. Ich arbeite fortwährend daran, den Ausgleich zwischen den zwei Dingen zu finden, auf die Sie in Ihrer Bemerkung zu Seite 242 meines Buches hindeuten: dem Panlogismus Hegels und dem Goetheschen Individualismus. Nur bin ich mit dem Ausdruck: ›transzendenter‹ Panlogismus in Bezug auf Hegel nicht einverstanden. Ich glaube, dass Hegels Panlogismus durchaus immanent ist. Hegels Logik scheint mir nichts zu sein, auch im Sinne ihres Urhebers nichts sein zu wollen als Darstellung des der Welt immanenten Ideengehaltes. Ich glaube mich von Hegel in gar nichts zu unterscheiden, sondern nur einzelne Konsequenzen seiner Lehre zu ziehen. Soll die Idee Wirklichkeit haben, dann muss der Erkenntnisprozess ein realer und kein bloß logischer sein, das heißt, Wahrnehmung und subjektiver Begriff können nur (einseitige) Momente der Wirklichkeit sein; diese selbst ist erst in der vom Erkenntnisprozess herbeigeführten Durchdringung (in der von der Idee aufgesaugten Einzelwahrnehmung) gegeben. Die sittliche Idee aber ist auch nur eine einzelne, ihrer Erscheinungsweise im Individuum nach, eine allgemeine aber im logischen Zusammenhange betrachtet. Die ganze Schwierigkeit scheint mir darin zu liegen, dass unser Leben ein individuelles, unsere Betrachtung als denkende eine ins allgemeine gehende ist; beide Standpunkte scheinen mir aber im höheren Sinne wieder einer Vereinigung fähig zu sein, indem wir – zwar nicht in mystischer, wohl aber in logisch-ideeller Weise – das Individuelle des Bewusstseins abstreifen und erkennen, dass wir im Denken eigentlich gar nicht mehr Einzelne sind, sondern lediglich ein allgemeines Weltleben mitleben. Obwohl ich ein Feind aller Mystik bin, scheint mir hier der logische Kern der mystischen Lehren zu liegen.

Glauben Sie nicht, hochgeschätzter Herr Doktor, dass ich aus irgendeiner Art von Eigensinn auf meiner zum transzendentalen Realismus gegnerischen Anschauung verharre. Ich würde diesen sogleich akzeptieren, trotz allem, was ich in anderem Sinne geschrieben habe, wenn ich seine Beweise für stichhaltig ansehen könnte. Dass ich die zum Subjektivismus führenden Gedankengänge durchaus nachdenken kann, werden Sie aus beiliegender Einleitung zu Schopenhauers Werken ersehen.

Ihre Notizen zu meinem Buche, die ich mir abgeschrieben habe, werden mir bei einer irgendwie gearteten neuen Darstellung meiner Gedanken sehr zustatten kommen. Für ein öffentliches Aussprechen Ihrer Einwendungen wäre ich Ihnen sehr dankbar.

Ihr Sie hochschätzender
Rudolf Steiner

Besprechung in der ›Frankfurter Zeitung‹, Nr. 335, Viertes Morgenblatt, 38. Jahrgang, Sonntag, 3. Dezember 1893

Dr. Rudolf Steiner
Die Philosophie der Freiheit
Grundzüge einer modernen Weltanschauung
Verlag Emil Felber, Berlin [1894]

Wenn dem Leser dieses Buch zu Händen kommt, so soll er sich nicht davon abschrecken lassen, dass in dem Titel von Philosophie die Rede ist, die nach einer landläufigen Meinung nur unpraktische Grübler beschäftigt, sowie von einer Freiheit, die in unsern Tagen vor dem Glanz der Notwendigkeit und der Autorität stark verblasst ist. Das Buch enthält wirklich, was es im Weiteren verspricht: die Grundzüge einer modernen Weltanschauung, mit einer Menge anregender Ausführungen und packender Gedanken. Der Verfasser greift das Philosophieren am rechten Flecke an; ehe er über die Welt denkt, will er wissen, was das Denken ist und welche Rolle es in der Welt spielt. Das Ergebnis seiner Ausführungen ist: »Im Denken halten wir das Weltgeschehen an einem Zipfel, wo wir dabei sein müssen, wenn etwas zustande kommen soll. Und das ist gerade das, worauf es ankommt. Das ist gerade der Grund, warum wir den Dingen rätselhaft gegenüberstehen, dass ich an ihrem Zustandekommen so unbeteiligt bin; ich finde sie einfach vor; beim Denken aber weiß ich, wie es gemacht wird. Daher gibt es keinen ursprünglicheren Ausgangspunkt für das Betrachten alles Weltgeschehens als das Denken.« Das Denken ist das Element, das unsere besondere Individualität mit dem Kosmos zu einem Ganzen zu-

Weimar, den 1. November 1894

Hochgeschätzter Herr Doctor!

Vor allen Dingen bitte ich viele Male um Entschuldigung,
wenn ich bis heute, also über alles Maß lange, mit dem
Zurücksenden der „Philosophie der Freiheit" gezögert
habe. Ich habe in diesem Jahre unter fortwährendem Drängen der Verlagsbuchhandlung den größten Teil der
Schopenhauer-Ausgabe für die Cotta'sche Bibliothek der
„Weltlitteratur" fertig gestellt. Dazu bereits zu 4 Bänden
die Correcturen gelesen. Das alles neben meinen Arbeiten für die Weimarische und die Kürschner'sche Goethe-
Ausgabe. Das alles ist mühevoll und zeitraubend.
Für die eingehende Berücksichtigung meines Buches
bin ich Ihnen vielen Dank schuldig. Ihre Einwürfe haben
mich in hohem Maße gefördert. Sie dürfen mir es glauben, hochgeschätzter Herr Doctor, daß es mir schmerzlich ist, in
den bereitet hat und immerfort bereitet, in den erkenntnistheoretischen Grundfragen von Ihren Anschauungen ab-

Auszug aus dem vorangegangenen Brief an Eduard von Hartmann

weichen zu müssen. Ich kann mich aber von der Richtigkeit der für den transcendentalen Realismus vorgebrachten
Gründe nicht überzeugen. Ich glaube nämlich auf S. 115 — 121
meiner „Philosophie der Freiheit" gezeigt zu haben, wie der
transcendentale Realismus sich im Bewußtsein aus dem
naiven Realismus entwickelt, aber auch zugleich, daß
der erstere, wenn er seine in sich widerspruchsvollen Elemente
abstreift, in den immanenten Monismus einmünden
muß. Ich zweifelte keinen Augenblick daran, daß der
transcendentale Realismus die einzige annehmbare Weltanschauung sei, wenn ich die Erwägungen für richtig halten
könnte, die dazu führen den Satz aufzustellen: „die Welt
ist meine Vorstellung". Ich bin der Meinung, daß man,
um den transcendentalen Realismus zu begründen, auch
probeweise nicht vom naiven Realismus ausgehen darf.
Wenn man dies thut, und dann zeigt, daß bei consequentem
Fortschreiten vom naiven Realismus sich herausstellt, daß
dessen Voraussetzung „= die Vorstellungsobjecte seien Dinge
an sich" nicht gelten könne, so beweist man, wie ich glaube nur, daß der naive Realismus kein Ausgangspunkt
für die Philosophie ist. Man beweist, daß er einen Widerspruch
in sich enthält, und daß man mit seinen Voraussetzungen

sammenschließt. Indem wir empfinden und fühlen, sind wir einzelne; indem wir denken, sind wir das All-Eine-Wesen, das Alles durchdringt. Aus dieser Rolle des Denkens, als Teil des Weltgeschehens, gelangt der Verfasser in logischer Weise zu seinem Freiheitsbegriff, der uns das menschliche Handeln als ein uns bewusstes darstellt und erklärt, sowie zu den übrigen Grundpfeilern seines Systems, das ein rein monistisches ist, also weder die Krücke des Offenbarungsglaubens braucht, noch auf die Künsteleien der dualistischen Weltauffassung angewiesen ist.

Daneben gibt er auch wichtige kritische Beleuchtungen herrschender Systeme wie des Kantschen, Schopenhauerschen, Hartmannschen, und der Materialismus wird gerade so in die Rumpelkammer verwiesen wie der ideologische Idealismus. Dabei ist alles frisch geschrieben, verständlich gehalten, ein intellektueller Genuss und anregend für jeden denkenden Menschen. Dass es nur Grundzüge und vielfach auch nur Bruchstücke sind, die der Verfasser uns bietet, zeigt sich an verschiedenen Stellen. So zum Beispiel tritt ganz unvermittelt der Begriff der Sittlichkeit auf, und auch das größtmögliche Wohl der Gesamtheit wird ohne Weiteres als Ziel der sittlichen Entwicklung und als Motiv des sittlichen Einzelhandelns hingestellt; der Hinweis auf die moralische Fantasie, die sittliche Ideale schafft, erscheint uns hier zur Erklärung nicht genügend. Der Übergang ist nicht schwer, denn in dem Satze, dass der Mensch ein Teil des Weltgeschehens sei und in seinem Denken sich mit dem Ganzen eins wisse, hat der Verfasser den Faden in der Hand, der ihn sicher zum Sozialen, also zur Sittlichkeit hinüberführt. Vielleicht holt ein größeres Werk diese Ausführungen nach, wenn die Ideen des Verfassers, wie sie es

verdienen, Anklang finden. Auch der vorliegenden Schrift hat
er vor zwei Jahren einen Vorläufer vorausgeschickt unter dem
Titel ›Wahrheit und Wissenschaft‹, die im Keime schon seine
ausführliche Lehre enthält und im Besonderen den Nachweis
erbringt, dass die Ergebnisse der Wissenschaft wirkliche Le-
benswahrheiten und als solche geeignet sind, eine wirkliche
Weltanschauung, eine Art modernen Glaubensbekenntnis-
ses zu werden. Die ›Philosophie der Freiheit‹ liefert wertvolle
Grundlagen zu einer solchen wissenschaftlichen Weltanschauung, und darum sei das Werk allen denen empfohlen, deren
Denken sich weder mit dem bequemen Mystizismus noch mit
einem öden Materialismus begnügen kann. – H –

Philosophie und Anthroposophie

In seinen frühen Schriften hat sich Rudolf Steiner darauf konzentriert, den Denkvorgang nach Möglichkeiten zu befragen, wie man
mit Hilfe des »*reinen* Denkens« über das Subjektive hinausgelangen
und so das Wesen der objektiven Welt erfassen kann. Entsprechend
gesteht er auch nur demjenigen ein Urteil über mittels des reinen
Denkens erworbene Erkenntnisse zu, der sich von allem Vorstel-
lungsmäßigem, Erinnerungsmäßigem, noch in Wahrnehmungen
sinnlicher Art Befindlichem zu lösen vermag. Dabei kommt es nun
darauf an, dass der Mensch nicht nur in *Gedanken lebt*, sondern
dass er seine *Denktätigkeit erlebt*. Dadurch emanzipiere sich die
Seele von demjenigen, was sie in ihrem gewöhnlichen Denken voll-
führt. Übt man sich in den verschiedenen Arten des Erlebens der
Denktätigkeit, so erreicht man eine Ebene, in der sich die Seele
gänzlich loslöst »von demjenigen Denken und Vorstellen, das an

die leiblichen Organe gebunden ist [...]. Die hier gemeinte Seelenarbeit besteht in der *unbegrenzten Steigerung* von Seelenfähigkeiten, welche auch das gewöhnliche Bewusstsein kennt, die dieses aber in solcher Steigerung nicht anwendet.«[51] Dadurch schafft sich der Mensch Erfahrungstatsachen, die er mittels verschiedenster innerer Schulungswege, wie sie bereits skizzenhaft beschrieben wurden, erweitern und vertiefen kann. In eine ganz ähnliche Richtung deuten die Überlegungen von Carl Friedrich von Weizsäcker: »Ist das endliche Subjekt nicht selbst nur ein Organ eines höheren Wirklichen, eines höheren Selbst? Mit diesen Andeutungen wird im konsequenten Durchgang durch die Naturwissenschaften die Schwelle einer Erfahrung erreicht, die sich nicht mehr der begrifflichen Reflexion, wohl aber der *Meditation* erschließt. [...] Das begriffliche Denken kann einsehen, dass es den Grund seiner Möglichkeit nicht begrifflich bezeichnen kann.«[52]

Steiner sah sich immer wieder vor die Aufgabe gestellt, das, was die Anthroposophie von philosophischen und psychologischen Abhandlungen und Lehren, die die Wissenschaft um die Jahrhundertwende geprägt haben, unterscheidet, auch vor Wissenschaftlern darzulegen und zu begründen. So folgte er unter anderem im Jahre 1911 einer Einladung zum 4. Internationalen Philosophie-Kongress in Bologna, wo er eine grundlegende Darstellung über die Anthroposophie, so wie sie insbesondere in der Auseinandersetzung mit aktuellen Fragen damaligen wissenschaftlichen Lebens erlebt werden konnte, gab. Der Übergang von der Philosophie zur Anthroposophie wird hier besonders deutlich herausgearbeitet.

Rudolf Steiner beginnt seinen Vortrag mit einer eingehenden Kritik an damals führenden empirischen Forschungsmethoden, die in der Feststellung gipfelt, dass in den durch empiristische Methoden gewonnenen Resultaten alles das ausgeschlossen ist, was

»innerhalb der subjektiven Erlebnisse der menschlichen Seele eine Bedeutung hat«.[53] Eine solche eingeschränkte Betrachtungsweise, so Steiner, ist auch die Ursache dafür, dass man stets von Erkenntnisgrenzen spricht. Seine Anschauungsweise hingegen konzentriere sich auf das, »was sich nicht unmittelbar aus einer Betrachtung der menschlichen Wesenheit und ihrer Beziehung zur Außenwelt ergibt. Sie glaubt aufgrund sicherer Tatsachen des Seelenlebens behaupten zu dürfen, dass Erkenntnis nichts Fertiges, Abgeschlossenes, sondern etwas Fließendes, Entwicklungsfähiges ist. Sie glaubt hinweisen zu dürfen darauf, dass es hinter dem Umkreis des normal bewussten Seelenlebens ein anderes gibt, in welches der Mensch eindringen kann. Und es ist notwendig zu betonen, dass mit diesem Seelenleben nicht dasjenige gemeint ist, was man gegenwärtig als ›Unterbewusstsein‹ zu bezeichnen gewohnt ist. Dieses Unterbewusstsein mag Gegenstand der wissenschaftlichen Forschung sein; es kann von dem Gesichtspunkte der gebräuchlichen Forschungsmethoden als Objekt untersucht werden. Mit jener Seelenverfassung, von welcher hier gesprochen werden soll, hat es nichts zu tun. Innerhalb dieser lebt der Mensch geradeso bewusst, sich logisch kontrollierend, wie er im Horizonte des gewöhnlichen Bewusstseins lebt. Nur muss diese Seelenverfassung erst durch bestimmte Seelen-Übungen, Seelenerlebnisse hergestellt werden. Sie kann nicht als ein gegebenes Faktum der menschlichen Wesenheit vorausgesetzt werden. In dieser Seelenverfassung tritt etwas auf, was als eine Fortentwicklung des menschlichen Seelenlebens bezeichnet werden darf, ohne dass bei dieser Fortentwicklung die Selbstkontrolle und die anderen Kennzeichen des bewussten Seelenlebens aufhören.«[54]

An diese einleitenden Worte schließt Steiner nun eine umfassende Darstellung seiner Methode, Seelenerlebnisse durch Herstellen entsprechender Bedingungen erfahrbar zu machen, an. Folgen-

IV.ème CONGRÈS INTERNATIONAL DE PHILOSOPHIE

SOUS LE HAUT PATRONAGE DE S. M. LE ROI D'ITALIE

≈ ≈ ≈ ≈ ≈ ≈ ≈ BOLOGNA – 6-11 AVRIL 1911

Au nom du Comité d'organisation, et en nous rapportant aux précédentes circulaires, nous avons l'honneur de vour renouveler l'invitation à prendre part au IVme Congrès International de Philosophie qui aura lieu à Bologne du 6 au 11 Avril 1911, et en même temps de vous communiquer le programme des travaux du Congrès, des fêtes et des excursions arrangées pour les Congressistes.

PROGRAMME GÉNÉRAL

Mercredi 5 Avril.

Heures 20,30 - Réunion de la Commission Internationale Permanente à la Université (Via Zamboni).

Heures 21 - « Rendez-vous des Congressistes à l'Université ».

Jeudi 6 Avril.

Heures 10 précises - Inauguration du Congrès à l'Archigymnase (ancienne Université, Portici del Pavaglione).

Heures 14 - Reunion plénière du Congrès à l'Archigymnase.

   Conférences de:

   EMILE BOUTROUX (Paris) - *Du rapport de la philosophie aux sciences.*

   WILHELM WINDELBAND (Heidelberg) - *Die Metaphysik der Zeit.*

   GIACOMO BARZELLOTTI (Roma) - *Filosofia e storia della filosofia.*

Vendredi 7 Avril.

Heures 9-12 - Séances des Sections à l'Université. (Voir le programme des travaux des Sections).

Heures 14 - Réunion plénière à l'Archigymnase.

   Conférence d'ALOIS RIEHL (Berlin): *Fortbildung kantischer Gedanken in der Philosophie der Gegenwart.*

   Discussion ouverte par M. HENRI BERGSON (Paris) sur: *La tâche actuelle de la philosophie contemporaine.*

   Réponse de M. ALESSANDRO CHIAPPELLI (Firenze).

Heures 21 - « Réception offerte par la Mairie dans le Palais Municipal ».

Einladung und Auszüge aus dem Programm des IV. Internationalen Philosophie-Kongresses in Bologna 1911

V.ème Section — *Philosophie de la Religion.*

A — RELATIONS (Thèmes de discussion spéciales).

1. ALESSANDRO CHIAPPELLI (Firenze) – Discorso inaugurale : *Il sistema della filosofia dello spirito.*
2. PRABHU DUTT SHASTRI (Oxford) – *The doctrine of Maja in Indian Philosophy.*
3. CARLO FORMICHI (Pisa) – *È il Buddismo una religione o una filosofa ?*
4. RUDOLPH STEINER (Berlin) – *Die psychologischen Grundlagen und die erkenntnisstheoretische Stellung der Theosophie.*
5. ALBERT LECLÈRE (Fribourg) – *Le bilan de la philosophie religieuse.*
6. ROBERTO BENZONI (Genova) – *Limiti e valore dell'esperienza religiosa.*
7. GIOVANNI AMENDOLA (Firenze) – *La logica della vita religiosa.*
8. WINCENTY LUTOSLAWSKI – *Le messianisme polonais.*
9. EMIL JUNG (Salzburg) – *Radikaler Reformkatholicismus.*

B — COMMUNICATIONS

1. BHAGAVAN DÀS M. A. (Madras) – *The Metaphysic of Theosophy and Ancient Psychology.*
2. GAETANO SCORZA – *Come debbono essere trattate le questioni religiose.*
3. SALVATORE MINOCCHI (Firenze) – *La Trinità di Dio nel Cristianesimo primitivo.*
4. KRISTIAN AARS (Cristiania) – *La libre pensée et le problème de Dieu.*
5. UBERTO PESTALOZZA (Milano) – *L' idea di una divinità suprema nelle concezioni dei popoli non civilizzati.*
6. OTTO KARMIN (Genève) – *De la nécessité de connaître les conceptions dogmatiques populaires.*
7. LÉON BOUILLON (Orthez – Francia) – *La philosophie idéaliste du Nouveau Testament.*
8. MARTIN MEYER (Berlin) – *Die religiöse Frage in der heutigen Zeit.*

VI.ème Section — *Philosophie juridique et sociale.*

RELATIONS ET COMMUNICATIONS

1. FRANCESCO FILOMUSI GUELFI (Roma) – Discorso inaugurale: *La filosofia del diritto in Italia nella seconda metà del secolo XIX.*
2. RUDOLF STAMMLER (Halle) – *Die Rechtsphilosophie von Jean Jacques Rousseau.*
3. ALESSANDRO LEVI (Venezia) – *Ordine giuridico e ordine pubblico.*
4. ALESSANDRO BONUCCI (Perugia) – *Diritti giuridici ed omissioni.*
5. A. PAGANO (Roma) – *Origini del diritto.*
6. BERTHOD (Paris) – *La méthode tendencielle dans les sciences sociales.*
7. ÉLIE HALÉVY (Paris) – *La finalité en histoire.*
8. I. SIMIAND (Paris) – *Rapports du droit et de l'économie politique.*
9. KOZLOWSKY (Varsavia) – *La réalité sociale.*
10. G. D. SCRABA (Bukarest) – *La sociologie par rapport à la philosophie.*
11. HUGO BERGMANN (Prag) – *Inhaltliche und kausale Zusammenhänge in der Geschichtswissenschaft.*
12. E. DUPRÉEL (Etterbeck - Bruxelles) – *Sur le rapport de la logique et de la sociologie ou théorie des idées confuses.*
13. SILVIO PEROZZI (Bologna) – *Sul socialismo giuridico.*
14. WINCENTY LUTOSLAWSKI – *Les nations comme réalités métaphysiques.*
15. GIUSEPPE VADALA-PAPALE (Catania) – *Della suggestione sociale.*

der Ausschnitt, in dem die ersten solcher Übungen beschrieben werden, mag einen weiteren Einblick in die sehr umfangreiche Methodik des anthroposophischen Schulungsweges geben:[55]

Was hier charakterisiert wird, soll gelten als Seelenerlebnisse, die *erfahren* werden können, wenn gewisse Bedingungen in der menschlichen Seele hergestellt werden. Der erkenntnistheoretische Wert dieser Seelenerlebnisse soll erst nach ihrer einfachen Schilderung geprüft werden.

Als ›Seelenübung‹ kann bezeichnet werden, was vorzunehmen ist. Der Anfang wird damit gemacht, dass Seeleninhalte, die für gewöhnlich nur in ihrem Wert als Abbilder eines äußeren Wirklichen nach bewertet werden, von einem anderen Gesichtspunkte aus genommen werden. In den Begriffen und Ideen, die sich der Mensch macht, will er zunächst etwas haben, was Abbild oder wenigstens Zeichen eines außerhalb der Begriffe oder Ideen Liegenden sein kann. Der Geistesforscher in dem hier gemeinten Sinne sucht nach Seeleninhalten, die ähnlich sind den Begriffen und Ideen des gewöhnlichen Lebens oder der wissenschaftlichen Forschung; allein er betrachtet diese zunächst nicht in Bezug auf ihren Erkenntniswert für ein Objektives, sondern er lässt sie in der eigenen Seele als wirksame Kräfte leben. Er senkt sie gewissermaßen als geistige Keime in den Mutterboden des seelischen Lebens und wartet in einer vollkommenen Seelenruhe ihre Wirkung auf das Seelenleben ab. Er kann dann beobachten, wie bei *wiederholter* Anwendung einer solchen Übung in der Tat die Verfassung der Seele sich ändert. Es muss aber ausdrücklich betont werden, dass die Wiederholung dasjenige ist, worauf es ankommt. Denn es handelt sich nicht darum, dass durch den Inhalt von Begriffen im gewöhnlichen Sinne nach Art eines Erkenntnisprozesses sich etwas in der Seele abspielt, sondern es handelt sich um einen realen Prozess im Seelenleben. In diesem Prozess wirken Begriffe nicht als Erkenntniselemente, sondern als reale Kräfte; und ihre Wirkung beruht auf dem oft *wiederholten* Ergriffen-Werden des Seelenlebens von denselben Kräften. Und vorzüglich beruht alles darauf, dass die Wirkung in der Seele, welche erzielt worden ist durch das Erlebnis mit einem Begriff, als solche immer wieder ergriffen wird von der gleichen Kraft. Daher wird am meisten erzielt durch über längere Zeiträume sich erstreckende Meditationen über denselben Inhalt, die in bestimmten Zeiträumen wiederholt werden. Die Länge einer solchen Meditation kommt dabei wenig in Betracht. Sie kann sehr kurz sein, wenn sie nur bei absoluter Seelenruhe und bei vollkommener Abgeschlossenheit der Seele von allen äußeren Wahrnehmungseindrücken und von aller gewöhnlichen Verstandestätigkeit verläuft. Auf Isolation des Seelenlebens mit dem angedeuteten Inhalte kommt es an. Das muss gesagt werden, weil klar sein soll, dass niemand durch Vornahme solcher Übungen in seinem gewöhnlichen Leben gestört zu sein braucht. Die Zeit, welche zu ihnen notwendig ist, hat jeder Mensch in der Regel zur Verfügung. Und die Änderung, welche durch sie im Seelenleben eintritt, bewirkt, wenn sie richtig vollzogen werden, nicht den geringsten Einfluss auf die Bewusstseinskonstitution, welche zum normalen Menschenleben erforderlich ist. (Dass bei der Art, wie der Mensch nun einmal ist, Übertreibungen und Sonderbarkeiten vorkommen, die nachteilig sind, kann an der Ansicht über das Wesen der Sache nichts ändern.)

Nun sind zu der geschilderten Verrichtung der Seele die meisten Begriffe des Lebens am wenigsten brauchbar. Alle See-

Rudolf Steiner, 1915

leninhalte, welche im ausgesprochenen Maße auf ein außer ihnen liegendes Objektives sich beziehen, sind für die charakterisierten Übungen von geringer Wirkung. Es kommen vielmehr besonders solche *Vorstellungen* in Betracht, *welche man als Sinnbilder, Symbole bezeichnen kann.* Am fruchtbarsten sind diejenigen, welche sich in lebendiger Art zusammenfassend auf einen mannigfaltigen Inhalt beziehen. Man nehme als ein erfahrungsgemäß gutes Beispiel das, was *Goethe* als seine Idee von der »Urpflanze« bezeichnet hat. Es darf darauf hingewiesen werden, wie er von dieser Urpflanze einmal in Anlehnung an ein Gespräch mit Schiller mit wenigen Strichen ein symbolisches Bild gezeichnet hat. Auch hat er gesagt, dass derjenige, welcher dieses

Bild in seiner Seele lebendig macht, an ihm etwas habe, aus dem durch gesetzmäßige Modifikationen alle möglichen Formen ersonnen werden können, welche die *Möglichkeit des Daseins* in sich tragen.

Man mag zunächst über den objektiven Erkenntniswert einer solchen symbolischen Urpflanze denken, wie immer: wenn man sie in dem angedeuteten Sinne in der Seele leben lässt, wenn man ihre Wirkung auf das Seelenleben in Ruhe abwartet, dann tritt etwas von dem ein, was man veränderte Seelenverfassung nennen kann. Die Vorstellungen, welche von den Geistesforschern als in dieser Beziehung brauchbare Symbole genannt werden, mögen zuweilen recht sonderbar erscheinen. Das Sonderbare kann abgestreift werden, wenn man bedenkt, dass solche Vorstellungen nicht nach ihrem Wahrheitswert im gewöhnlichen Sinne genommen werden dürfen, sondern daraufhin angesehen werden sollen, wie sie als reale Kräfte im Seelenleben wirken. Der Geistesforscher legt eben nicht Wert darauf, was die zur Seelenübung verwendeten Bilder *bedeuten*, sondern was unter ihrem Einflusse in der Seele erlebt wird. Hier können naturgemäß nur einzelne wenige Beispiele wirksamer symbolischer Vorstellungen gegeben werden. Man denke sich die menschliche Wesenheit im Vorstellungsbilde so, dass die mit der tierischen Organisation verwandte niedrige Natur des Menschen im Verhältnis zu ihm als Geisteswesen durch sinnbildliches Zusammensein einer Tiergestalt mit daraufgesetzter höchstidealisierter Menschenform (etwa wie ein Kentaur) erscheint. Je bildhaft-lebensvoller, inhaltsgesättigter das Symbol erscheint, umso besser ist es. Dieses Symbol wirkt unter den angeführten Bedingungen so auf die Seele, dass diese nach Verlauf einer – allerdings längeren – Zeit die inneren Lebensvorgänge in sich gestärkt, beweglich, sich gegenseitig erhellend empfindet. Ein altes, gut brauchbares Symbol ist der sogenannte Merkurstab, das heißt, die Vorstellung einer Geraden, um welche spiralig eine Kurve läuft. Man muss dann allerdings ein solches Gebilde als ein Kräftesystem sich verbildlichen, etwa so, dass längs der Geraden ein Kräftesystem läuft, dem gesetzmäßig ein anderes von entsprechend geringerer Geschwindigkeit in der Spirale entspricht. (Im Konkreten darf in Anlehnung daran vorgestellt werden das Wachstum des Pflanzenstängels und dazugehörige Sich-Ansetzen der Blätter längs desselben; oder auch das Bild des Elektromagneten. Im Weiteren ergibt sich auf solche Art auch das Bild der menschlichen Entwicklung, die im Leben sich steigernden Fähigkeiten symbolisiert durch die Gerade; die Mannigfaltigkeit der Eindrücke entsprechend dem Lauf der Spirale und so weiter.)

Besonders bedeutungsvoll können mathematische Gebilde werden, insofern in ihnen Sinnbilder von Weltvorgängen gesehen werden. Ein gutes Beispiel ist die sogenannte »Cassinische Kurve« mit ihren drei Gestalten, der ellipsenähnlichen Form, der Lemniskate und der aus zwei zusammengehörigen Ästen bestehenden Form. Es kommt in einem solchen Falle darauf an, die Vorstellung so zu erleben, dass dem Übergang der einen Kurvenform in die andere entsprechend mathematischer Gesetzmäßigkeit gewisse Empfindungen in der Seele entsprechen. Zu diesen Übungen kommen dann andere.

Der ausführlichen Darstellung weiterer Übungszusammenhänge folgt im letzten Teil eine Beschreibung der ›Erlebnisse des Geistesforschers‹ und deren Zusammenhang mit erkenntnistheoretischen Methoden:[56]

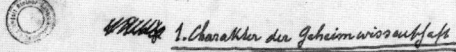

Manuskriptseite der Schrift ›Die Geheimwissenschaft im Umriss‹

Die hier gemachten Ausführungen werden erkennen lassen, dass der im rechten Sinne verstandenen Anthroposophie ein in sich streng zu systematisierender Entwickelungsweg der menschlichen Seele zu Grunde liegt und dass es ein Irrtum wäre zu glauben, dass in der Seelenverfassung des Geistesforschers etwas von dem lebt, was man im gewöhnlichen Leben als Enthusiasmus, Ekstase, Verzückung, Vision und so weiter bezeichnet. Gerade durch die Verwechselung der hier charakterisierten Seelenverfassung mit solchen Zuständen müssen die Missverständnisse entstehen, welche der [...] Anthroposophie entgegengebracht werden können.

Erstens wird durch diese Verwechselung der Glaube erweckt, als ob in der Seele des Geistesforschers ein Entrücktsein von der Selbstkontrolle des Bewusstseins vorhanden wäre, eine Art Streben nach unmittelbarer, instinktiver Schauung. Es ist aber das Gegenteil der Fall. Und von der gewöhnlich sogenannten Ekstase, Vision, von allem landläufigen Sehertum entfernt sich die Seelenverfassung des Geistesforschers noch mehr als das gewöhnliche Bewusstsein. Selbst solche Seelenverfassungen, wie sie zum Beispiel Shaftesbury im Auge hat, sind nebulose Innenwelten neben dem, was durch die Übungen des echten Geistesforschers angestrebt wird. Shaftesbury findet, dass durch »kalten Verstand« ohne Entrücktsein des Gemütes zu tieferen Erkenntnissen kein Weg führt. Die wahre Geistesforschung nimmt den ganzen inneren Seelenapparat von Logik und Selbstbesonnenheit mit, wenn sie das Bewusstsein aus der sinnlichen in eine übersinnliche Sphäre zu verlegen sucht. Deshalb kann gegen sie auch nicht vorgebracht werden, dass sie das rationelle Element der Erkenntnis unberücksichtigt lasse. Sie kann allerdings ihren Inhalt nicht *nach* der Wahrnehmung in Begriffen denkerisch bearbeiten, weil sie das rationelle Element bei ihrem Hinausgehen aus der Sinnenwelt stets mitnimmt und es wie ein Skelett der übersinnlichen Erfahrung in aller übersinnlichen Wahrnehmung als einen integrierenden Bestandteil stets beibehält.

Es ist naturgemäß hier unmöglich, die Geistesforschung in Beziehung zu setzen zu den verschiedenen erkenntnistheoretischen

Richtungen der Gegenwart. Es soll deshalb – gleichsam probe-weise – versucht werden, mit einigen – mehr aphoristischen – Bemerkungen auf die erkenntnis-theoretische Auffassung und deren Bezug zur Geistesforschung hinzuweisen, welche gegen-über dieser Letzteren die größten Schwierigkeiten empfinden muss. Es ist vielleicht nicht unbescheiden, darauf hinzuweisen, dass man eine vollständige Grundlage für die Auseinanderset-zung zwischen Philosophie und Anthroposophie aus meinen Schriften gewinnen kann: ›Wahrheit und Wissenschaft‹ und ›Phi-losophie der Freiheit‹.

Für die Erkenntnistheorie unserer Zeit ist es immer mehr zu einer Art Axiom geworden, dass in dem Bewusstseinsinhalte zu-nächst nur Bilder, oder gar nur »Zeichen« (Helmholtz) des Trans-zendent-Wirklichen gegeben seien. Es braucht hier nicht ausei-nandergesetzt zu werden, wie die kritische Philosophie und die Physiologie (»spezifische Sinnesenergien«, Ansichten von *Johan-nes Müller* und seiner Nachfolger) zusammengewirkt haben, um eine solche Vorstellung zu einer scheinbar unabweislichen zu machen. Der »naive Realismus«, welcher in den Erscheinun-gen des Bewusstseinshorizontes etwas anderes sieht als Reprä-sentanten subjektiver Art für ein Objektives, galt in der philoso-phischen Entwickelung des neunzehnten Jahrhunderts als eine für alle Zeit überwundene Sache. Aus dem aber, was dieser Vor-stellung zu Grunde liegt, ergibt sich fast mit Selbstverständlich-keit die Ablehnung des theosophischen Gesichtspunktes. Dieser kann ja für den kritischen Standpunkt nur als ein unmögliches Überspringen der im Wesen des Bewusstseins liegenden Gren-zen angesehen werden. Wenn man eine unermesslich große, scharfsinnige Ausprägung von kritischer Erkenntnistheorie auf eine einfache Formel bringen will, so kann man etwa sagen: Der kritische Philosoph sieht in den Tatsachen des Bewusstseinshorizontes zunächst Vorstellungen, Bilder oder Zeichen, und eine mögliche Beziehung zu einem Transzendent-Äußeren könne nur *innerhalb* des denkenden Bewusstseins gefunden werden. Das Bewusstsein könne sich eben nicht selber überspringen, könne nicht aus sich heraus, um in ein Transzendentes unterzutauchen. Solch eine Vorstellung hat in der Tat etwas an sich, was wie eine Selbstverständlichkeit erscheint. Und dennoch – sie beruht auf einer Voraussetzung, die man nur zu durchschauen braucht, um sie abzuweisen. Es klingt ja fast paradox, wenn man dem subjektiven Idealismus, der sich in der gekennzeichneten Vorstellung ausspricht, einen versteckten Materialismus vorwirft. Und doch kann man nicht anders. Es möge, was hier gesagt werden kann, durch einen Vergleich veranschaulicht werden. Man nehme Siegellack und drücke darin mit einem Petschaft einen Namen ab. Der Name ist mit allem, worauf es bei ihm ankommt, von dem Petschaft in den Siegellack übergegangen. Was nicht aus dem Petschaft in das Siegellack hinüberwandern kann, ist das Metall des Petschafts. Man setze statt Siegellack das Seelenleben des Menschen und statt Petschaft das Transzendente. Es wird dann sofort ersichtlich, dass man von einer Unmöglichkeit des Herüberwanderns des Transzendenten in die Vorstellung nur sprechen kann, wenn man sich den objektiven Inhalt des Transzendenten nicht spirituell denkt, was dann in Analogie mit dem vollkommen in den Siegellack herübergenommenen Namen zu denken wäre. Man muss vielmehr die Voraussetzung zum Behufe des kritischen Idealismus machen, dass der Inhalt des Transzendenten in Analogie zu denken sei zum Metall des Petschaftes. Das aber kann gar nicht anders geschehen, als wenn man die versteckte materialistische Voraussetzung macht, das Transzendente müsse durch ein materiell gedachtes Herüberfließen in die Vorstellung von dieser aufgenommen werden. In dem Falle, dass das Transzendente ein spirituelles ist, ist der Gedanke eines Aufnehmens desselben von der Vorstellung absolut möglich.

Eine weitere Verschiebung gegenüber dem einfachen Tatbestande des Bewusstseins geschieht von dem kritischen Idealismus dadurch, dass dieser außer Acht lässt, welche faktische Beziehung zwischen dem Erkenntnisinhalte und dem »Ich« besteht. Setzt man nämlich von vornherein voraus, dass das Ich mit dem Inhalt der in Ideen und Begriffe gebrachten Weltgesetze außerhalb des Transzendenten stehe, dann wird es eben selbstverständlich, dass dieses »Ich« sich nicht überspringen könne, das heißt, stets außerhalb des Transzendenten bleiben müsse. Nun ist aber diese Voraussetzung gegenüber einer vorurteilsfreien Beobachtung der Bewusstseinstatsachen doch nicht festzuhalten. Es soll der Einfachheit halber zunächst hier auf den Inhalt der Weltgesetzlichkeit verwiesen werden, insofern dieser in mathematischen Begriffen und Formeln ausdrückbar ist. Der innere gesetzmäßige Zusammenhang der mathematischen Formeln wird innerhalb des Bewusstseins gewonnen und dann auf die empirischen Tatbestände angewendet. Nun ist kein auffindbarer Unterschied zwischen dem, was im Bewusstsein als mathematischer Begriff lebt, wenn dieses Bewusstsein *seinen* Inhalt auf einen empirischen Tatbestand bezieht; oder wenn es diesen mathematischen Begriff in rein mathematischem abgezogenem Denken sich vergegenwärtigt. Das heißt aber doch nichts anderes als: das Ich steht mit seiner mathematischen Vorstellung nicht außerhalb der transzendent mathematischen Gesetzmäßigkeit der Dinge, sondern innerhalb. Und man wird deshalb zu einer besseren Vorstellung über das Ich erkenntnistheoretisch gelangen, wenn man es nicht innerhalb der Leibesorganisation befindlich vorstellt, und die Eindrücke ihm ›von außen‹ geben lässt; sondern wenn man das Ich in die Gesetzmäßigkeit der Dinge selbst verlegt, und in der Leibesorganisation nur etwas wie einen Spiegel sieht, welcher das außer dem Leibe liegende Weben des Ich im Transzendenten dem Ich durch die organische Leibestätigkeit zurückspiegelt. Hat man sich einmal für das mathematische Denken mit dem Gedanken vertraut gemacht, dass das Ich nicht im Leibe ist, sondern außerhalb desselben und die organische Leibestätigkeit nur den lebendigen Spiegel vorstellt, aus dem das im Transzendenten liegende Leben des Ich gespiegelt wird, so kann man diesen Gedanken auch erkenntnistheoretisch begreiflich finden für alles, was im Bewusstseinshorizont auftritt. – Und man könnte dann nicht mehr sagen, das Ich müsse sich selbst überspringen, wenn es in das Transzendente gelangen wollte; sondern man müsste einsehen, dass sich der gewöhnliche empirische Bewusstseinsinhalt zu dem vom menschlichen Wesenskern wahrhaft innerlich durchlebten, wie das Spiegelbild sich zu dem Wesen dessen verhält, der sich in dem Spiegel beschaut. – Durch eine solche erkenntnistheoretische Vorstellung würde nun der Streit zwischen der zum Materialismus neigenden Naturwissenschaft und einer das Spirituelle voraussetzenden Geistesforschung in eindeutiger Art wirklich beigelegt werden können. Denn für die Naturforschung wäre freie Bahn geschaffen, indem sie die Gesetze der Leibesorganisation unbeeinflusst von einem Dazwischenreden einer spirituellen Denkart erforschen könnte. Will man erkennen, nach welchen Gesetzen das Spiegelbild entsteht, so ist man an die Gesetze des Spiegels gewiesen. Von diesem hängt es ab, *wie* der Beschauer sich spiegelt. Es geschieht in verschiedener Art, ob man einen Planspiegel, einen konvexen oder einen konkaven Spiegel hat. Das Wesen dessen, der sich spiegelt, liegt aber außerhalb des Spiegels. So könnte man sehen in den Gesetzen, welche die Naturforschung ergibt, die Gründe für die Gestaltung des empirischen Bewusstseins; und in diese Gesetze wäre nichts einzumischen von dem, was die Geisteswissenschaft über das innere Leben des menschlichen Wesenskernes zu sagen hat.

Innerhalb der Naturforschung wird man mit Recht sich immer wehren gegen ein Einmischen rein spiritueller Gesichtspunkte. Und auf dem Felde dieser Forschung ist es nur naturgemäß, dass man mehr sympathisiert mit Erklärungen, die mechanisch gehalten sind, als mit spirituellen Gesetzen. Eine Vorstellung wie die folgende *muss* dem in klaren naturwissenschaftlichen Vorstellungen Lebenden sympathisch sein: ›Die Tatsache des Bewusstseins durch Gehirnzellen-Erregung ist nicht wesentlich anderer Ordnung als die Tatsache der an den Stoff gebundenen Schwerkraft‹ (Moritz Benedikt). Jedenfalls ist mit einer solchen Erklärung exakt methodologisch das naturwissenschaftlich Denkbare gegeben. Sie ist naturwissenschaftlich haltbar, während die Hypothesen von einem Regeln der organischen Vorgänge unmittelbar durch psychische Einflüsse naturwissenschaftlich unhaltbar sind. Der vorhin charakterisierte erkenntnistheoretische Grundgedanke kann aber in dem ganzen Umfange des naturwissenschaftlich Feststellbaren nur Einrichtungen sehen, welche der Spiegelung des eigentlichen seelischen Wesenskernes des Menschen dienen. Dieser Wesenskern aber ist nicht in das Innere des physischen Organismus, sondern in das Transzendente zu verlegen. Und Geistesforschung wäre dann als der Weg zu denken, sich in das Wesen dessen einzuleben, was sich spiegelt. Selbstverständlich bleibt dann die gemeinsame Grundlage der

Gesetze des physischen Organismus und jener des Übersinnlichen hinter dem Gegensatz: ›Wesen und Spiegel‹ liegen. Doch ist dies gewiss kein Nachteil für die Praxis der wissenschaftlichen Betrachtungsweise nach den beiden Seiten hin. Diese würde bei der charakterisierten Festhaltung des Gegensatzes in zwei Strömungen fortfließen, die sich gegenseitig erhellen und erläutern. Denn es ist ja festzuhalten, dass man es in der physischen Organisation nicht mit einem von dem Übersinnlichen unabhängigen Spiegelungsapparat im *absoluten Sinne* zu tun hat. Der Spiegelungsapparat muss eben doch als das Ergebnis der sich in ihm spiegelnden übersinnlichen Wesenheit gelten. Der relativen gegenseitigen Unabhängigkeit der einen und der anderen von obigen Betrachtungsweisen muss ergänzend eine andere, in die Tiefe gehende, gegenübertreten, welche die Synthesis des Sinnlichen und Übersinnlichen anzuschauen in der Lage ist. Der Zusammenschluss der beiden Strömungen kann als gegeben gedacht werden durch eine mögliche Fortentwickelung des Seelenlebens zu der charakterisierten intuitiven Erkenntnis. Erst innerhalb *dieser* ist die Möglichkeit gegeben, den Gegensatz zu überwinden.

Man kann somit sagen, dass erkenntnistheoretisch unbefangene Erwägungen die Bahn frei machen für eine richtig verstandene Anthroposophie. Denn sie führen dazu, die Möglichkeit theoretisch verständlich zu finden, dass der menschliche Wesenskern ein von der physischen Organisation freies Dasein habe. Und dass die Meinung des gewöhnlichen Bewusstseins, das Ich sei als absolut innerhalb des Leibes gelegene Wesenheit zu betrachten, als eine *notwendige* Illusion des unmittelbaren Seelenlebens zu gelten habe. Das Ich – mit dem ganzen menschlichen Wesenskern – kann angesehen werden als eine Wesenheit, welche ihre Beziehung zu der objektiven Welt innerhalb dieser selbst erlebt, und die ihre Erlebnisse als Spiegelbilder des Vorstellungslebens aus der Leibesorganisation empfängt. Die Absonderung des menschlichen Wesenskernes von der Leibesorganisation darf naturgemäß nicht räumlich gedacht werden, sondern muss als relatives dynamisches Losgelöstsein gelten. Dann löst sich auch ein scheinbarer Widerspruch, der etwa zwischen dem hier Gesagten und dem oben über das Wesen des Schlafes Bemerkten gefunden werden könnte. In wachem Zustande ist der menschliche Wesenskern der physischen Organisation so eingefügt, dass er durch sein dynamisches Verhältnis zu dieser sich in ihr spiegelt; im Schlafzustande ist die Spiegelung aufgehoben. Da nun das gewöhnliche Bewusstsein im Sinne der hier gemachten erkenntnistheoretischen Erwägungen nur durch die Spiegelung (durch die gespiegelten Vorstellungen) ermöglicht ist, so hört es während des Schlafzustandes auf. Die Seelenverfassung des Geistesforschers kann nur so verstanden werden, dass in ihr die Illusion des gewöhnlichen Bewusstseins überwunden ist, und dass ein Ausgangspunkt des Seelenlebens gewonnen wird, der den menschlichen Wesenskern real in freier Loslösung von der Leibesorganisation erlebt. Alles Weitere, was dann durch Übungen erreicht wird, ist nur ein tieferes Hineingraben in das Transzendente, in welchem das Ich des gewöhnlichen Bewusstseins wirklich ist, obgleich es sich als solches nicht in demselben weiß.

Geistesforschung ist damit als erkenntnistheoretisch denkbar nachgewiesen. Diese Denkbarkeit wird naturgemäß nur derjenige zugeben, welcher der Ansicht sein kann, dass die sogenannte kritische Erkenntnistheorie ihren Satz von der Unmöglichkeit des Überspringens des Bewusstseins nur dann zu halten in der Lage ist, wenn sie die Illusion von dem Eingeschlossen-

Vortragsankündigung,
Zürich 1917

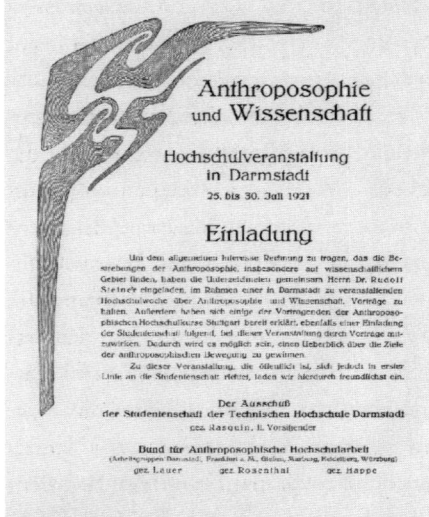

Einladung zu einer
Hochschulveranstaltung
in Darmstadt 1921

sein des menschlichen Wesenskernes in der Leibesorganisation und dem Empfangen der Eindrücke durch die Sinne nicht durchschaut. Ich bin mir bewusst, dass mit meinen erkenntnistheoretischen Ausführungen nur skizzenhafte Andeutungen gegeben sind. Doch wird man vielleicht aus diesen Andeutungen erkennen können, dass sie nicht vereinzelte Einfälle sind, sondern dass sie aus einer ausgebauten erkenntnistheoretischen Grundanschauung entspringen.

Entwicklung

> *»Hat Rudolf Steiner diese Dinge geträumt? Hat er sie geträumt,*
> *weil sie einmal, zu Anfang aller Zeiten, geschehen sind?*
> *Es steht jedenfalls fest, dass sie viel erstaunlicher sind als die*
> *Demiurgen und Schlangen und Stiere anderer Kosmogonien.«*[57]
> Jorge Luis Borges

Ein großes Thema, das die Wissenschaft um die Jahrhundertwende beschäftigte und weite Teile der Öffentlichkeit erregte, war die durch Darwins Evolutions- und Deszendenztheorie hervorgerufene Diskussion um Fragen der Entwicklung der Welt und des Menschen. Hier war es in Deutschland vor allem Ernst Haeckel, der sich mit diesem Thema positionierte und es zugleich verknüpfte mit seiner monistischen Weltauffassung in der Hoffnung, dass das anbrechende 20. Jahrhundert eine Verschmelzung der anscheinenden Gegensätze von Geist und Materie bringen wird. Anfang der neunziger Jahre des 19. Jahrhunderts – Rudolf Steiner war damals in das Team der wissenschaftlichen Mitarbeiter an der Sophien-Ausgabe der Werke Goethes nach Weimar berufen worden – begann ein intensiver Gedankenaustausch mit Haeckel über Fragen der Evolutionsgeschichte und des Monismus, der in zahlreichen Briefen und Aufsätzen sowie der Publikation »Haeckel und seine Gegner« (1899/1900) dokumentiert ist.

Während der Entwicklungsgedanke bezogen auf Erscheinungen der Natur heute vielfach erforscht und anerkannt ist, tut man sich schwer damit, auch den verschiedensten Erscheinungsformen des *Seelischen* eine Entwicklung zuzusprechen. Die Fragen: Wer sind wir? Wo kommen wir her? Wohin gehen wir? beschäftigen zwar seit alters die Menschheit, und die Art ihrer Beantwortung prägte ganze Kulturvölker. Charakteristisch für die Antworten ist jedoch, dass es sie im eigentlichen Sinne nicht gibt. Auch Ernst Bloch, der sein Werk ›Das Prinzip Hoffnung‹ mit diesen Fragen einleitete, fand explizit zu keiner Antwort. Durch ihre Hervorhebung wollte er jedoch darauf hinweisen, dass die philosophische Beschäftigung für ihn die Bedeutung hat: »über die vorgegebene Sache hinauszugehen, sie auf ihre Entwicklungstendenzen hin zu befragen.«[58]

Wie entsteht aus unbelebter Materie Lebendiges? Was ist der Ursprung all dessen, was im Kosmos und auf der Erde ständig neue Strukturen bildet, Energien überträgt, umwandelt, verbraucht, vermehrt? Trotz vielfältigster Forschungsergebnisse zu Teilgebieten des Evolutionsgeschehens gelten diese und ähnliche Fragen auch heute noch als nicht beantwortbar. In vielem von den gängigen Lehrmeinungen – etwa der Urknalltheorie – abweichend ist das, was Rudolf Steiner insbesondere in seiner ›Geheimwissenschaft im Umriss‹ (1910), aber auch in vielen Vorträgen zur Erhellung grundlegender Probleme des Evolutionsvorganges beigetragen hat. Das Ungewöhnliche seiner Darstellungen über die Entwicklung des Kosmos, der Erde und des Menschen hat seine Ursache vor allem darin, dass er sich nicht ausschließlich naturwissenschaftlichen Erkenntnissen und Methoden verpflichtet fühlte, sondern auch vom geisteswissenschaftlichen Standpunkt an die Problemstellungen herantrat. Im 30. Kapitel seiner Autobiografie hat Steiner einige seiner Ergebnisse komprimiert wiedergegeben. Demnach war bereits in Urzeiten ganz anderes Substanzielles, Wesenhaftes vorhanden als das, was im Allgemeinen mit den einfachsten Organismen bezeichnet wird. Auch sei der Mensch als Geist-Wesen älter als alle anderen Lebewesen. Und damit der Mensch seine heutige physische Gestalt annehmen konnte, musste er sich »aus einem Weltenwesen herausgliedern, das *ihn* und die anderen Organismen enthielt. Diese sind somit ›Abfälle‹ der menschlichen Entwicklung; nicht etwas, aus dem er hervorgegangen ist, sondern etwas, das er zurückgelassen, von sich abgesondert hat, um seine physische Gestaltung als Bild seines Geistigen anzunehmen«.[59]

Rudolf Steiner war in Bezug auf eine Klärung dieser Fragen nicht nur vielleicht der konsequenteste, sondern auch der radikalste. So wenig wie er seine Auffassung an bestehenden Lehrsätzen und Lehrmeinungen über unumgängliche Erkenntnisgrenzen orientierte, so wenig war er bereit, deterministische Anschauungen hinsichtlich der Entwicklung des Menschen, die seinen Ursprung einem Zufallsprinzip überlassen und seine »Existenz« auf die Zeit zwischen Geburt und Tod beschränkt sehen wollen, hinzunehmen. Indem er nicht nur theoretisch Denkgewohnheiten zu überschreiten suchte, sondern durch die eigene innere Schulung des Seelenlebens zu tieferen Erkenntnissen gelangte, eröffnete er zugleich Perspektiven für ein neues Begreifen der Weltzusammenhänge und ihrer spezifischen Sinnkriterien.

Aus der engen Korrespondenz zwischen seinen naturwissenschaftlichen und philosophischen Studien bildete sich ihm zunächst ein Zeitbegriff, ein Zeitmodus, heraus, mit dem er einer rein linear fortschreitenden Zeit eine Absage erteilt. Sein Zeitbegriff stützt sich auf die Erkenntnis einer Wechselwirkung von Werden und Vergehen, von Evolution und Devolution. Diese Dynamik bezieht er sowohl auf die äußeren Naturgeschehnisse als auch auf geistig-seelische Vorgänge. Aufgrund dieser Zeiterkenntnis stellte sich ihm auch in völlig neuer Art die Frage nach den Bedingungen menschlicher Existenz und damit nach demjenigen, was menschliches Schicksal ist. Über die Entstehungsmomente seiner Anschauung von Schicksalszusammenhängen sagt er in seiner Autobiografie: »Ich konnte an meinem Verhältnis zur Goethe-Arbeit recht anschaulich beobachten, ›wie Karma im Menschenleben wirkt‹. Das Schicksal setzt sich zusammen aus zwei Tatsachengestaltungen, die im Menschenleben zu einer Einheit zusammenwachsen. Die eine entströmt dem Drang der Seele von innen heraus; die andere tritt von der Außenwelt her an den Menschen heran. Meine eigenen seelischen Triebe gingen nach Anschauung des Geistigen; das äußere Geistesleben der Welt führte die Goethe-Arbeit an mich heran. Ich musste die beiden Strömungen, die in meinem Bewusstsein sich begegneten, in diesem zur Harmonie bringen. – Ich verbrachte die letzten Jahre meines ersten Lebensabschnittes damit, mich abwechselnd vor mir selbst und vor Goethe zu rechtfertigen.«[60]

Wie eng auch der Schicksalsgedanke mit seiner Auffassung von der menschlichen Freiheit, die er in seiner ›Philosophie der Freiheit‹ ausführlich dargestellt hat, korrespondiert, verdeutlicht eine Passage aus einem Vortrag, den er innerhalb einer Vortragsreihe für Akademiker 1922 in Den Haag gehalten hat:[61]

Was folgt daraus, wenn wir wirklich zu diesem reinen Denken aufsteigen und in ihm unsere moralischen Impulse fassen? Nun, wenn ich hier einen Spiegel habe, darin Bilder, so können die Spiegelbilder mich nicht durch Kausalität zu irgendetwas zwingen. Will ich mich durch Spiegelbilder zu irgendetwas veranlassen lassen, ist mein Denken in der Weltenentwickelung der Menschheit so weit fortgeschritten, dass es wirklich nur Bildcharakter hat, dann enthält es für mich nicht mehr Kausalität. Dann wird das reine Denken, wenn ich moralische Impulse habe, gebildet zu Impulsen der menschlichen Freiheit. Dadurch, dass wir zum Phänomenalismus gekommen sind, damit aber zum reinen Bilddenken, und dadurch, dass wir aus der Kraft des reinen Bilddenkens moralische Impulse fassen können, gehen wir auch durch das Stadium der Freiheit.

Wir erziehen uns die Freiheit in unser Menschenwesen ein, indem wir diese Phase menschlicher Entwickelung durchmachen. Das wollte ich darstellen in meiner ›Philosophie der Freiheit‹. Wir werden aber nur frei, wenn wir ein Denken haben, das Bilddenken ist, das ganz im physischen Leibe verläuft, wie ich es beschrieben habe. In dem Augenblick, wo wir weiter zurückschauen, blicken wir nicht auf Freiheit, sondern auf Schicksal. Sie sehen, hier findet sich die Möglichkeit, zu erkennen dasjenige, was wir menschliches Schicksal nennen, weil es im Unbewussten waltet, weil wir erst auf sein Walten kommen, wenn wir zur Intuition aufsteigen. Weil wir in diesem Schicksal geistige Gesetze finden, die durch die wiederholten Erdenleben wirken, haben wir in ihm ein geistig Notwendiges. Aber indem wir in das Erdenleben hineinsteigen, heben wir uns für gewisse Handlungen heraus aus der Notwendigkeit, richten uns nur nach dem bildenthaltenden Denken und werden in der gegenwärtigen Epoche der Menschheit dadurch zur Freiheit erzogen. Es ist kein Widerspruch, wenn man in die Sache richtig hineinsieht, zwischen

Schicksalsmäßigkeit und Freiheit. Allerdings, um den Schicksalsbegriff später vor die Welt richtig hinstellen zu können, dazu war notwendig, dass zuerst in der ›Philosophie der Freiheit‹ der Freiheitsbegriff hingestellt worden ist.

In seinen erkenntnistheoretischen Schriften spricht Rudolf Steiner ausführlich über das Verhältnis von Vorstellung und Erinnerung, wonach durch die Erinnerung Vorstellungen hervorgeholt werden, wobei diese Vorstellungen sich von der ursprünglichen streng unterscheiden. Denn: hat man sich z. B. ein *Bild* von einem Menschen gemacht, den man vor einiger Zeit gesehen hat, so wäre derselbe für einen in einer erneuten Begegnung ein absolut unbekannter, wenn man nicht die frühere Vorstellung mit der aktuellen Wahrnehmung verbinden kann. Die *Vorstellung* von *damals* wird modifiziert durch neue Sinneseindrücke. Eine neue Vorstellung entsteht.

Das Organ nun, das dieses Erinnern bewirkt, ist, so Steiner, die Seele. Deren Funktion ist dadurch charakterisiert, dass sie Vergangenes aufbewahrt. Sie ist der Vermittler zwischen Vergangenheit und Gegenwart: »Durch die Erinnerung bewahrt die Seele das Gestern; durch die Handlung bereitet sie das Morgen vor.«[62] Alles, was die Seele aus der Außenwelt empfängt, wird durch sie zu ihrer eigenen Innenwelt. Ausgangspunkt dieser Betrachtungen ist der Mensch in seiner Dreiheit von Leib, Seele und Geist: »Durch seinen Leib gehört er der Welt an, die er auch mit seinem Leibe wahrnimmt; durch seine Seele baut er sich seine eigene Welt auf; durch seinen Geist offenbart sich ihm eine Welt, die über die beiden anderen erhaben ist.«[63] Der Geist als Träger der »ewigen Gesetze des Wahren und Guten« nimmt durch die Seele die Erinnerungen an die Erlebnisse der Vergangenheit auf und verarbeitet, modifiziert sie. An folgendem Beispiel verdeutlicht Rudolf Steiner das bisher Dargestellte:

Der Mensch erinnert sich nicht all der Erlebnisse, die er in der Kindheit gehabt hat, etwa während er Lesen und Schreiben gelernt hat. Doch wären diese Fähigkeiten ohne jene Erlebnisse, die in und um den Lernprozess herum in Erscheinung traten, entwickelt worden, so wären ihre Ergebnisse auch nicht in Form von Fähigkeiten erhalten geblieben. Und hierin liegt der Veränderungsprozess, der durch den Geist bewirkt wird: »Kann man also auch die vergangenen Erlebnisse im Geiste nicht wie in einer Sammelkammer aufbewahrt finden, man findet ihre *Wirkungen* in den Fähigkeiten, die sich der Mensch erworben hat.«[64]

Die Psychologen sprechen von zwei grundlegenden Faktoren, durch die der Mensch hinsichtlich seiner Entwicklung bestimmt ist. Der eine ist durch die Vererbung gegeben (genetischer Aspekt), der andere durch die Umwelt (soziokultureller Aspekt). Versucht man sich nun einmal den Begriff »Vererbung« zu verdeutlichen, so kann man feststellen, dass er seinem Wesen nach bereits über eine zeitliche Begrenzung des menschlichen Lebens hinausdeutet, indem man sagt, der Mensch weist bestimmte Merkmale auf, die seine Vorfahren in ähnlicher oder gleicher Weise hatten. Rudolf Steiner formuliert dies so: »Jeder Lebensleib ist eine Wiederholung seines Vorfahren. Nur *weil* er dieses ist, erscheint er nicht in jeder beliebigen Gestalt, sondern in derjenigen, die ihm vererbt ist.«[65] Entscheidend wird hier nun die Beantwortung der Frage: Woher nimmt jeder Mensch die »geistige Gestalt«, die nur ihm eigen ist, die ihn von allen anderen unterscheidet?

Steiner geht in seinen Überlegungen zunächst davon aus, dass jeder Mensch eine andere Geistesgestalt hat. Dabei ist für ihn nicht relevant, wenn vielfach behauptet wird, die Menschen seien geistig dadurch verschieden, weil sie von der Umwelt unterschiedlich geprägt sind. Sondern für ihn war die Beobachtung maßgebend, dass

z. B. zwei Menschen, die unter gleichen soziokulturellen Bedingungen – gleiches Elternhaus, gleiche Schule etc. – aufwachsen, dennoch grundsätzlich verschieden sind. Daraus folgert er, dass die Menschen »mit ganz verschiedenen Anlagen ihren Lebensweg angetreten haben«.[66]

An dieser Stelle ist es aufschlussreich, Rudolf Steiners »Gattungsbegriff« hinzuzuziehen. Dieser besagt, dass jeder Mensch in geistiger Hinsicht eine Gattung für sich ist. Er verdeutlicht dies anhand des folgenden Beispieles:[67] Das Wesen des Herrn Schulze aus Krähwinkel ist nicht erfassbar, wenn ich dessen Sohn oder Vater charakterisiert habe. Die Differenzierung der Menschen untereinander im geistigen Bereich kann daher nur durch die Betrachtung des jeweiligen einzelnen Menschen erfolgen. Der Gattungsbegriff mit Blick auf das *Physische* des Menschen lässt sich aus der Vererbungstheorie heraus begreifen, aber nicht mit dem Fokus auf dem *Geistigen*. Und so sagt Steiner, der Gattungsbegriff im Geistigen lässt sich ebenfalls durch eine »Vererbung«, die als eine geistige Vererbung jedoch eigenen Gesetzmäßigkeiten unterliegt, erklären. Im physischen Bereich stammt der Mensch von anderen Menschen ab, was an den äußerlichen Merkmalen ablesbar ist, oder in Bezug auf den Gattungsbegriff im Allgemeinen: Jeder Mensch gehört physisch dieser Gattung an. Da jedoch, was das Geistige betrifft, nicht auf die Vorfahren zurückgegriffen werden kann, folgert Steiner konsequent, dass der Mensch geistig schon einmal existiert hat. »Ich muss vielmehr als geistiges Wesen die Wiederholung eines solchen sein, aus dessen Biografie die meinige erklärbar ist.«[68]

Man könnte hier, so Steiner, nun einwenden, dass jemand zur Ansicht kommt, dass die Inhalte einer Biografie auf ein geistiges Leben vor der Geburt – oder genauer: vor der Empfängnis – zurückzuführen sind. Doch, so betont er, weist nichts auf solch eine

Theosophische Gesellschaft
(Hauptquartier Adyar)

Einladung
zu den von

═══ Dr. Rudolf Steiner ═══
in den

Monaten Oktober bis Dezember 1905
zu haltenden

öffentlichen Vorträgen
im

Saale C des Architektenhauses
Wilhelmstrasse No. 92/93.

Programm.

1. **Haeckel, die Welträtsel und die Theosophie.** Donnerstag, 5. Oktober, 8 Uhr abends.
2. **Unsere Weltlage (Krieg, Frieden und Theosophie).** Donnerstag, 12. Oktober, 8 Uhr abends.
3. **Grundbegriffe der Theosophie.** (Seele und Geist des Menschen.) Donnerstag, 19. Oktober, 8 Uhr abends.
4. **Die soziale Frage und die Theosophie.** Donnerstag, den 26. Oktober, 8 Uhr abends.
5. **Die Frauenfrage.** Donnerstag, den 2. November, 8 Uhr abends.
6. **Grundbegriffe der Theosophie.** (Die Menschenrassen.) Donnerstag, den 9. November, 8 Uhr abends.
7. **Der Weisheitskern in den Religionen.** Donnerstag, den 16. November, 8 Uhr abends.
8. **Bruderschaft und Daseinskampf.** Donnerstag, den 23. November, 8 Uhr abends.
   Der 30. November fällt aus.
9. **Innere Entwickelung.** Donnerstag, den 7. Dezember, 8 Uhr abends.
10. **Weihnachten.** Donnerstag, den 14. Dezember, 8 Uhr abends.

Nach allen Vorträgen: **Fragebeantwortung (Diskussion).**

Eintrittskarten zu 1 Mk., zu 50 Pf. und nach Belieben sind abends an der Kasse zu haben.

Theosophische Gesellschaft, Einladung zu Vorträgen in Berlin, 1905

Begrenzung menschlicher Existenz im Geistigen hin, vielmehr ist anzunehmen, dass die Fähigkeiten, die in dem gegenwärtigen Leben eines Menschen zutage treten, Ergebnis mehrerer geistiger Präexistenzen sind.

Innerhalb der Darstellung der »Wesensglieder« des Menschen im ersten Teil seiner 1904 erschienenen ›Theosophie‹, dem das Kapitel über ›Reinkarnation und Karma‹ folgt, zeigt er auf, dass die Seele dasjenige Wesensglied ist, das zwischen Leib und Geist agiert, wobei die Seele mehrfach differenziert betrachtet wird. So beschreibt er dort die »Empfindungsseele« als dasjenige Glied der Seele, das in engster Beziehung zu dem physischen Leib steht. Diese Verbindung des Seelischen mit dem Physischen bewirkt, dass »auf dem Wege der Vererbung auch seelische Eigenschaften übertragen werden können, also der Fortgang der physischen Vererbung einen seelischen Einschlag erlangt«.[69]

Zwischen Seele und Geist besteht nun ebenfalls ein enger Kontakt, der vor allem dadurch sichtbar wird, dass im Geiste diejenigen Erlebnisse, die durch die Seele an ihn herangetragen werden, modifiziert werden. Die einzelnen Erlebnisse treten dadurch in ihrer ursprünglichen Art zurück, und was bleibt, sind die Wirkungen in Form von Fähigkeiten. Aus dem zuletzt Dargestellten resultiert dann auch Rudolf Steiners Lern-Begriff: »Tritt der menschliche Geist an ein solches Erlebnis heran, das einem andern ähnlich ist, mit dem es schon einmal verknüpft war, so sieht er in ihm etwas Bekanntes und weiß sich ihm gegenüber anders zu verhalten, als wenn es zum ersten Mal ihm gegenüberstände. Darauf beruht ja alles Lernen. Und die Früchte des Lernens sind angeeignete Fähigkeiten.«[70] An anderer Stelle folgert er hieraus, dass ein bestimmter Grad von Fähigkeiten, den ein Kind hat, als Ergebnis aus einem vorangegangenen Erdenleben mitgebracht wird. Doch die Seele wirkt nicht nur durch das Geistige hindurch, sondern auch durch die Tat. Eine Handlung, die in der Vergangenheit ausgeführt wurde, zeigt zu einem späteren Zeitpunkt, in der Gegenwart bzw. Zukunft, eine bestimmte Wirkung. Rudolf Steiner bedient sich hier eines Vergleiches mit dem Zustand des Schlafens: Durch den Schlaf wird eine Handlung unterbrochen, die am nächsten Tag wieder aufgenommen wird, d. h., die heutige Tat knüpft an die gestrige an, insofern sie sinnvoll sein soll. Durch das, was gestern getan wurde, wird das heutige Tun bestimmt. Durch das Gestern wurde durch den Menschen das Schicksal für das Heute geschaffen: »Nicht erwachen müsste ich heute Morgen, sondern neu, aus dem Nichts heraus geschaffen werden, wenn die Wirkungen meiner Taten von gestern nicht mein Schicksal von heute sein sollten. Sinnlos wäre es doch, wenn ich unter regelmäßigen Verhältnissen ein Haus, das ich mir habe bauen lassen, nicht beziehen würde.«[71] Daraus ist abzulesen, dass der Menschengeist, wenn er in Verbindung mit dem physischen Leib in das Leben eintritt, nicht als ein »Neugeschaffener«, sondern als ein »Wieder-Erwachter« erscheint.

Steiners Überlegungen stützen sich also durchaus auf die Tatsache, dass der physische Leib Vererbungsgesetzen unterliegt, und auch darauf, dass jeder Mensch soziokulturellen Einflüssen ausgesetzt ist. Darüber hinaus aber war ihm sehr bewusst, dass die Verschiedenheit der Menschen ein deutlicher Hinweis darauf ist, dass jeder einzelne Mensch über ein ganz spezifisches, einzigartiges Potenzial, den »Geist«, verfügt. Und damit überhaupt Entwicklung stattfinden kann – so folgert Steiner –, muss sich dieser »Geist« immer wieder neu »verkörpern«, d. h. die Ergebnisse, die Fähigkeiten früherer Erdenleben, in das aktuelle, neue Leben inkorporieren. Was nun die Seele in ihrer Eigenschaft als Zeit-Organ, als Vermittler zwischen Vergangenheit, Gegenwart und Zukunft, indem sie die Erlebnisse aufbewahrt und in das Geistige einfließen lässt, in der Gegenwart erlebt, hängt von dem ab, was durch die Verkörperungen des Geistes im Menschen real zur Wirkung gelangt. Entwicklungsvorgänge – dies wird hier sehr deutlich – sind komplex und lassen sich nur durch eine sehr differenzierte Betrachtung des Wesens des Menschen erschließen, denn: »Dreierlei bedingt den Lebenslauf eines Menschen innerhalb von Geburt und Tod. Und dreifach ist er dadurch abhängig von Faktoren, die jenseits von Geburt und Tod liegen.

Der Leib unterliegt dem Gesetz der Vererbung;
die Seele unterliegt dem selbstgeschaffenen Schicksal.
Und der Geist steht unter dem Gesetze der Wiederverkörperung.«[72]

Sein intensives Ringen um eine wissenschaftliche Begründung seiner Erkenntnisse über Entwicklungsprozesse, in denen der Aspekt der Wiederverkörperung (Reinkarnation) von zentraler Bedeutung ist, beschreibt er in seiner Autobiografie mit den Worten: »Ich stand mit vollem Bewusstsein diesen Schwierigkeiten gegenüber. Ich kämpfte mit ihnen. Und wer sich die Mühe nehmen wollte, nachzusehen, wie ich in aufeinanderfolgenden Auflagen meiner ›Theosophie‹ das Kapitel über die wiederholten Erdenleben immer wieder umgearbeitet habe, gerade um dessen Wahrheiten an die Ideen heranzuführen, die von der Beobachtung in der Sinneswelt genommen sind, der wird finden, wie ich bemüht war, der anerkannten Wissenschaftsmethode gerecht zu werden.«[73]

Wesentliche Anregungen für seine Überlegungen verdankte er den Arbeiten von Ernst Haeckel, an dessen Forschungsergebnisse er mit seinem 1903 erschienenen Aufsatz ›Reinkarnation und Karma, vom Standpunkte der modernen Naturwissenschaft notwendige Vorstellungen‹ unmittelbar anknüpft. Haeckels Resümee aus dem Vergleich der Entwicklung von Tier und Mensch, demzufolge der Unterschied zwischen höchststehenden Tierseelen und tiefststehenden Menschenseelen geringer ist als der Unterschied zwischen niedersten und höchsten Menschenseelen, war für Steiner Herausforderung genug, um der Frage nach den tieferen Ursachen der Herkunft und Entwicklung der menschlichen Seele nachzugehen. Seine Überlegungen führten ihn schließlich zu dem Ergebnis, dass man entweder die ganze naturwissenschaftliche Entwicklungslehre fallenlassen oder zugeben müsse, dass sie auf die seelische Entwicklung ausgedehnt werden müsse, denn, so heißt es in dem oben erwähnten Aufsatz:[74]

Entweder es ist jede Seele durch ein Wunder geschaffen, wie die tierischen Arten durch Wunder geschaffen sein müssten, wenn sie sich nicht auseinanderentwickelt haben, oder die Seele hat sich entwickelt und ist in anderer Form früher da gewesen, wie die tierische Art in anderer Form da war.

Dem ersten Aufsatz folgt schon bald ein weiterer, in dem er sich mit der Frage der Wirkensweise von »Karma« auseinandersetzt – auch hier wieder anknüpfend an damalige naturwissenschaftliche Forschungsergebnisse. Aufgrund seiner zentralen Bedeutung wird dieser Aufsatz hier vollständig wiedergegeben:[75]

Wie Karma wirkt
Der Schlaf ist oft der jüngere Bruder des Todes genannt worden. Mehr, als man bei oberflächlicher Betrachtung vielleicht anzunehmen geneigt ist, versinnlicht dieses Gleichnis die Wege

des Menschengeistes. Denn es gibt eine Idee davon, in welchem Sinne die mannigfaltigen Verkörperungen, welche dieser Menschengeist durchmacht, zusammenhängen. In dem Aufsatz ›Reinkarnation und Karma, vom Standpunkte der modernen Naturwissenschaft notwendige Vorstellungen‹ ist dargelegt worden, dass die gegenwärtige naturwissenschaftliche Vorstellungsart, wenn sie sich nur wirklich selbst versteht, zu der uralten Lehre von der Entwicklung des ewigen Menschengeistes durch viele Leben hindurch führt. Notwendig schließt sich an diese Erkenntnis die Frage: wie hängen diese mannigfaltigen Leben miteinander zusammen? In welchem Sinne ist das Leben eines Menschen die Wirkung seiner früheren Verkörperungen, und wie wird es zur Ursache der späteren? Ein Bild des Zusammenhanges von Ursache und Wirkung auf diesem Felde gibt das Gleichnis vom Schlafe. Ich stehe des Morgens auf. Meine fortlaufende Tätigkeit war des Nachts unterbrochen. Ich kann diese Tätigkeit des Morgens nicht in beliebiger Weise wieder aufnehmen, wenn Regel und Zusammenhang in meinem Leben sein soll. Mit dem, was ich gestern getan habe, sind die Vorbedingungen geschaffen für das, was ich heute zu tun habe. Ich muss an das Ergebnis meines Wirkens von gestern anknüpfen. In vollem Sinne des Wortes gilt es: meine Taten von gestern sind mein Schicksal von heute. Ich habe mir selbst die Ursachen geformt, zu denen ich die Wirkungen hinzufügen muss. Und ich finde diese Ursachen vor, nachdem ich mich eine Weile von ihnen zurückgezogen habe. Sie gehören zu mir, auch wenn ich einige Zeit von ihnen getrennt war.

Noch in einem anderen Sinne gehören die Wirkungen meiner Erlebnisse von gestern zu mir. Ich bin selbst wohl durch sie verändert worden. Man nehme an, ich habe etwas unternommen, das mir nur halb gelungen ist. Ich habe nachgedacht, warum dies teilweise Misslingen mich getroffen hat. Wenn ich etwas Ähnliches wieder zu verrichten habe, so vermeide ich die erkannten Fehler. Also ich habe mir eine neue Fähigkeit angeeignet. Dadurch sind meine Erlebnisse von gestern die Ursachen meiner Fähigkeiten von heute. Meine Vergangenheit bleibt mit mir verbunden; sie lebt in meiner Gegenwart weiter; und sie wird mir in meine Zukunft hinein weiter folgen. Ich habe mir durch meine Vergangenheit die Lage geschaffen, in der ich gegenwärtig mich befinde. Und der *Sinn des Lebens* verlangt, dass ich mit dieser Lage verknüpft bleibe. Sinnlos wäre es doch, wenn ich unter regelmäßigen Verhältnissen ein Haus, das ich mir habe bauen lassen, nicht beziehen würde.

Nicht *erwachen* müsste ich heute Morgen, sondern neu, aus dem Nichts heraus, geschaffen werden, wenn die Wirkungen meiner Taten von gestern nicht mein Schicksal von heute sein sollen. Und neu *geschaffen*, aus dem Nichts heraus entstanden, müsste der Menschengeist sein, wenn nicht die Ergebnisse seiner früheren Leben verknüpft blieben mit seinen späteren. Ja, der Mensch kann in gar keiner anderen Lage leben als in derjenigen, die durch sein Vorleben geschaffen worden ist. Er kann es ebenso wenig wie die Tiere, die nach ihrer Einwanderung in die Höhlen von Kentucky das Sehvermögen verloren haben, anderswo als in diesen Höhlen leben können. Sie haben sich durch ihre Tat, durch die Einwanderung, die Bedingungen ihres späteren Lebens geschaffen. Eine Wesenheit, die einmal tätig war, steht in der Folge eben nicht mehr isoliert da; sie hat ihr Selbst in ihre Taten gelegt. Und alles, was sie wird, ist fortan verknüpft mit dem, was aus den Taten wird. Diese Verknüpfung einer Wesenheit mit den Ergebnissen ihrer Taten ist das die ganze Welt beherrschende Gesetz vom *Karma*. Die Schicksal gewordene Tätigkeit ist Karma.

Und deswegen ist der Schlaf ein gutes Bild für den Tod, weil der Mensch während des Schlafes in der Tat dem Schauplatz entzogen ist, auf dem sein Schicksal ihn erwartet. Während wir schlafen, laufen die Ereignisse auf diesem Schauplatz weiter. Wir haben eine Zeitlang auf diesen Lauf keinen Einfluss. Dennoch finden wir die Wirkungen unserer Taten wieder, und müssen an sie anknüpfen. Wirklich verkörpert sich unsere Persönlichkeit jeden Morgen aufs Neue in unserer Tatenwelt. Was über die Nacht von uns getrennt war, ist tagsüber gleichsam um uns gelegt.

So ist es mit den Taten unserer früheren Verkörperungen. Ihre Ergebnisse sind der Welt, in der wir verkörpert waren, einverleibt. Sie gehören aber zu uns, wie das Leben in den Höhlen zu den Tieren gehört, die durch dieses Leben das Sehvermögen verloren haben. Wie diese Tiere nur leben können, wenn sie die Umgebung wieder finden, an die sie sich angepasst haben, so kann der Menschengeist nur leben in der Umgebung, die er durch seine Taten, als die ihm entsprechende, sich geschaffen hat.

An jedem neuen Morgen wird der menschliche Körper gleichsam von Neuem durchseelt. Die Naturforschung gibt zu, dass damit etwas vorgeht, was sie nicht begreifen kann, wenn sie sich bloß der Gesetze bedient, die sie in der *physischen* Welt gewonnen hat.

Man halte sich vor, was der Naturforscher Du Bois-Reymond darüber in seiner Rede ›Die Grenzen des Naturerkennens‹ gesagt hat: »Ein aus irgendeinem Grunde bewusstloses, zum Beispiel ohne Traum schlafendes Gehirn enthielte, naturwissenschaftlich« – Du Bois-Reymond sagt »astronomisch« – »durchschaut kein Geheimnis mehr, und bei naturwissenschaftlicher Kenntnis auch des übrigen Körpers wäre so die ganze menschliche Maschine, mit ihrem Atmen, ihrem Herzschlag, ihrem Stoffwechsel, ihrer Wärme, und so fort, bis auf das Wesen von Materie und Kraft, völlig entziffert. Der traumlos Schlafende ist begreiflich, wie die Welt, ehe es Bewusstsein gab. Wie aber mit der ersten Regung von Bewusstsein die Welt doppelt unbegreiflich ward, so wird es auch der Schläfer wieder mit dem ersten ihm dämmernden Traumbild.« Das kann nicht anders sein. Denn, was der Naturforscher hier als den traumlos Schlafenden beschreibt, das ist dasjenige vom Menschen, was allein den physischen Gesetzen unterworfen ist. Es folgt aber in dem Augenblicke, in dem es wieder durchseelt erscheint, den Gesetzen des seelischen Lebens. Schlafend folgt der menschliche Körper den physischen Gesetzen: der Mensch erwacht, und das Licht des vernünftigen Handelns schlägt wie ein Funke in das rein physische Dasein ein. Man drückt sich ganz im Sinne des Naturforschers Du Bois-Reymond aus, wenn man sagt: man kann den schlafenden Körper nach allen Seiten durchsuchen; das Seelische wird man nicht in ihm finden können. Aber dieses Seelische setzt den Lauf seiner vernünftigen Taten da fort, wo es ihn vor dem Einschlafen unterbrochen hat. – So gehört der Mensch – auch für diese Betrachtung – zwei Welten an. In der einen lebt er körperlich, und dieses körperliche Leben kann man am Faden physischer Gesetze verfolgen; in der anderen lebt er geistig-vernünftig, und über dieses Leben können wir durch physische Gesetze nichts erfahren. Wollen wir das eine Leben studieren, so müssen wir uns an die physischen Gesetze der Naturwissenschaft halten; wollen wir aber das andere Leben begreifen, so müssen wir die Gesetze des vernünftigen Handelns kennenlernen, zum Beispiel Logik, Rechtslehre, Wirtschaftslehre, Ästhetik usw. Der schlafende

Menschenkörper, der nur den physischen Gesetzen unterliegt, kann niemals etwas vollbringen, was im Sinne der Vernunftgesetze liegt. Aber der Menschengeist trägt diese Vernunftgesetze in die physische Welt. Und so viel er in sie hineingetragen hat, so viel wird er von ihnen wiederfinden, wenn er, nach einer Unterbrechung, den Faden seiner Tätigkeit wieder aufnimmt.

Bleiben wir noch eine Weile bei dem Bild vom Schlaf. Die Persönlichkeit muss heute an ihre Taten von gestern anknüpfen, wenn das Leben nicht sinnlos sein soll. Sie könnte es nicht, wenn sie sich nicht mit diesen Taten verknüpft fühlte. Das Ergebnis meiner Wirksamkeit von gestern könnte ich heute nicht aufnehmen, wenn nicht in mir selbst etwas von dieser Wirksamkeit geblieben wäre. Hätte ich heute alles vergessen, was ich gestern erfahren habe, so wäre ich ein neuer Mensch und könnte an nichts anknüpfen. Es ist mein *Gedächtnis*, das mir die Anknüpfung an meine gestrigen Taten ermöglicht. – Dieses Gedächtnis bindet mich an die Wirkungen meines Tuns. Dasjenige, was im eigentlichen Sinne meinem vernünftigen Leben angehört, zum Beispiel die Logik, ist heute dasselbe wie gestern. Dies ist anwendbar auch auf dasjenige, was gestern durchaus nicht, was überhaupt *niemals* noch in meinen Gesichtskreis getreten ist. Mein Gedächtnis verbindet mein logisches Handeln von heute mit meinem logischen Handeln von gestern. Wenn es bloß auf die Logik ankäme, dann könnten wir in der Tat jeden Morgen ein neues Leben beginnen. Aber im Gedächtnis bleibt aufbewahrt, was uns an unser Schicksal bindet.

So finde ich mich wirklich am Morgen als eine dreifache Wesenheit. Ich finde meinen Körper wieder, der während meines Schlafes seinen bloß physischen Gesetzen gehorcht hat. Ich finde mich selbst, meinen Menschengeist, wieder, der heute derselbe ist wie gestern, und der heute die Gabe vernünftigen Handelns hat, wie gestern. Und ich finde alles dasjenige bewahrt im Gedächtnisse, was der gestrige Tag – was meine ganze Vergangenheit – aus mir gemacht hat.

Und damit haben wir zugleich ein *Bild* der dreifachen Wesenheit des Menschen. In jeder neuen Verkörperung findet sich der Mensch in einem physischen Organismus, der den Gesetzen der äußeren Natur unterworfen ist. Und in jeder Verkörperung ist er derselbe Menschengeist. Als solcher ist er das *Ewige* in den mannigfaltigen Verkörperungen. *Körper* und *Geist* stehen einander gegenüber. Zwischen beiden muss etwas sein, wie das Gedächtnis zwischen meinen Taten von gestern und denen von heute ist. Und dies ist die *Seele.* Sie bewahrt die Wirkungen meiner Taten aus den früheren Leben. Sie bewirkt, dass der Geist in einer neuen Verkörperung als dasjenige erscheint, was vorhergehende Leben aus ihm gemacht haben. *So hängen Leib, Seele und Geist zusammen. Ewig* ist der Geist; *Geburt* und *Tod* walten nach den Gesetzen der physischen Welt in der Körperlichkeit; beide führt die Seele immer wieder zusammen, indem sie aus den Taten das *Schicksal* webt.

Auch für den Vergleich der Seele mit dem Gedächtnis ist eine Berufung auf die gegenwärtige Naturwissenschaft möglich. Im Jahre 1870 hat der Naturforscher Ewald Hering eine Abhandlung veröffentlicht, die den Titel trägt: ›Über das Gedächtnis als eine allgemeine Funktion der organisierten Materie‹. Und Ernst Haeckel stimmt mit den Ansichten Herings überein. Er sagt in seiner Arbeit ›Über die Wellenzeugung der Lebensteilchen‹ das Folgende: »In der Tat überzeugt uns jedes tiefere Nachdenken, dass ohne die Annahme eines *unbewussten Gedächtnisses* der lebenden Materie die wichtigsten Lebensfunktionen überhaupt unerklärbar sind. Das Vermögen der Vorstellung und Begriffsbildung, des Denkens und Bewusstseins, der Übung und Gewöhnung, der Ernährung und Fortpflanzung beruht auf der Funktion des unbewussten Gedächtnisses, dessen Tätigkeit unendlich viel bedeutungsvoller ist, als diejenige des bewussten Gedächtnisses. Mit Recht sagt Hering, ›dass es das Gedächtnis ist, dem wir fast alles verdanken, was wir sind und haben‹.« Und nun versucht Haeckel die Vorgänge der *Vererbung* innerhalb der Lebewesen auf dieses unbewusste Gedächtnis zurückzuführen. Dass das Tochterwesen dem Mutterwesen ähnlich ist, dass von dem Letzteren die Eigenschaften auf das Erstere vererbt werden, soll darnach auf dem *unbewussten Gedächtnis* des Lebendigen beruhen, das im Laufe der Fortpflanzung die Erinnerung an vorhergehende Formen bewahrt. – Es ist hier nicht zu untersuchen, was an den Darstellungen Herings und Haeckels naturwissenschaftlich haltbar ist; für die Ziele, die hier verfolgt werden, ist lediglich wichtig, dass der Naturforscher sich gezwungen sieht, da, wo er über Geburt und Tod hinausgeht, wo er etwas voraussetzen muss, was den Tod überdauert, dass er da eine Wesenheit annimmt, die er sich dem Gedächtnis ähnlich denkt. Er greift naturgemäß zu einer übersinnlichen Kraft, da, wo die Gesetze der *physischen Natur* nicht hinreichen.

Man muss übrigens beachten, dass es sich hier zunächst nur um einen Vergleich, um ein *Bild* handelt, wenn von Gedächtnis gesprochen wird. Man darf nicht glauben, dass wir unter Seele etwas verstehen, was ohne Weiteres dem bewussten Gedächtnis gleichkommt. Auch im gewöhnlichen Leben ist ja nicht immer bewusstes Gedächtnis im Spiele, wenn man sich die Erlebnisse der Vergangenheit zunutze macht. Die Früchte dieser Erlebnisse tragen wir in uns, auch wenn wir uns nicht bewusst an das

Erlebte immer erinnern. Wer erinnert sich an alle Einzelheiten, durch die er lesen und schreiben gelernt hat? Ja, wem sind diese Einzelheiten überhaupt alle zum Bewusstsein gekommen? Die *Gewohnheit* zum Beispiel ist eine Art unbewussten Gedächtnisses. – Nur hingedeutet werden soll eben durch den *Vergleich* mit dem Gedächtnis auf das Seelische, das sich zwischen Körper und Geist einschiebt und den Vermittler bildet zwischen dem Ewigen und dem, was als Physisches in den Lauf von Geburt und Tod eingesponnen ist.

Der Geist, der sich wiederverkörpert, findet also innerhalb der physischen Welt die Ergebnisse seiner Taten als sein Schicksal vor; und die Seele, die an ihn gebunden ist, vermittelt seine Anknüpfung an dieses Schicksal. Man kann nun fragen: wie kann der Geist die Ergebnisse seiner Taten vorfinden, da er doch wohl bei seiner Wiederverkörperung in eine völlig andere Welt versetzt wird gegenüber derjenigen, in der er vorher war? Dieser Frage liegt eine sehr äußerliche Vorstellung von Schicksalsverkettung zugrunde. Wenn ich meinen Wohnplatz von Europa nach Amerika verlege, so befinde ich mich auch in einer völlig neuen Umgebung. Und dennoch hängt mein Leben in Amerika von meinem vorhergehenden in Europa ganz ab. Bin ich in Europa Mechaniker geworden, so gestaltet sich mein Leben in Amerika ganz anders, als wenn ich Bankbeamter geworden bin. In dem einen Falle werde ich wahrscheinlich in Amerika von Maschinen, in dem andern von Bankpapieren umgeben sein. In jedem Falle bestimmt mein Vorleben meine Umgebung, es zieht gleichsam aus der ganzen Umwelt diejenigen Dinge an sich, die ihm verwandt sind. So ist es mit meiner Geist-Seele. Sie umgibt sich notwendig mit demjenigen, mit dem sie aus dem Vorleben verwandt ist. Für niemand kann das dem Gleichnis von Schlaf und Tod widersprechen, der sich bewusst ist, dass er es eben nur mit einem Gleichnis – wenn auch mit einem der treffendsten – zu tun hat. Dass ich am Morgen die Lage vorfinde, die ich am vorhergehenden Tage selbst geschaffen, dafür sorgt der *unmittelbare* Gang der Ereignisse. Dass ich, wenn ich mich wieder verkörpere, eine Umwelt vorfinde, die dem Ergebnis meiner Taten in dem vorhergehenden Leben entspricht: dafür sorgt die Verwandtschaft meiner wieder geborenen Geistseele mit den Dingen dieser Umwelt.

Was führt mich in diese Umwelt hinein? *Unmittelbar* die Eigenschaften meiner Geistseele bei der neuen Verkörperung. Aber diese Eigenschaften habe ich doch nur, weil die Taten meiner früheren Leben sie der Geistseele eingeprägt haben. Diese Taten sind also die *wirkliche Ursache*, warum ich in bestimmte Verhältnisse hineingeboren werde. Und was ich heute tue, wird *mit* eine Ursache sein, warum ich in einem späteren Leben diese oder jene Verhältnisse antreffen werde. – So schafft sich der Mensch in der Tat sein Schicksal. Dieses erscheint nur so lange unbegreiflich, als man das einzelne Leben für sich betrachtet und es nicht als ein Glied der aufeinander folgenden Leben ansieht.

So kann man sagen, dass den Menschen im Leben nichts treffen kann, wozu er nicht selbst die Bedingungen geschaffen hat. Durch die Einsicht in das Schicksalsgesetz – in Karma – wird erst begreiflich, warum »der Gute oft leiden muss, und der Böse glücklich sein kann«. Diese scheinbare Disharmonie des *einen Lebens* verschwindet, wenn der Blick erweitert wird auf die vielen Leben. – So einfach wie einen gewöhnlichen Richter oder wie die staatliche Justizpflege darf man sich allerdings das Karmagesetz nicht vorstellen. Das wäre so, wie wenn man sich Gott als alten Mann mit weißem Bart vorstellte. Viele verfallen in diesen Fehler. Namentlich die Gegner der Karmaidee gehen von solch irrtümlichen Voraussetzungen aus. Sie kämpfen gegen die Vorstellung, die *sie* den Bekennern von Karma unterschieben, nicht gegen diejenige, welche die wahren Kenner haben.

In welchem Verhältnisse befindet sich der Mensch zur physischen Umwelt, wenn er in eine neue Verkörperung eintritt? Dieses Verhältnis ergibt sich einerseits daraus, dass er in der Zwischenzeit zwischen den beiden Verkörperungen keinen Anteil gehabt hat an der physischen Welt; andererseits daraus, welches seine Entwickelung in dieser Zwischenzeit war. Klar ist von vornherein, dass in *diese* Entwickelung nichts aus der physischen Welt einfließen kann, denn die Geistseele befindet sich ja eben *außerhalb* dieser physischen Welt. Sie kann daher alles, was in ihr vorgeht, nunmehr bloß aus sich selbst, beziehungsweise aus der überphysischen Welt schöpfen. War sie innerhalb der Verkörperung in die physische Tatsachenwelt verstrickt, so ist nach der Entkörperung der *unmittelbare* Einfluss dieser Tatsachenwelt von ihr genommen. Und geblieben ist ihr lediglich aus derselben das, was wir mit dem Gedächtnis verglichen haben. – Aus zwei Teilen besteht dieser »Gedächtnisrest«. Seine Teile ergeben sich, wenn man in Erwägung zieht, was zu seiner Bildung beigetragen hat. – Der Geist hat in dem Körper gelebt und ist daher durch den Körper in Beziehung zur körperlichen Umwelt gekommen. Diese Beziehung hat ihren Ausdruck darin gefunden, dass sich vermittelst des Körpers Triebe, Begierden, Leidenschaften entwickelt haben, und dass sich, durch diese, äußere Handlungen vollzogen haben. Weil er körperlich ist, handelt der Mensch unter dem Einflusse der Triebe, Begierden und Leidenschaften. Und diese haben nach zwei Seiten hin ihre Bedeutung. Sie drücken auf der einen Seite den äußeren Handlungen, die der Mensch begeht, den Stempel auf. Und sie formen auf der anderen Seite seinen persönlichen Charakter. Die Handlung, die ich begehe, ist die Folge meiner Begierde; und ich selbst bin als Persönlichkeit das, was diese Begierde zum Ausdruck bringt. Die Handlung geht in die Außenwelt über; die Begierde bleibt in meiner Seele wie die Vorstellung in meinem Gedächtnis. Und wie zunächst das Vorstellungsbild in meinem Gedächtnis durch jeden neuen gleichartigen Eindruck verstärkt wird, so die Begierde durch jede neue Handlung, die ich unter ihrem Einfluss vollziehe. So lebt in meiner Seele wegen des körperlichen Daseins eine Summe von Trieben, Begierden und Leidenschaften. Man bezeichnet diese Summe als den »Körper des Verlangens« (Kama rupa).

Dieser »Körper des Verlangens« hängt innig mit dem physischen Dasein zusammen. Denn er entsteht ja unter dem Einfluss der physischen Körperlichkeit. Von dem Augenblick an, in dem der Geist nicht mehr verkörpert ist, kann er daher seine Bildung nicht mehr fortsetzen. Der Geist muss sich von ihm befreien, insofern er durch ihn mit dem einzelnen physischen Leben zusammengehangen hat. Auf das physische Leben folgt ein anderes, in dem diese Befreiung vor sich geht. Man kann fragen: Ist denn mit dem Tode nicht auch dieser »Körper des Verlangens« zerstört? Die Antwort darauf ist: Nein, in dem Maße, in dem in jedem Augenblicke des physischen Lebens das Verlangen die Befriedigung überwiegt, in dem Maße bleibt das Verlangen bestehen, wenn die Möglichkeit der Befriedigung aufgehört hat. Nur ein Mensch, der gar nichts wünscht von der sinnlichen Welt, hat keinen Überschuss des Verlangens über die Befriedigung. Nur der wunschlose Mensch stirbt, ohne in seinem Geiste eine Summe von Verlangen zurückzubehalten. Und diese Summe muss nach dem Tode gleichsam abklingen. Der Zustand dieses Abklingens wird »Aufenthalt im Orte des Verlangens« (Kamaloka) genannt. Man sieht leicht ein, dass dieser Zustand umso länger dauern muss, je mehr der Mensch sich mit dem sinnlichen Leben verbunden gefühlt hat.

Der zweite Teil des »Gedächtnisrestes« wird auf andere Art gebildet. Wie das Verlangen den Geist nach dem vergangenen Leben zieht, so weist ihn dieser andere Teil nach der Zukunft. Der Geist hat sich durch seine Tätigkeit im Körper mit der Welt bekannt gemacht, der dieser Körper angehört. Jede neue Anstrengung, jedes neue Erlebnis erhöht diese seine Bekanntschaft. In der Regel macht der Mensch zum zweiten Mal ein jedes Ding besser als beim ersten Versuch. Die Erfahrung, das Erlebnis prägt sich dem Geiste als eine Erhöhung seiner Fähigkeiten ein. So wirkt unsere Erfahrung auf unsere Zukunft, und wenn wir nicht mehr Gelegenheit haben, Erfahrungen zu machen, dann bleibt das Ergebnis dieser Erfahrungen als »Gedächtnisrest«. – Aber keine Erfahrung könnte auf uns wirken, wenn wir nicht die Fähigkeiten hätten, den Nutzen aus ihr zu ziehen. Wie wir die Erfahrung aufnehmen können, was wir aus ihr zu machen vermögen, davon hängt es ab, was sie für unsere Zukunft bedeutet. Für Goethe war ein Erlebnis etwas anderes als für seinen Kammerdiener; und es hatte durch den Ersteren ganz andere Folgen als durch den Letzteren. Welche Fähigkeiten wir uns durch ein Erlebnis erwerben, hängt somit von der geistigen Arbeit ab, die wir in Verbindung mit dem Erlebnisse vollbringen. – Ich habe in einem gewissen Augenblicke meines Lebens immer eine Summe von Ergebnissen meiner Erfahrung in mir. Und diese Summe bildet die Anwartschaft auf Fähigkeiten, die in der Folge zutage treten können. – Eine solche Summe von Erfahrungen besitzt der Menschengeist bei seiner Entkörperung. Sie nimmt er ins übersinnliche Leben hinüber. Verknüpft ihn nun kein körperliches Band mehr mit dem physischen Dasein, und hat er auch die Wünsche abgestreift, die ihn an dieses physische Dasein ketten, dann ist ihm die Frucht seiner Erfahrung geblieben. Und diese Frucht ist ganz von der unmittelbaren Einwirkung des *vergangenen* Lebens befreit. Der Geist kann nun lediglich darauf sehen, was sich für die *Zukunft* daraus formen lässt. So ist der Geist, nachdem er den »Ort des Verlangens« verlassen hat, in einem Zustand, in dem sich seine Erlebnisse der früheren Leben in Keime, Anlagen, Fähigkeiten usw. für die Zukunft umsetzen. Man bezeichnet das Leben des Geistes in diesem Zustande als den Aufenthalt in dem »Orte der Wonne« (Devachan). (*Wonne* kann ja einen Zustand bezeichnen, der alle Sorge um das Vergangene vergessen macht, und das Herz lediglich für die Zukunft schlagen lässt.) Es erhellt von selbst, dass dieser Zustand im Allgemeinen umso länger dauern wird, eine je größere Anwartschaft beim Tode auf die Aneignung neuer Fähigkeiten vorhanden ist. – Hier kann es sich natürlich nicht darum handeln, alle Erkenntnisse zu entwickeln, die sich auf den Menschengeist beziehen. Es soll nur gezeigt werden, wie das Karmagesetz im physischen Leben wirkt. Dazu ist zunächst hinreichend zu wissen, was der Geist aus diesem physischen Leben in übersinnliche Zustände mit hinübernimmt, und was er davon zu einer neuen Verkörperung wieder mit zurückbringt. Er bringt die zu Eigenschaften seines Wesens gewordenen Ergebnisse der in früheren Leben gemachten Erlebnisse mit. – Um die Tragweite davon einzusehen, braucht man sich den Vorgang nur an einem einzelnen Beispiel klar zu machen. Kant sagt: »Zwei Dinge erfüllen das Gemüt mit immer zunehmender Bewunderung: der gestirnte Himmel über mir und das moralische Gesetz in mir.« Jeder Denkende gibt nun zu, dass der gestirnte Himmel nicht aus dem Nichts heraus entsprungen ist, sondern sich allmählich gebildet hat. Und Kant selbst ist es, der 1755 in einer grundlegenden Schrift die allmähliche Bildung eines Kosmos zu erklären suchte. Aber ebenso wenig darf man die Tatsache des moralischen Gesetzes ohne eine Erklärung hinnehmen. Auch dieses moralische Gesetz ist nicht aus dem Nichts heraus entsprungen. In den anfänglichen Verkörperungen, die der Mensch durchgemacht hat, sprach in ihm das moralische Gesetz nicht so, wie es in Kant gesprochen hat. Der primitive Mensch handelt ganz so, wie es seinen Begierden entspricht. Und er nimmt die Erlebnisse, die er mit solchem Handeln gemacht hat, hinüber in die übersinnlichen Zustände. Hier werden sie zu höherer Fähigkeit. Und in einer weiteren Verkörperung wirkt in ihm nicht mehr die bloße Begierde, sondern sie wird bereits mitgelenkt durch die Wirkungen der vorher gemachten Erfahrungen. Und viele Verkörperungen sind notwendig, bis der ursprünglich ganz den Begierden hingegebene Mensch seiner Umwelt das geläuterte moralische Gesetz gegenüberstellt, das Kant als etwas bezeichnet, zu dem man mit ebensolcher Bewunderung wie zu dem Sternenhimmel aufblickt.

Die Umwelt, in die der Mensch durch eine neue Verkörperung hineingeboren wird, bringt ihm die Ergebnisse seiner Taten, als sein Schicksal, entgegen. Er selbst tritt in diese Umwelt mit den Fähigkeiten, die er in den übersinnlichen Zuständen sich aus seinen früheren Erlebnissen heraus gebildet hat. Deshalb werden auch seine Erlebnisse in der physischen Welt im Allgemeinen auf einer umso höheren Stufe stehen, je öfter er sich verkörpert hat, oder je größer seine Anstrengungen innerhalb seiner früheren Verkörperungen gewesen sind. Dadurch wird die Pilgerfahrt durch die Verkörperungen hindurch eine Aufwärtsentwickelung sein. Immer reicher wird der Schatz, den seine Erfahrungen in seinem Geiste ansammeln. Und damit tritt er immer reifer seiner Umwelt, seinem Schicksal entgegen. Das macht ihn immer mehr zum Herrn des Schicksals. Denn das ist es ja gerade, was er aus seinen Erlebnissen gewinnt, dass er die Gesetze der Welt durchschauen lernt, in welcher sich diese Erlebnisse abspielen. Erst findet sich der Geist in der Umwelt nicht zurecht. Er tappt im Dunkeln. Aber mit jeder neuen Verkörperung wird es heller um ihn. Er erwirbt sich das Wissen, die Kenntnis der Gesetze seiner Umwelt; mit anderen Worten: er vollbringt immer mehr mit Bewusstsein, was er vorher in Dumpfheit vollbracht hat. Immer geringer wird der Zwang der Umwelt; immer mehr vermag der Geist sich selbst zu bestimmen. Der Geist aber, der sich aus sich selbst bestimmt, das ist der *freie Geist*. Ein Handeln im vollen hellen Lichte des Bewusstseins ist ein *freies Handeln*. (Das Wesen des freien Menschengeistes habe ich in meiner ›Philosophie der Freiheit‹, Berlin 1893, darzulegen versucht.) Die volle Freiheit des Menschengeistes ist das *Ideal* seiner Entwicklung. Man kann nicht fragen: ist der Mensch frei oder unfrei? Die Philosophen, welche die Frage nach der Freiheit so stellen, können niemals zu einem klaren Gedanken darüber kommen. Denn der Mensch ist im gegenwärtigen Zustande weder frei noch unfrei; sondern er befindet sich auf dem Wege zur Freiheit. Er ist teilweise frei, teilweise unfrei. Er ist in dem Maße frei, als er sich Erkenntnis, Bewusstsein des Weltzusammenhanges, erworben hat. – Dass unser Schicksal, unser Karma in Form einer unbedingten Notwendigkeit an uns herantritt, ist kein Hindernis unserer Freiheit. Denn wenn wir handeln, treten wir ja mit dem Maße unserer Selbstständigkeit, die wir uns erworben haben, an dieses Schicksal heran. Nicht das Schicksal handelt, sondern wir handeln in Gemäßheit der Gesetze dieses Schicksals.

Wenn ich ein Streichholz anzünde, so entsteht das Feuer nach notwendigen Gesetzen; aber ich habe erst diese notwendigen Gesetze in Wirksamkeit versetzt. Ebenso kann ich eine Handlung nur vollziehen im Sinne der notwendigen Gesetze meines Karmas; aber ich bin es, der diese notwendigen Gesetze in Wirksamkeit versetzt. Und durch die von mir ausgehende Tat wird neues Karma geschaffen, wie das Feuer nach notwendigen Naturgesetzen weiter wirkt, nachdem ich es angezündet habe.

Damit ist zugleich Licht geworfen auf einen andern Zweifel, der in Bezug auf die Wirksamkeit des Karmagesetzes jemand befallen kann. Man könnte nämlich vielleicht sagen: wenn Karma ein unabänderliches Gesetz ist, dann sei es ein Unding, jemand zu helfen. Denn was ihn trifft, sei die Folge seines Karmas, und es sei schlechterdings *notwendig*, dass ihn dies oder jenes treffe. Gewiss, die Wirkungen des Schicksals, das sich ein Menschengeist in früheren Verkörperungen geschaffen hat, kann ich nicht aufheben. Aber es handelt sich darum, wie er sich mit diesem Schicksal zurechtfindet, und welches neue Schicksal er sich unter dem Einfluss des alten schafft. Helfe ich ihm, so kann ich bewirken, dass er durch seine Taten seinem Schicksal eine günstige Wendung gibt; unterlasse ich die Hilfe, so tritt vielleicht das Gegenteil ein. Allerdings wird es darauf ankommen, ob meine Hilfe eine weise oder unweise ist.

Eine Höherentwickelung des Menschengeistes bedeutet sein Fortschreiten durch immer neue Verkörperungen. Diese Höherentwickelung kommt dadurch zum Ausdruck, dass die Welt, in der des Geistes Verkörperungen stattfinden, von diesem immer mehr durchschaut wird. Zu dieser Welt gehören aber die Verkörperungen selbst. Auch in Bezug auf sie tritt der Geist aus dem Zustande der Unbewusstheit in den der Bewusstheit. Auf dem

Wege der Entwickelung liegt der Punkt, in dem der Mensch mit voller Bewusstheit auf seine Verkörperungen zurückzuschauen vermag. – Dies ist eine Vorstellung, über die man leicht spotten kann; und es ist natürlich kinderleicht, sie abfällig zu kritisieren. Wer das aber tut, hat von der Art solcher Wahrheiten keinen Begriff. Und Spott sowohl wie Kritik legen sich wie ein Drache vor das Tor des Heiligtums, innerhalb dessen man sie erkennen kann. Denn von Wahrheiten, deren Verwirklichung für den Menschen erst in der Zukunft liegt, ist es wohl selbstverständlich, dass er sie in der Gegenwart nicht als Tatsache auffinden kann. Es gibt nur einen Weg, um sich von ihrer Wirklichkeit zu überzeugen; und der ist, sich anzustrengen, *um diese Wirklichkeit zu erreichen.*

Welcher Stellenwert die Erkenntnis von Reinkarnation und Karma für ein Begreifen dessen, was das Leben ausmacht, insbesondere auch für die Gestaltung menschlichen Zusammenlebens zukommt, schildert Steiner in seinem Vortrag vom 5. März 1912:[76]

Wenn der Mensch nun übergeht zur Erkenntnis von Reinkarnation und Karma, wird die Sache ganz anders. Da müssen wir uns klar sein, dass das, was für einen solchen Menschen in seiner Seele lebt, nicht bloß wenn er durch die Pforte des Todes geschritten ist eine Bedeutung hat für eine erdentrückte Sphäre, sondern dass von dem, was er erlebt zwischen Geburt und Tod, die Zukunft der Erdengestaltung abhängt. Die Erde wird sozusagen die äußere Konfiguration haben, welche die Menschen ihr geben, die vorher da waren. Der ganze Planet in seiner Zukunftskonfiguration, das Zusammenleben der Menschen in der Zukunft, hängt davon ab, wie die Menschen früher gelebt haben in

Programm der Anthroposophischen Hochschulkurse.

Sonntag, den 26. September, abends 5 Uhr,

Eröffnungshandlung

durch angemessene Ansprachen

(*Dr. Rudolf Steiner* über „Wissenschaft, Kunst und Religion")

und musikalisch-rezitatorisch-eurhythmische Darbietungen.

Erste Woche des Kurses:

	Montag, 27. Sept.	Dienstag, 28. Sept.	Mittwoch, 29. Sept.	Donnerst., 30. Sept.	Freitag, 1. Oktober	Samstag, 2. Oktober
9—10	Dr. Rudolf Steiner: Grenzen der Natur-Erkenntnis.					
10—11	Hermann von Baravalle: Grundprobleme der Physik im Lichte anthroposophischer Erkenntnis.			Dr. Walter Johannes Stein: „Vorstellung", „Begriff" und „Urteil" in der Lehre Rudolf Steiners.		
11—12	Dr. med. Friedrich Husemann: Fragen der heutigen Psychiatrie vom Gesichtspunkte der Anthroposophie.			Dr. Oskar Schmiedel: Licht u. Farbe im Sinne der Geisteswissenschaft.		Dr. Rudolf Steiner: Der Baugedanke von Dornach. I.
4—5	Fabrikdirektor Emil Molt: Der Industrielle in Vergangenheit und Zukunft vom Gesichtspunkt der Geisteswissenschaft. I. und II.			Rudolf Meyer, Hamburg: Geschichtsphilosophische Probleme des Christentums im Lichte anthroposophischer Forschung.		
5—6	Paul Baumann: Musik und Eurhythmische Erziehungskunst.			Emil Molt: Der Industrielle in Vergangenheit und Zukunft vom Gesichtspunkt d. Geisteswissenschaft. III.	Prof. Dr. P. Beckh: Indologie und Geisteswissenschaft. I.	An den Samstag- und Sonntag-Abenden finden Eurhythmische Aufführungen statt.
6—7	Adolf Arenson: Grundzüge geisteswissenschaftlicher Methodik.		Die Kunst d. Deklamation: A. Praxis: Marie Steiner B. Theorie: Dr. Rud. Steiner	Adolf Arenson: Grundzüge geisteswissenschaftlicher Methodik.		

Zweite Woche des Kurses:

	Montag, 4. Oktober	Dienstag, 5. Oktober	Mittwoch, 6. Oktober	Donnerstag, 7. Okt.	Freitag, 8. Oktober	Samstag, 9. Oktober
9—10	Dr. Ernst Blümel: Die Hauptprobleme der modernen Mathematik in ihrer Beziehung zur Philosophie, Physik und Anthroposophie.			Dr. med. Ludwig Noll: Physiologisch-therapeutisches auf Grundlage der Geisteswissenschaft.		
10—11	Dr. Eugen Kolisko: Hypothesenfreie Chemie im Sinne der Geisteswissenschaft.			E. A. Karl Stockmeyer: Phänomenologie des Wärmewesens.		
11—12	Dr. Roman Boos: Phänomenologische Sozialwissenschaft.			Dr. Ernst Blümel: Das Element der Freiheit in den mathematischen Begriffsbestimmungen.	Prof. Dr. P. Beckh: Indologie und Geisteswissenschaft. II.	Dr. Rudolf Steiner: Der Baugedanke von Dornach. II.
4—5	Rudolf Meyer, Berlin: Johann Friedrich Herbarts Lehre vom Menschen und dessen Erziehung vom Standpunkt der Anthroposophie.			Emil Leinhas: Licht- und Schattenseiten des modernen Kapitalismus.		
5—6	Dr. Rudolf Treichler: Sprachwissenschaft und Sprachunterricht.		Karl Ballmer: Künstlerisches Wollen und Anthroposophie.			An den Samstag- und Sonntag-Abenden finden Eurhythmische Aufführungen statt.
6—7	Arnold Ith: Bankwesen und Preisgestaltung in ihrer heutigen und zukünftigen Bedeutung für das Wirtschaftsleben.		Die Kunst d. Deklamation: A. Praxis: Marie Steiner. B. Theorie: Dr. Rud. Steiner	Ernst Uehli: Die nordisch-germanische Mythologie als Entwicklungsgeschichte.		

Programm des Anthroposophischen Hochschulkurses in Dornach,
September 1920

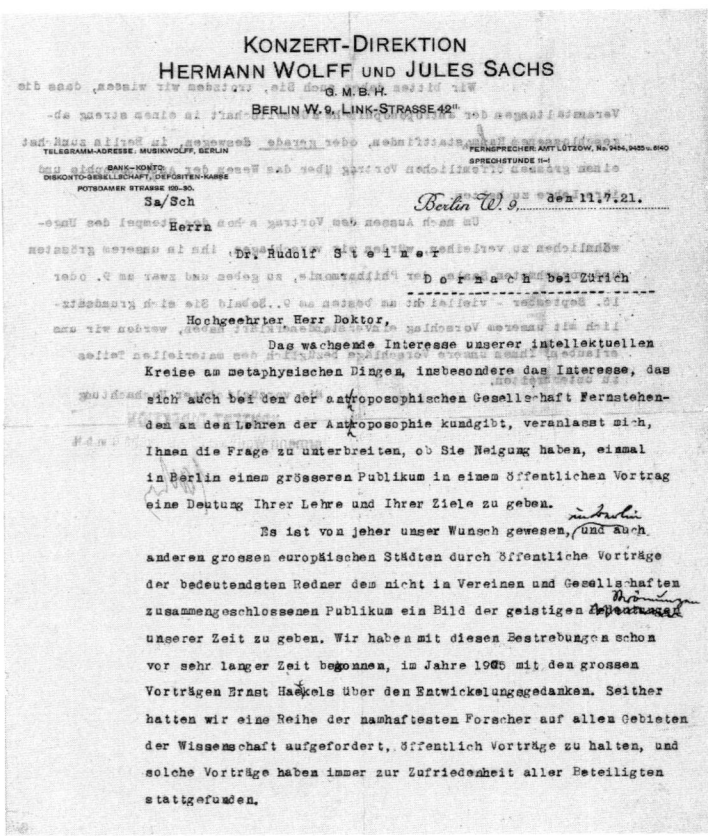

Anfrage von Wolff und Sachs

ihren früheren Verleiblichungen. Das ist das Gemüthaft-Moralische, das sich an diese Ideen anknüpft; sodass ein Mensch, der dies angenommen hat, weiß: Wie ich war in dem Leben, so werde ich wirken auf alles, was in der Zukunft geschieht, auf die ganze Kultur der Zukunft! – Da erweitert sich etwas mit dem

Wir bitten daher auch Sie, trotzdem wir wissen, dass die
Veranstaltungen der antroposophischen Gesellschaft in einem streng ab-
geschlossenen Rahmen stattfinden, oder gerade deswegen, in Berlin zunächst
einen grossen öffentlichen Vortrag über das Wesen der Antroposophie und
ihre Lehre zu halten.

Um nach Aussen dem Vortrag schon den Stempel des Unge-
wöhnlichen zu verleihen, würden wir vorschlagen, ihn in unserem grössten
und vornehmsten Saale, der Philharmonie, zu geben und zwar am 9. oder
15. September - vielleicht am besten am 9. Sobald Sie sich grundsätzlich mit unserem Vorschlag einverstanden erklärt haben, werden wir uns
erlauben, Ihnen unsere Vorschläge bezüglich des materiellen Teiles
zu unterbreiten.

Mit vorzüglichster Hochachtung

KONZERT-DIREKTION

Hermann Wolff und Jules Sachs G.m.b.H.

Wissen von Reinkarnation und Karma über die Grenzen von
Geburt und Tod hinaus, was der Mensch bisher nur in engsten
Grenzen kennengelernt hat: das Verantwortlichkeitsgefühl! Da
sehen wir herauswachsen ein gesteigertes Verantwortlichkeitsgefühl. Darin prägt sich aus, was als eine tief bedeutsame moralische Folge auftritt von Ideen, wie es Reinkarnation und Kar-

Telegramm von Wolff und Sachs anlässlich der Unruhen während eines Vortrages in München

ma sind. Der Mensch, der nicht an Reinkarnation und Karma glaubt, kann sagen: Wenn ich durch die Pforte des Todes gegangen bin, werde ich höchstens bestraft oder belohnt für das, was ich hier getan habe; ich erfahre die Folgen dieses Daseins in einer anderen Welt; diese andere Welt steht aber unter dem Regiment irgendwelcher geistiger Mächte, und die werden schon verhindern, dass das, was ich in mir trage, gar zu schädlich werde der Gesamtwelt. – So kann der nicht mehr sagen, der da weiß, dass Reinkarnation und Karma eine erkenntnismäßig sich ergebende Idee ist; denn er weiß, dass die Menschen durch die Wiederverkörperung so sein werden, je nachdem, wie sie in dem vorhergehenden Leben gelebt haben.

KUNST

»Man muss ebenso denken können in Farben,
in Formen, wie man denken kann in Begriffen, in Gedanken.«
Rudolf Steiner[77]

Rudolf Steiner und die Avantgarde

Es sollte für die Kunst »die Epoche des großen Geistigen« werden. Entscheidend für den Schritt in das 20. Jahrhundert war der Wille zur Abkehr von der »alten Vernunft«, an deren Stelle eine neue Bewusstheit treten müsse, resultierend aus der Verbindung kritischer Rationalität mit mystischer Innerlichkeit. Was sich bereits in den letzten Jahrzehnten des 19. Jahrhunderts vielfach angekündigt hatte, kulminierte schließlich in dem »Entschluss« zur Abstraktion. Die Protagonisten des Aufbruchs jener Jahre justierten gleichsam den Globus neu: Das Bild-Werk synthetisierte sich mit dem Welt-Bild, die bildende Kunst mit den anderen Künsten, die Kunst mit der Wissenschaft und die Kunst mit dem Leben. Gefragt war nun der Künstler als »Priester des Schönen« (Kandinsky), der sich an »inneren Werten« orientiert, denn »das ist schön, was innerlich schön ist«.[78] Hier ging es letztlich um das, was die Seele verfeinert und bereichert, ging es um »Sinnenliebkosungen« (Skrjabin), um Vibrationen, denn »jede Vibration bereichert die Seele. Und deshalb endlich kann alles innerlich schön sein, was äußerlich ›hässlich‹ ist. So ist es in der Kunst, so ist es im Leben.«[79] Es ist »die Sehnsucht nach dem unteilbaren Sein, nach Befreiung von den Sinnestäuschungen unseres ephemeren Lebens«[80], die nach dem Willen von Franz Marc

»die Grundstimmung aller Kunst« ausmacht. Und was es mit dieser Grundstimmung auf sich hat, wird gerade durch die kontrastreiche Atmosphäre, die Marc in einem ›Die Wilden Deutschlands‹ überschriebenen Essay und der dort eingeforderten Besinnung auf das Mystische aufbaut, deutlich, wenn es heißt: »Die Mystik erwachte in den Seelen und mit ihr uralte Elemente der Kunst.«[81]

»Wir leben nun einmal in einem Zeitalter, in dem sich alles Alte ausgelebt hat, in dem fast in allen Zweigen des menschlichen Lebens und Daseins neue Keime nötig sind«[82], resümierte damals Rudolf Steiner und fand damit viele Verbündete. Das ewig Gültige, das was über den Augenblick hinausweist und nur durch ein hohes Maß an innerer Konzentration erfahrbar wird, stand wie ein Leitmotiv über allem, was im Milieu der jungen Avantgarde bewegt wurde und auch in der Forderung nach einer Vereinigung von Kunst, Wissenschaft und Religion sowie der Künste untereinander ihren Ausdruck fand. Konnte Guiseppe Mazzini 1835 lediglich auf eine integrative Kraft *hoffen*: »Wir vermissen jemanden, der die Künste miteinander verbindet. An solch einer Person mangelt es, doch sie wird kommen«[83], so war sie für die Künstler der Moderne nicht nur greifbar nahe, sondern bereits ein Stück Wirklichkeit. Die lang ersehnte Zeit »der Wiedervereinigung dieser sämtlichen zerstreuten Künste ist gekommen« und damit die Zeit für »ein richtiges Sehen in höheren Plänen«[84] angebrochen, verkündete Sabanejew 1911 in seinem Essay über Skrjabins ›Prometheus‹ und bediente sich dabei einer schon fast sendungshaften Sprache, die dem prometheischen Lebensgefühl des Auf- und Umbruchs jener Generation zutiefst entsprach.

Die Beschäftigung mit unsichtbaren, okkulten Kräften, in die zunehmend auch das Thema des Unbewussten und Unterbewussten einbezogen wurde, das zusätzlichen Auftrieb erfuhr durch die Arbeiten von Freud und Jung, führten in der Malerei zu ganz unterschiedlichen Ergebnissen, die verschiedentlich auch als psychografische, spiritualistische oder animistische Malerei bezeichnet wurden. Bei Kandinsky und Steiner lässt sich jedoch noch ein weiterer Aspekt im Zusammenhang mit dem Seelenbegriff ausmachen, denn beide gingen deutlich über das hinaus, was sich irgendwie auf das ganz persönlich Seelische eingrenzen lässt: »Mit dem Theosophen Rudolf Steiner, aber auch in Übereinstimmung mit den spätestens seit der Jahrhundertwende populären physikalischen Weltbildern, in denen Masse durch Energie ersetzt und die Dinge in elektrische Ströme und Strahlen aufgelöst werden, sieht Kandinsky die seelischen Vibrationen des Künstlers wie des Betrachters nicht als Ausdruck persönlicher Seelenzustände oder gar momentaner, schnell vergänglicher Stimmungen, sondern als Erscheinungsformen einer vibrierenden Weltenseele, die im Makrokosmos ebenso wie in allen Mikrokosmen pulsiert.«[85] Welche Bedeutung für Kandinsky die Einbeziehung kosmischer Dimensionen hat, geht aus seiner Antwort hervor, die er im Rahmen eines Interviews im Jahre 1937 gab. Damals hatte der Kunsthändler Karl Nierendorf an ihn die Frage gerichtet: »Es wird oft behauptet, die abstrakte Kunst hätte nichts mehr mit der Natur zu tun. Finden Sie das auch?« Worauf Kandinsky antwortete: »Nein! Und nochmals nein! Die abstrakte Malerei verlässt die »Haut« der Natur, aber nicht ihre Gesetze. Erlauben Sie mir das ›große Wort‹: die kosmischen Gesetze. Die Kunst kann nur dann groß sein, wenn sie in direkter Verbindung mit kosmischen Gesetzen steht und sich ihnen unterordnet. Diese Gesetze fühlt man unbewusst, wenn man sich nicht äußerlich der Natur nähert, sondern – innerlich – man muss die Natur nicht nur sehen, sondern erleben können.«[86]

In die gleiche Richtung deuten Steiners Überlegungen, denn für ihn hat Farbe ganz ursächlich etwas mit den kosmischen Kräften zu tun: sie ist die »Seele der Natur und des ganzen Kosmos, und wir nehmen Anteil an dieser Seele, indem wir das Farbige miterleben.«[87] Farben, so Steiner, sind wesenhaft, haben eine eigene Entität, sind Substanz. Substanz ist irdisch und kosmisch zugleich und äußert sich in der Materie und im Geist. Aus dem Zusammenklang beider geht schließlich das hervor, was als ›Schönheit‹ bezeichnet werden kann. »Schönheit«, so Steiner vor Akademikern in Den Haag 1922, »ist der Abdruck des Kosmos […] in einem physischen Erdenwesen.«[88]

Die vielfältigen Zeugnisse in Wort und Bild aus jener Zeit des Aufbruchs machen es deutlich: Im Zentrum der Auseinandersetzungen standen die ganz unterschiedlichen Spielarten einer Annäherung an das Unsichtbare. Und in diesem Vorgang waren sich so extreme Positionen wie die der Naturwissenschaften und die der Kunst bisweilen sehr nah. 1895 führten die Forschungen von Röntgen zur Entdeckung der nach ihm benannten Strahlen, die es ermöglichten, durch die Oberflächenerscheinungen hindurch die inneren Strukturen von Dingen und sogar dem menschlichen Körper zu sehen. Durch den Nachweis elektromagnetischer Wellen durch Hertz (1888) sowie die Erfindung der drahtlosen Telegraphie (1900) entstand eine ganz neue Vorstellung vom Raum, die mit der Entdeckung der Radioaktivität neu in Bewegung geriet und »den verblüffenden Gedanken ermöglichte, dass Materie Partikel emittieren und sich in den sie umgebenden Raum entmaterialisieren könnte«.[89] An all dem konnten auch die Künstler nicht vorbeisehen. So stellte Umberto Boccioni in dem auch von Balla, Carrà, Russolo und Severini unterzeichneten ›Technischen Manifest der Futuristischen Malerei‹ vom 11. April 1910 die Frage: »Wer kann noch an die Undurchsichtigkeit der Körper glauben, wenn uns unsere verschärfte und vervielfältigte Sensibilität die dunklen Offenbarungen mediumistischer Phänomene erahnen lässt? Warum sollen wir weiterhin schaffen, ohne unserer visuellen Kraft Rechnung zu tragen, die Röntgenstrahlen vergleichbare Ergebnisse erzielt?«[90] Aus all dem zog er für sich den Schluss: »Nicht das Sichtbare muss gemalt werden, sondern das, was bislang als unsichtbar galt, das nämlich, was der hellsichtige Maler sieht.«[91] Nach Steiner jedoch hat es die Kunst gar nicht nötig, »bloß Sinnliches oder Übersinnliches nachzubilden«, denn dadurch würde »sie nach zwei Seiten abirren«. Vielmehr ist die Kunst dazu da, zu gestalten »was sinnlich im Übersinnlichen, übersinnlich im Sinnlichen ist«.[92]

Zweifellos gab es Momente, in denen so mancher Künstler dazu neigte, sich im Dickicht des damaligen Spiritismus und mediokren okkultistischen Geraune zu verlieren. Doch zeigt sich aus heutiger Sicht sehr deutlich, dass die Vision einer Vereinigung von Kunst und Wissenschaft nicht nur eine Leerformel blieb, sondern Anfang des letzten Jahrhunderts immer wieder den Weg in die Denkerstuben und Ateliers der Künstler fand. Eine Ausnahme innerhalb des reichhaltigen Vorrates an Spekulativem war die ›Theosophie‹, zunächst in der den Geist des ausgehenden 19. Jahrhunderts widerspiegelnden Darstellungsform durch Blavatsky, Besant und Leadbeater, dann aber zunehmend in der Form, wie sie von Rudolf Steiner in zahlreichen Schriften, namentlich in seinem zentralen Werk ›Theosophie. Einführung in übersinnliche Welterkenntnis und Menschenbestimmung‹ (1904), sowie in zahlreichen Aufsätzen und Vorträgen vertreten wurde. Entsprechend formulierte Hubertus Gassner: »Die Theosophie ihrerseits verstand sich ebenso wie der russische Symbolismus ja durchaus nicht als wissenschaftsfeindlicher Okkultismus, sondern als Wissenschaft vom ›Geist‹ oder theosophisch gesprochen als ›Geisteswissenschaft‹.«[93] Auch Kandinsky ist diese Differenzierung ganz offensichtlich bewusst gewesen, als er schrieb: »Diese Gesellschaft besteht aus Logen, die auf dem Weg der inneren Erkenntnis sich den Problemen des Geistes zu nähern versuchen. Ihre Methoden, die einen vollen Gegensatz zu den positiven bilden, sind im Ausgangspunkte dem schon Dagewesenen entliehen und werden wieder in eine verhältnismäßig präzise Form gebracht.« Und in der an dieser Stelle eingefügten Anmerkung heißt es: »Siehe z. B. Dr. Steiners ›Theosophie‹ und seine Artikel in ›Lucifer-Gnosis‹ über Erkenntnispfade.«[94] Wenn auch Kandinsky dort die »Neigung der Theosophen zur Schaffung einer Theorie, und die etwas voreilige Freude, bald Antwort auf die Stelle des ewigen immensen Fragezeichens stellen zu können« nicht teilen konnte, so schätze er dennoch die Theosophie als eine geistige Bewegung, »welche in der geistigen Atmosphäre ein starkes Agens ist«.[95]

Dass sich Kandinsky nachweislich eine Zeit lang mit dem Schriftgut der Theosophen, insbesondere mit den farbig bebilderten ›Gedankenformen‹ von Besant und Leadbeater, in deutscher Sprache 1908 erschienen, und dann auch mit esoterischen Texten Steiners befasst hat, ist den Forschungen von Sixten Ringbom zu verdanken. Mit der ihm eigenen Akribie hat er über zehn Seiten sich hinziehende Notizbucheintragungen Kandinskys entschlüsselt, die ganz offenkundig Bezug nehmen auf verschiedene, in der Zeitschrift ›Lucifer-Gnosis‹ erschienene Aufsätze Steiners. Aufschlussreich ist dabei die folgende Bemerkung von Ringbom: »Im Hinblick auf die künstlerische Praxis und die bildnerischen Anwendungen Kandinskys sind die Schilderungen der imaginativen Welt S. 2 und die tabellarische Bearbeitung von Steiners Lehre von den auralen Farben S. 10 besonders relevant. Die Bedeutung dieser Vorstellungen für das Auftreten von bunten Wolken und freischwebenden Farbgestalten in den Bildern Kandinskys um 1910–12 wird beim Vergleich mit dem Originaltext noch deutlicher.«[96]

Kandinsky, so erinnert sich Maria Strakosch-Giesler, eine ehemalige ›Phalanx‹-Schülerin, an jene Zeiten, hat nicht nur sehr aufmerksam einige von Steiners Schriften studiert, sondern auch offensichtlich einige seiner Vorträge gehört: »Gemeinsam besuchten wir Vorträge Rudolf Steiners […] und saßen hinterher noch lange in angeregten Gesprächen zusammen. Bei dieser Gelegenheit erwies sich Kandinsky als ein Geistsucher, der auch in den modernen geistigen Strömungen gut Bescheid wusste.«[97] Zu einem Erlebnis besonderer Art wurde für Kandinsky Steiners Vortrag vom 26. März 1908, der mit einer Passage aus dem zweiten Teil von Goethes ›Faust‹ ausklang: »So bleibe denn die Sonne mir im Rücken. […] Am farbigen Abglanz haben wir das Leben.« Inspiriert von einzelnen Motiven aus dem ›Faust‹, insbesondere aber von Steiners Ausführungen in Anlehnung an Goethes Farbenlehre, wonach das Licht nicht nur aus materiellen Schwingungen, nicht nur aus sieben Grundfarben besteht, sondern hinter dem, was unser irdisches Licht ist, das von der Sonne herunterströmende *Leben* liegt, malte Kandinsky wenig später die Ariel-Szene: Faust im Magiermantel mit sieben Knöpfen. Neben ihm Ariel, der sich einem der sylphischen Wesen zuneigt, die ihn in seinem Schlaf umgeben haben. Im Hintergrund ein Regenbogen, gleichsam ein Abglanz der Sonne, »von der Lebensströme ausgehen, so mächtig, dass wir sie nicht aushalten könnten, wenn sie nicht paralysiert würden durch die Mondenkräfte«.[98] Später wird Kandinsky in seiner *Komposition IV* »eine Art Programmbild der theosophischen Erkenntnisgewinnung höherer Welten« malen, so Hubertus Gassner in seinem Essay ›Abstraktion als Erlösung – Kandinsky und die Theosophie‹.[99]

Ein Jahr später, in München, fand sich auch Jawlensky unter den Zuhörern Rudolf Steiners. In welchem Ausmaß seine Ausführungen, in denen erstmals auch vom Mysterium der Wiederkunft Christi im Ätherischen die Rede war, in Jawlensky, der damals mystischen Themen sehr zugeneigt und mit dem französischen Okkultisten Edouard Schuré in Kontakt war, nachgewirkt und seine Kunst beeinflusst haben, ist nicht unmittelbar belegbar. Allerdings schien es dem Jawlensky-Forscher Clemens Weiler[100] unerlässlich, verschiedene Schriften und Vorträge Steiners immer wieder heranzuziehen, um Jawlenskys Bild-Sprache in eine Begriffs-Sprache zu transformieren. Neben Clemens Weiler wusste auch der Maler Alo Altripp zu berichten, dass bei aller Verehrung für Rudolf Steiner Jawlensky einige Verständnisprobleme gehabt hatte. Bei Steiners Abreise aus München kam es auf dem Münchner Hauptbahnhof offensichtlich noch zu einer kurzen Unterredung, in deren Verlauf Jawlensky versuchte, seine Schwierigkeiten dem Redner zu verdeutlichen: »Sie sind ja Maler«, soll Steiner geantwortet haben, so als wolle er ihn, den Künstler, entlasten, indem er ihn auf den Weg der Malerei verwies.

München war auch in späteren Jahren immer wieder der Ort, an dem Rudolf Steiner über die verschiedensten geistigen Aspekte der Kunst gesprochen hat[101], wohl am prägnantesten in den von Alexander von Bernus veranstalteten Vorträgen, die in dem von ihm begründeten Kunsthaus ›Das Reich‹ stattfanden. Gleichzeitig mit Steiners im Mai 1918 gehaltenen Vorträgen wurden dort in einer Ausstellung Werke von Kandinsky, Paul Klee, Franz Marc, Alfred Kubin u. a. gezeigt. Der Zulauf und das Echo, das diese Vorträge fanden, hatte sogar dazu geführt, dass sie noch ein zweites Mal gehalten werden mussten und auch dann nicht alle Interessenten Einlass fanden. Angesichts der damaligen Tendenz, Okkultes und

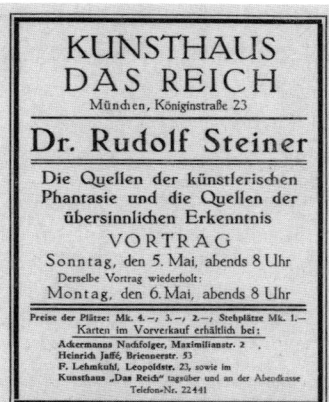

Programm von Vorträgen in München

Kunst bisweilen allzu *mystelnd* miteinander zu vermengen, versuchte Steiner, die Grenzen und das Verbindende von okkultem Sehen und künstlerischem Schaffen immer wieder aus einem anderen Blickwinkel heraus neu zu beschreiben, so in seinem Vortrag vom 5. Mai 1918: »Kunst soll das ausdrücken, was der Künstler in sein Gestalten hineinzulegen nur dadurch imstande ist, dass seine Seele es im Zusammenhang mit der Welt erlebt, dass sein Leib ein mikrokosmisches Abbild ist des ganzen Makrokosmos. Soll das zum Bewusstsein gebracht werden, so kann das nur durch das Sehertum geschehen. [...] Was im künstlerischen Schaffen lebt, bringt das Sehertum zum Bewusstsein, nur darf eben gerade der Künstler vor dem Sehertum nicht die Furcht haben, die so viele haben. Die beiden Gebiete können in der menschlichen Persönlichkeit nebeneinander getrennt leben.«[102]

Die Wirkungen auf die Zuhörer oder gar die direkte Einflussnahme auf das weitere Kunstschaffen der anwesenden Künstler blieb gleichermaßen okkult. Allerdings, als in Künstlerkreisen, insbesondere in den osteuropäischen Ländern, bekannt wurde, dass Rudolf Steiner beabsichtige, in Dornach bei Basel ein »Haus des Wortes« zu errichten, da waren viele zur Stelle: die Kandinsky-Schülerin Maria Strakosch-Giesler, die bei Ilja Rjepin ausgebildete Malerin Margarita Woloschin, der durch seinen Roman ›Petersburg‹ bekannt gewordene Vertreter des russischen Symbolismus, Andrej Belyj, und seine spätere Frau, die Grafikerin Assja Turgenieff.

Einen großen Bekanntheitsgrad hatte Rudolf Steiner auch in Holland. Dort versuchten die Malerin Jacoba van Heemskerck und der mit ihre befreundete Piet Mondrian die geisteswissenschaftlichen Chiffren Steinerscher Vorträge anhand der sich schnell verbreitenden Manuskriptdrucke zu entziffern. Am 25. Februar 1921[103] wandte sich Mondrian brieflich an Steiner mit der Bitte, seine Schrift ›Le Neo-Plasticisme‹, die er beigefügt hatte, zu lesen, und fügte gegen Ende seines Briefes die Feststellung hinzu: »Neo-Plastizismus scheint mir die Kunst der nahen Zukunft für alle wahren Anthroposophen und Theosophen zu sein.« Eine unmittelbare Antwort Steiners ist offensichtlich nicht erfolgt. Möglicherweise aber war der Brief Anlass dafür, dass Steiner in seinem in Den Haag am 9. April 1922 gehaltenen Vortrag *in dieser Form* erstmals seine plastische Theorie entwickelt. Ausgehend vom euklidischen Raum, der mit seinen drei Dimensionen eine Entsprechung des menschlichen physischen Organismus ist, schildert Steiner dort, dass sich über diesem dreidimensionalen Raum ein weiterer Raum befindet, der so geartet ist, »wie wenn Kräfte in Flächen sich von allen Seiten des Weltenalls der Erde näherten und von außen her plastisch wirkten an den Gebilden, welche auf der Erdoberfläche sind«.[104] So konzentriert sich der Plastiker, folgert Steiner weiter, nicht nur auf die Dreidimensionalität bzw. die Anatomie seines abzubildenden Objektes, sondern er bezieht seine plastisch-gestalterischen Kräfte aus dem peripheren kosmisch-ätherischen Raum.[105]

Die Verbindungslinien zwischen den Künstlern der frühen Moderne und Rudolf Steiners Gedankenkosmos sind bisher am deutlichsten zur Darstellung gekommen in der von Veit Loers konzipierten Ausstellung ›Okkultismus und Avantgarde‹, die vom 3. Juni – 20. August 1995 in der Schirn Kunsthalle in Frankfurt zu sehen war.[106] Neben der schwedischen Malerin Hilma af Klint waren es dort vor allem italienische Künstler wie Giacomo Balla, Umberto Boccioni und Arnaldo Ginna, deren Bezug zu theosophischen bzw. anthroposophischen Inhalten in Bild und Wort in Erscheinung trat. Wesentliche Hinweise findet man auch im Katalog zur Ausstellung ›Johannes Itten – Wassily Kandinsky – Paul Klee. Das Bauhaus und die Esoterik‹, die 2006 im Gustav-Lübcke-Museum in Hamm zu sehen war, sowie im Katalog zu einer Ausstellung im Centre Pompidou im Sommer 2008 ›Traces du Sacré‹.[107]

Kunst und Leben

Über den Ursprung der Kunst ist schon viel nachgedacht worden. Auch Steiner hat sich damit eingehend befasst und ist dabei auf zwei Quellen gestoßen, über die er in München im ›Kunsthaus Das Reich‹ am 15. Februar 1918 sprach:

Nun scheint mir, dass man der Kunst psychologisch deshalb so schwer nahekommt, weil man nicht recht wagt, so tief in die menschliche Seele hinunterzusteigen als notwendig ist, um dasjenige zu fassen, was eigentlich das künstlerische Bedürfnis hervorruft. Vielleicht ist überhaupt auch erst unsere Zeit geeignet, über dieses künstlerische Bedürfnis etwas deutlicher zu sprechen. Denn wie man auch denken mag über mancherlei künstlerische Richtungen der allerjüngsten Vergangenheit und der Gegenwart, über Impressionismus, über Expressionismus und so weiter, über die zu reden manchmal ja einem recht unkünstlerischen Bedürfnis entspringt, eines ist nicht abzuleugnen: dass durch das Aufkommen dieser Richtungen das künstlerische Empfinden, das künstlerische Leben, aus gewissen Seelentiefen, die sehr weit im Unterbewussten liegen und die früher aus diesem Unterbewussten nicht heraufgeholt worden sind, nun mehr an die Oberfläche des Bewusstseins heraufgebracht worden sind. Ganz notwendigerweise hat man heute mehr Interesse für die künstlerischen und die Kunst genießenden menschlichen Seelenprozesse durch alles das, was über solche Dinge wie Impressionismus und Expressionismus geredet worden ist, als das in früheren Zeiten der Fall war, wo die ästhetischen Begriffe der gelehrten Herren sehr weit ab gestanden haben von dem, was in der Kunst eigentlich gelebt hat.

In der letzten Zeit haben sich bei dem Kunstbetrachten Begriffe eingefunden, Vorstellungen eingefunden, welche in gewisser Beziehung sehr nahe stehen dem, was die gegenwärtige Kunst schafft, wenigstens im Vergleich zu früheren Zeiten. Das Leben der Seele ist ja eigentlich unendlich viel tiefer, als man gewöhnlich voraussetzt. Und dass der Mensch eine Summe von Erlebnissen in den Tiefen seiner Seele im Unterbewussten und Unbewussten hat, von denen man im gewöhnlichen Leben wenig spricht, das ahnen ja sehr wenige Menschen. Aber man muss etwas tiefer in dieses Seelenleben hinuntersteigen, um es gerade da zu finden, wo die Stimmung zwischen den angedeuteten

Grenzen zu suchen ist. Es pendelt gewissermaßen unser Seelenleben zwischen den verschiedensten Zuständen, die alle mehr oder weniger – nichts, was ich heute sage, ist pedantisch gemeint – zwei Arten darstellen: Einmal ist in den Tiefen der Menschenseele etwas, was wie freisteigend aus dieser Seele herauf will, was manchmal recht unbewusst, aber doch diese Seele quält, und was, wenn diese Seele zu der angedeuteten Stimmung hin besonders organisiert ist, sich fortwährend nach dem Bewusstsein herauf entladen will, aber nicht sich entladen kann, auch bei gesunder Verfassung des Menschen nicht entladen soll – als Vision.

Unser Seelenleben strebt eigentlich, wenn die Veranlassung zu der Seelenstimmung da ist, viel mehr als man glaubt, fortwährend dahin, sich umzugestalten im Sinne der Vision. Das gesunde Seelenleben besteht nun darin, dass dieses »Wollen der Vision« beim Streben bleibt, dass die Vision nicht heraufkommt. Dieses Streben nach der Vision, das im Grunde genommen in der Seele aller Menschen ist, kann befriedigt werden, wenn wir das, was entstehen will, aber in der gesunden Seele nicht entstehen soll – die krankhafte Vision –, der Seele entgegenhalten in einem äußeren Eindruck, in einer äußeren Gestaltung, in einem äußeren Bildwerk oder dergleichen. Und es kann dann das äußere Bildwerk, die äußere Gestaltung dasjenige sein, was eintritt, um in gesunder Weise im Untergrunde der Seele zu lassen, was eigentlich Vision sein will. Wir bieten gewissermaßen der Seele von außen den Inhalt der Vision. Und wir bieten ihr nur dann ein wirklich Künstlerisches, wenn wir imstande sind, aus berechtigten visionären Strebungen heraus zu erraten, welche Gestaltung, welchen Bildeindruck wir der Seele bieten müssen, damit ihr Drang nach dem Visionären ausgeglichen ist […]

Der andere Ursprung liegt darin, dass innerhalb der Natur selbst Geheimnisse verzaubert sind, die nur gefunden werden können, wenn man sich darauf einlässt, nicht wissenschaftlich vorauszusetzen – das braucht man dabei nicht –, aber zu empfinden, welches die tieferen Geheimnisse der sich um uns ausbreitenden Natur eigentlich sind.[108]

Beide Ausgangspunkte entsprechen tiefen Bedürfnissen der menschlichen Seele:

Befriedigung zu schaffen für das, was eigentlich Vision werden will, aber in der gesunden Menschennatur nicht Vision werden darf, das wird immer mehr oder weniger zur expressionistischen Kunstform werden, wenn man auch auf das Schlagwort nicht viel zu geben braucht. Und dasjenige, was geschaffen werden soll, um wiederum das zusammenzufassen, was man in seine sinnlich-übersinnlichen Bestandteile in irgendwelcher Form aufgelöst hat, oder aus dem man das unmittelbar sinnliche Leben ertötet hat, um selbst ihm einzuhauchen übersinnliches Leben, wird zur impressionistischen Kunstform führen. Diese beiden Bedürfnisse der menschlichen Seele sind immer die Quelle der Kunst gewesen, nur dass durch die allgemeine Menschheitsentwicklung in der unmittelbaren Vergangenheit, ich möchte sagen, das erste expressionistisch, das zweite impressionistisch verfolgt wird. Es wird sich wahrscheinlich, der Zukunft zueilend, in ganz besonderem Maße ausgestalten. Man wird für die Zukunft künstlerisch dann empfinden, wenn man immer mehr und mehr nicht das Verstandesbewusstsein, aber das Empfinden erweitert, namentlich intensiv nach diesen zwei Richtungen hin erweitert.[109]

In Steiners weiteren Überlegungen über Kunst und Ästhetik und unter Berücksichtigung seines eigenen künstlerischen Tuns wird man aber noch ein weiteres Thema entdecken, das für ihn höchste Priorität hatte: der Zusammenhang der Kunst mit dem Leben. Die Kunst, so Steiner, setzt sich zu wenig damit auseinander, was sich als Bedürfnis des Menschen und der Menschheit artikulieren will. Damit hat sie gesamtgesellschaftlich gesehen eine desintegrierende Funktion eingenommen, begibt sich somit in eine Isolierung hinein und wirkt ›klassenbildend‹, indem sie Luxus geworden ist. Und immer wieder weist er nachdrücklich darauf hin, dass durch die neuere Entwicklung der Künste eine Polarisierung von Geist und Materie, von Theorie und Praxis, von Abstraktion und Einsicht stattfindet, deren spätere Auswirkungen sich in schwerwiegenden Folgen für die Entwicklung der Menschen und der Menschheit äußern werden.

Ähnliche Phänomene beschreibt bereits Hegel in der Einleitung zu seiner ›Ästhetik‹: »Auf allen Fall erscheint nach solcher Ansicht die Kunst als ein Überfluss [...]. Die eigentümliche Art der Kunstproduktion und ihrer Werke füllt unser höchstes Bedürfnis nicht mehr aus; wir sind darüber hinaus, Werke der Kunst göttlich zu verehren und sie anbeten zu können, der Eindruck, den sie machen, ist besonderer Art, und was durch sie in uns erregt wird, bedarf noch eines höheren Prüfsteins und anderwärtiger Bewährung [...] Wie es sich nun auch immer hiermit verhalten mag, so ist es einmal der Fall, dass die Kunst nicht mehr diejenige Befriedigung der geistigen Bedürfnisse gewährt, welche frühere Zeiten und Völker in ihr gesucht und nur in ihr gefunden haben.«[110]

Dass sich unter dem Einfluss modernster Kunstströmungen in den vergangenen Jahrzehnten das Begriffs- und Wertsystem fundamental gewandelt hat, zeigt mit aller Deutlichkeit der amerikani-

als herzliche Zueignung
von Dr Rudolf Steiner

Zeichnung von Emil Orlik, 1916

sche Soziologe Daniel Bell in seiner Studie ›Die Zukunft der westlichen Welt‹ auf. »Kulturmasse« nennt er jene breite Schicht der In-
telligenz in der Wissens- und Kommunikationsindustrie, die neue
Wertsetzungen bis hin zur Proklamation der »Anti-Kunst« schafft.
Im selben Kontext zitiert Daniel Bell u. a. auch aus den Schriften
des Dichters Octavio Paz, der angesichts der Kunst der Gegenwart
zu folgender Schlussfolgerung gelangt: »Heute [...] verliert die
moderne Kunst allmählich ihre Negationskraft. Schon seit einigen
Jahren sind ihre Ablehnungen ritualisierte Wiederholungen geworden: die Rebellion ist in eine Verfahrensfrage umgeschlagen, die
Kritik in Rhetorik, das Übertreten von Gesetzen ins Zeremoniell.
Die Negation hat nichts Schöpferisches mehr. Damit sage ich nicht,

dass wir das Ende der Kunst erleben, wir erleben vielmehr das Ende der Idee der modernen Kunst.«[111]

Kunst und Leben in einen Einklang zu bringen war für Steiner nicht eine Leerformel, sondern ein Projekt, das es zu entwickeln galt, denn indem das Künstlerische als Ausdruck innerster Seelenregungen – Drang zum Visionären und die Auseinandersetzung mit den Geheimnissen der Natur – unterdrückt wird, bedeutet dies einen Mangel, der letztlich eine Schwächung auch der Sozialfähigkeit der Menschen zur Folge hat. In seinem Züricher Vortrag vom 28. Oktober 1919 sagt Rudolf Steiner hier: »Und ist es nicht begreiflich, dass dann diejenigen Menschen, die ganz in Anspruch genommen werden vom Morgen bis zum Abend durch die unmittelbare Lebenssorge, die auch keine Bildung erringen können, die sich hinaufringt zum Verständnis dieser Kunst, das selber erst ein Künstlerisches sein muss, dass diese Menschen sich durch eine Kluft geschieden fühlen von dieser Kunst? Und wenn man es auch nicht auszusprechen wagt heute, weil man es philiströs empfindet, im sozialen Leben prägt es sich aus: dass weite Kreise hinschauen zu dieser Kunst und sie unbewusst empfinden als einen Luxus des Lebens, als etwas, das nicht dazugehört zu jedem Menschenleben, das aber in Wirklichkeit dazugehört zu jedem menschenwürdigen Dasein, weil es jedes menschenwürdige Dasein erst zu seinem vollen Inhalte bringt [...] Und sehen wir nicht, wie auf der anderen Seite die Kunst den Zusammenhang mit dem Leben verloren hat? Auch da sind wiederum sehr löbliche Bestrebungen aufgetaucht in den letzten Jahrzehnten, aber durchaus nicht durchgreifend. Da sind Bestrebungen aufgetaucht auf dem Gebiete des Kunstgewerbes. Diese Bestrebungen haben gesehen, wie unsere alltägliche Umgebung kunstlos geworden ist. Die Kunst hat ihren scheinbaren Fortschritt genommen. Alles, was uns an Häusern umgibt, worauf wir täglich stoßen für unsere Gebrauchsgegenstände, das ist so kunstlos als möglich geworden. Das praktische Leben konnte nicht heraufgehoben werden zur künstlerischen Form, weil die Kunst sich selber vom Leben getrennt hatte.«[112]

Wie eng seine Auffassung vom Künstlerischen mit den brennenden sozialen Fragen jener Zeit korrespondiert, wird in Rudolf Steiners ›Volkspädagogischen Vorträgen‹ aus dem Jahre 1919 deutlich. Versuchten die verschiedensten politischen Strömungen nach Beendigung des Ersten Weltkrieges mittels politischer Programme und Parolen, die eher dazu angetan waren, die klassenkämpferische Situation zu verstärken denn zu beenden, eine soziale Wende herbeizuführen, so ging es Rudolf Steiner darum, das im Menschen verborgene kreative Potenzial herauszufordern. Dabei stand ihm mit aller Deutlichkeit vor Augen, dass mit einer Fortführung der bisherigen, auf den Einheitsstaat ausgerichteten Politik keine in die Zukunft gerichtete menschengemäße soziale Struktur herbeigeführt werden kann. Eine solche, so Steiner, wird nur möglich werden durch eine Gliederung des sozialen Ganzen in ein unabhängiges, also freies geistig-kulturelles Leben und in ein demokratischen Regeln folgendes selbstständiges Rechtsleben sowie ein sich an den Bedürfnissen der Menschen orientierendes, assoziativ gestaltetes Wirtschaftsleben. Gelingt es, ein freies Geistes- und Kulturleben zu schaffen, dann wird auch das Künstlerische zu einer sozial gestaltenden Kraft werden: »Nur auf dem Boden eines sich selbst verwaltenden Geisteslebens kann zum Beispiel auch wirkliche Kunst gedeihen. Und wirkliche Kunst ist Volkssache; wirkliche Kunst ist im eminentesten Sinne etwas Soziales. Derjenige, der den griechischen, den romanischen, den gotischen Baustil studiert in dem Sinne, wie das heute oftmals geschieht, der weiß über das, was in Betracht kommt, im Grunde genommen noch recht wenig. Erst derjenige kennt, was im griechischen, im romanischen, im gotischen Baustil liegt, welcher weiß, wie die ganze soziale Struktur der Zeit, als diese Stile herrschten, in Formen, in Linienführung, in Abbildlichkeit innerhalb dieser Stile zu sehen war, wie die Kunst fortschwang in den menschlichen Seelen. Was der Mensch im Alltag tat, bis in die Fingerbewegung hinein, war ein Fortschwingen desjenigen, was er sah, wenn er diese Dinge betrachtete, die ihm die Möglichkeit boten, die wirkliche reale Wesenheit, sagen wir, eines Baustils in sich aufzunehmen. Man bedarf heute der Einsetzung der Ehe zwischen Kunst und Leben, die aber nur auf dem Boden eines freien Geisteslebens gedeihen kann. […] Die Gedanken, die sozial wirken sollen, können nicht sozial wirken, wenn nicht, während diese Gedanken sich formen, in einer Nebenströmung des geistigen Lebens in die Seele dasjenige einzieht, was aus einer wirklich lebensgemäßen Umgebung herkommt. Dazu bedarf es auch, sagen wir, für das Künstlertum eines ganz anderen Lebensganges, als ihm heute gegönnt ist während des Heranwachsens.«[113]

Worin er die zukünftige Aufgabe des Künstlerischen sieht, beschreibt er gegen Ende des bereits genannten Züricher Vortrages mit den Worten: »Aus vielleicht Ihnen leicht begreiflichen Gründen konnten wir noch nicht den Stil eines modernen Bankgebäudes oder den Stil eines modernen Warenhauses finden. Aber auch diese Dinge müssen gefunden werden. Gefunden werden muss vor allen Dingen gerade auf diesem Wege der Zusammenhang mit einer künstlerischen Formung des unmittelbar praktischen Lebens […] Dann erst werden weite Kreise das geistige Leben als notwendig empfinden, wenn dieses geistige Leben so mit dem Leben der Praxis in einer unmittelbaren Verbindung steht.«[114]

Eine wesentliche Voraussetzung für die Gestaltung sozialer Prozesse ist die Art, in der sich die Menschen gegenübertreten. »Dadurch, dass der Mensch Kunstverständnis sich erringt, wird er auch dem Menschen selbst, seinem Nebenmenschen, seinem Mitmenschen in einer ganz anderen Weise gegenüberstehen, als wenn ihm dieses Kunstverständnis fehlt. Denn, was ist das Wesentliche im Weltverständnis? Dass wir die abstrakten Begriffe im rechten Moment verlassen können, um Einsicht, Verständnis für die Welt gewinnen zu können.«[115]

Wie man durch eine klare Begriffsbildung und die Schulung kreativer, imaginativer Kräfte über den Bereich des Sinnlichen hinaus in Bereiche des Übersinnlichen gelangen kann, stellt Rudolf Steiner ausführlich in seinen erkenntnistheoretischen Schriften und Abhandlungen sowie Vorträgen über den anthroposophischen Schulungsweg dar. In welcher Weise nun die Brücke vom Sinnlichen zum Übersinnlichen geschlagen werden kann, schildert er in dem bereits mehrfach angeführten Vortrag in München vom 15. Februar 1918 mit den Worten:[116]

Ich glaube durchaus, dass der künstlerische Prozess in vieler Beziehung etwas tief, tief im Unterbewussten Liegendes ist, dass aber doch unter gewissen Umständen es bedeutungsvoll für das Leben sein kann, so starke, so intensive Vorstellungen vom künstlerischen Prozess zu haben, dass diese starken, intensiven Vorstellungen etwas in der Seele bewirken, was schwache Vorstellungen niemals bewirken, nämlich wirklich in die Empfindung übergehen zu können. Wenn diese beiden Quellen der Kunst empfindungsgemäß sich in der menschlichen Seele geltend machen, dann wird man allerdings sehen, wie gesund es empfunden war, als Goethe für einen gewissen Lebensaugenblick – solche Dinge sind ja immer einseitig – das reine, echt Künstlerische in der Musik empfand, indem er sagte: Die Musik stellt deshalb ein Höchstes in der Kunst dar – wie gesagt, es ist dies einseitig, denn jede Kunst kann zu dieser Höhe kommen, aber man charakterisiert ja immer einseitig, wenn man charakterisiert –, die Musik stellt deshalb ein Höchstes dar, weil sie ganz außerstande ist, irgendetwas aus der Natur nachzuahmen, sondern in ihrem eigenen Element Gehalt und Form ist. So wird aber jede Kunst in ihrem ureigenen Element Gehalt und Form, wenn sie nicht durch Erdenken, nicht durch Ausklügeln, sondern durch Entdecken des Sinnlich-Übersinnlichen in der heute angedeuteten Weise der Natur ihre Geheimnisse entringt. Ich glaube, dass es allerdings oftmals in der Seele selbst ein recht geheimnisvoller Prozess ist, wenn man aufmerksam wird auf dieses Sinnlich-Übersinnliche in der Natur. Goethe selbst hat ja diesen Ausdruck »Sinnlich-Übersinnliches« geprägt. Und trotzdem er dieses Sinnlich-Übersinnliche ein offenbares Geheimnis nennt, so kann es nur gefunden werden, wenn die unterbewussten Seelenkräfte sich ganz in die Natur versenken können.

Das Visionäre entsteht in der Seele gewissermaßen dadurch, dass sich das Übersinnlich-Erlebte entladen will: Es steigt aus der Seele auf. Dasjenige, was äußerlich als das Geistige, äußerlich als das Übersinnliche erlebt werden kann, das erlebt derjenige, der geistig überhaupt erleben kann, nicht durch die Vision, die in der Geisteswissenschaft dann geläutert und gereinigt wird zur Imagination, sondern das erlebt derjenige, der geistig erleben kann, durch die Intuition. Durch die Vision setzt man das Innere bis zu einem gewissen Grade heraus, sodass das Innere ein Äußeres in uns selber wird, in der Intuition geht man aus sich selbst heraus: Man steigt hinunter in die Welt. Aber dieses Hinuntersteigen bleibt ein Unwirkliches, wenn man nicht in der Lage ist, das, was die Natur verzaubert hält, was sie immer durch ein höheres Leben überwinden will, zu entzaubern. Stellt man sich dann in dieses entzauberte Natürliche hinein, dann lebt man in Intuitionen. Diese Intuitionen, sofern sie in der Kunst sich geltend machen, hängen allerdings mit intimen Erlebnissen zusammen, die die Seele haben kann, wenn sie außer sich eins wird mit den Dingen. Deshalb durfte Goethe von seiner in hohem Grade eigentlich impressionistischen Kunst zu einem Freunde sagen: »Ich will Ihnen etwas sagen, was Sie aufklären kann über das Verhältnis der Menschen zu dem, was ich geschaffen habe. Meine Sachen können nicht populär werden. Nur diejenigen, die ein Ähnliches erlebt haben, die durch einen gleichen Fall durchgegangen sind, werden in Wirklichkeit immer erst meine Sachen verstehen.« Goethe hatte schon dieses Kunstempfinden. Insbesondere in dem noch wenig verstandenen zweiten Teil des ›Faust‹ kommt es dichterisch ganz zum Vorschein. Goethe hatte schon dieses Kunstempfinden, das Sinnlich-Übersinnliche dadurch aufzusuchen, dass der Teil der Natur erkannt wird als das, was über sich hinaus ein Ganzes werden will, was in Metamorphose wieder ein anderes ist und mit dem anderen dann in ein Naturprodukt zusammengefasst, aber durch ein höheres Leben ertötet wird. Wir geraten, wenn wir in solcher Weise in die Natur eindringen, in viel höherem Sinne in eine wahre Wirklichkeit hinein, als das gewöhnliche Bewusstsein glaubt. In was man da hineingerät, liefert aber den größten Beweis dafür, dass die Kunst nicht nötig hat, bloß Sinnliches nachzubilden oder Übersinnliches, bloß Geistiges zum Ausdruck zu bringen, wodurch sie nach zwei Seiten hin abirren würde, sondern dass die Kunst gestalten kann, ausdrücken kann, was sinnlich im Übersinnlichen, übersinnlich im Sinnlichen ist.

Kunst und Wissenschaft

Das Verhältnis von Kunst und Wissenschaft, insbesondere jene Nahtstellen, wo sich die beiden Gebiete berühren oder gegenseitig beeinflussen, aber auch die scheinbar unüberwindbaren Widersprüche zwischen ihnen, ja das gesamte Spektrum des in der Kulturgeschichte immer wieder nicht ohne Pathos und Dramatik erzeugten Spannungsfeldes zwischen Kunst und Wissenschaft, haben Steiner schon in seiner Wiener Studienzeit (1879–1883) beschäftigt, vor allem im Zusammenhang mit seinen Goethestudien, die er in den neunziger Jahren mit der Herausgabe von Goethes Naturwissenschaftlichen Schriften in der Weimarer ›Sophienausgabe‹ krönte. Ein erstes deutliches Zeichen setzte er im Jahre 1886, als er sein Erstlingswerk ›Grundlinien einer Erkenntnistheorie der Goetheschen Weltanschauung‹ mit einer Abhandlung über ›Erkennen und künstlerisches Schaffen‹ beendete. »Sowohl die erkennende wie die künstlerische Tätigkeit«, heißt es dort, »beruhen darauf, dass der Mensch von der Wirklichkeit als Produkt sich zu ihr als Produzenten erhebt; dass er von dem Geschaffenen zum Schaffen, von der Zufälligkeit zur Notwendigkeit aufsteigt.«[117] Im Folgenden werden das Trennende und Verbindende von Idee und Stoff, von Ewigem und Vergänglichem, von Subjekt und Objekt, von Sinnlichkeit und Geist thematisiert und schließlich mit folgendem Resümee zu einem ersten Abschluss gebracht: »Überwindung der Sinnlichkeit durch den Geist ist das Ziel von Kunst und Wissenschaft. Diese überwindet die Sinnlichkeit, indem sie sie ganz in Geist auflöst; jene, indem sie ihr den Geist einpflanzt. Die Wissenschaft blickt *durch* die Sinnlichkeit auf die *Idee*, die Kunst erblickt die Idee *in* der Sinnlichkeit.«[118]

Entgegen der damals weit verbreiteten Auffassung über Ästhetik, wonach das Schöne die Idee in Form der sinnlichen Erscheinung sei, fordert Steiner eine völlige Umkehr dieses Denkansatzes, die bereits 1882 in einem Brief angedeutet wird: »Kunst ist einmal das Göttliche nicht als solches, sondern in der *Sinnlichkeit*. Und Letztere als solche, nicht das Göttliche, muss gefallen.«[119] Konkreter wird er dann in seinem im Wiener Goethe-Verein im Jahre 1888 gehaltenen Vortrag, wo er die Richtung für eine ›Ästhetik der Zukunft‹ mit folgenden Worten markiert: »Die Ästhetik nun, die von der Definition ausgeht: ›Das Schöne ist ein sinnliches Wirkliches, das so erscheint, als wäre es Idee‹, diese besteht noch nicht. Sie muss geschaffen werden.«[120] Weder in der Nachahmung der Natur noch in der Verbildlichung des Geistigen sah er die Aufgabe des Künstlers, denn dies käme letztlich einer Reduktion des eigentlich Schöpferischen gleich. »Kunstschaffen«, so Steiner, »ist eine aus der menschlichen Seele entsprungene Fortsetzung des Weltprozesses«,[121] und der »starke Künstler« zwingt gleichermaßen den Betrachter zur Teilhabe an diesem Vorgang.

Der Künstler Rudolf Steiner

Kindheit und Jugend, Niederösterreich 1861–1879
Als Künstler im eigentlichen Sinne tritt Rudolf Steiner erstmals 1907 im Alter von sechsundvierzig Jahren in Erscheinung. Die Ansätze allerdings reichen bis in die Kindheit zurück. In seiner Autobiografie ›Mein Lebensgang‹ berichtet er, wie ein Hilfslehrer an

Graf Széchényi,
Kohlezeichnung von
Rudolf Steiner

der Schule in Neudörfl in ihm die Begeisterung für das Künstlerische zu wecken vermochte: »Er spielte Violine und Klavier. Und er zeichnete viel. Beides zog mich stark zu ihm hin […] und er veranlasste mich, schon im neunten Jahre mit Kohlestiften zu zeichnen. Ich musste unter seiner Anleitung auf diese Art Bilder kopieren. Lange saß ich zum Beispiel über dem Kopieren eines Porträts des Grafen Széchényi […] Die Aufnahmeprüfung in die Bürgerschule bestand ich sehr gut. Man hatte alle die Zeichnungen mitgebracht, die ich bei meinem Hilfslehrer angefertigt hatte; und diese machten auf die Lehrerschaft, die mich prüfte, einen so starken Eindruck, dass wohl dadurch hinweggesehen wurde über meine mangelnden Kenntnisse. Ich kam mit einem ›glänzenden‹ Zeugnisse davon.«[122]

Im Verlauf seiner Realschulzeit erwachte sein Interesse für mathematische und physikalische Probleme. Sein Lieblingsfach wurde jedoch das geometrische Zeichnen: »Mit einem anderen Lehrer kam ich erst nach längerer Zeit in ein näheres seelisches Verhältnis […] Das Zeichnen mit Zirkel, Lineal und Dreieck wurde mir durch ihn zu einer Lieblingsbeschäftigung. Hinter dem, was ich durch den Schuldirektor, den Mathematik- und Physiklehrer und den des geometrischen Zeichnens in mich aufnahm, stiegen nun in knabenhafter Auffassung die Rätselfragen des Naturgeschehens in mir auf.«[123]

Studienjahre in Wien, 1879–1890

Tief beeindruckt war der junge Student, der sein bisheriges Leben zumeist in ländlicher Umgebung verbracht hatte, von der baukünstlerischen Entwicklung Wiens, wo bedeutende Bauwerke, wie das Parlamentsgebäude, die Votivkirche, das Rathaus und das Burgtheater gerade vollendet worden waren. Nach und nach begann Steiner, sich mit den verschiedensten architektonischen und plastischen Formen zu beschäftigen, und seine Auseinandersetzung mit den modernen Strömungen innerhalb der Architektur erhielt noch einen besonderen Akzent dadurch, dass er an der Technischen Hochschule einige der damals angesehensten Architekten, so Heinrich von Ferstel, den Erbauer der Votivkirche und Rektor an der Technischen Hochschule, des Weiteren den *Regenerator* der griechischen Architektur, Theophil Hansen, wie auch den Neu-Gotiker, Friedrich von Schmidt, persönlich kennenlernte.[124]

Doch zusehends litt Rudolf Steiner darunter, dass die enge, materialistische Deutung des Darwinismus und der Entwicklungslehre auch auf künstlerischem Gebiet immer mehr an Einfluss gewann. So brachten ihn die künstlerischen Auffassungen etwa Gottfried Sempers, nach dessen Plänen das Burgtheater erbaut worden war,

»trotz aller Genialität schier zur Verzweiflung«. Vor allem in der Ornamentik, in deren plastische Formenwelt er durch Joseph Bayer eingeführt wurde, schien ihm die Tendenz zu liegen, das Künstlerische zu einer rein äußerlichen Technik degenerieren zu lassen.

Im Jahre 1889 unternahm Steiner seine erste Reise nach Deutschland, die veranlasst wurde durch die Einladung zur Mitarbeit an der Weimarer Goethe-Ausgabe. Diese erste Berührung mit Deutschland, wo er Jahre später seine größte Wirksamkeit auf den verschiedensten Gebieten zur Entfaltung bringen sollte, war von einer Fülle von künstlerischen Eindrücken geprägt: »Mit Ausnahme des Besuches bei Eduard von Hartmann waren die kurzen Aufenthalte, die ich im Anschlusse an denjenigen in Weimar auf meiner Reise durch Deutschland in Berlin und München nehmen konnte, ganz dem Leben in dem Künstlerischen gewidmet, das diese Orte bieten. Die Ausdehnung meines Anschauungskreises nach dieser Richtung empfand ich damals als eine besondere Bereicherung [...]. Und so ist diese erste größere Reise, die ich machen konnte, auch für meine Kunstanschauungen von einer weitgehenden Bedeutung gewesen.«[125] Ein Jahr später verließ er seine österreichische Heimat, um in Weimar seine Arbeit im Goethe-Schiller-Archiv aufzunehmen.

Weimarer Jahre, 1890 – 1896
Während seiner Weimarer Jahre, in denen er neben den naturwissenschaftlichen Schriften Goethes auch die Werke Schopenhauers, Uhlands, Wielands und Jean Pauls herausgab, pflegte er ähnlich wie zuvor in Wien intensive Beziehungen zu den dortigen Künstlerkreisen. In seiner Lebensbeschreibung blickt er auf jene Zeit zurück mit den Worten: »Seelisches Wohlbefinden und etwas innerlich tief Befriedigendes erlebte ich in Weimar durch das künstlerische Element, das in der Stadt durch die Kunstschule und durch das Theater mit

Rudolf Steiner um
1891/92, Radierung
von Otto Fröhlich

dem sich daran anschließenden Musikalischen gebracht wurde [...]
Meine Kunstempfindung war damals noch nicht so weit wie mein
Verhältnis zu den Erkenntniserlebnissen. Aber ich suchte doch auch
im anregenden Verkehr mit den Weimarer Künstlern nach einer
geistgemäßen Auffassung des Künstlerischen.«[126]

Im Zusammenhang mit seinen Goethe-Studien und angeregt
durch seine freundschaftliche Beziehung zu den Malern Otto Fröhlich, der später zu den ersten Bauhaus-Meistern gehörte, und Joseph
Rolletschek begann er, sich immer intensiver mit Farben an sich zu
befassen, ein Thema, das ihn bereits in Wien anlässlich einer Böck-
lin-Ausstellung im Jahre 1882 fasziniert hat: »Ich suchte in meiner
Art nach dem Geistgehalt des leuchtend Farbigen. In ihm musste
ich das Geheimnis des Farbenwesens sehen. In Otto Fröhlich stand

ein Mensch an meiner Seite, der persönlich instinktiv als sein Erleben in sich trug, was ich für das Ergreifen der Farbenwelt durch die menschliche Seele suchte.«[127]

Obwohl Steiner zu diesem Zeitpunkt selbst noch nicht künstlerisch-schöpferisch in Erscheinung trat, war sein Interesse doch bereits tief geprägt von einer inneren künstlerischen Anschauungskraft, die eine wesentliche Grundlage für sein weiteres Wirken werden sollte. »Was sich mir hier von Weimarer Vorgängen, scheinbar ganz losgelöst von mir, vor die Seele stellt, ist aber in Wirklichkeit doch tief mit meinem Leben verbunden […]. So erlebte ich gerade damals in Weimar das Kunststreben so, dass ich über das meiste mein eigenes Urteil in mir trug, oft recht wenig in Übereinstimmung mit dem der anderen. Aber daneben interessierte mich alles, was die andern empfanden, ebenso stark wie das eigene.«[128]

Aufbruch in die Moderne, Berlin um 1900

Im Jahre 1897 siedelte Rudolf Steiner nach Berlin über, wo er die Herausgabe und Redaktion des ›Magazins für Literatur‹ (zusammen mit Otto Erich Hartleben) und der ›Dramaturgischen Blätter‹, des damals offiziellen Organs des Deutschen Bühnenvereins, besorgte. Daneben war er tätig innerhalb der ›Freien Literarischen Gesellschaft‹, in dem von den ›Friedrichshagenern‹ Bruno Wille und Wilhelm Bölsche begründeten ›Giordano-Bruno-Bund‹ und der mit diesem eng verbundenen ›Freien Hochschule‹.

Nach dem Tod des Dichters Ludwig Jakobowski übernahm er die Leitung des von diesem gegründeten Kreises der »Kommenden«, in dem auch Else Lasker-Schüler, Stefan Zweig, Erich Mühsam, Hans Pfitzner und viele weitere bedeutende Persönlichkeiten des literarischen und künstlerischen Lebens Berlins anzutreffen waren. Zur gleichen Zeit erteilte Steiner neben einer Reihe von an-

Das Magazin

❖ für Litteratur. ❖

Begründet von
Joseph Lehmann
im Jahre 1832.

Herausgegeben von **Rudolf Steiner** und **Otto Erich Hartleben**.

Redaktion: Berlin W 30, Habsburgstraße 11 I.

Verlag von
Emil Felber
in Weimar.

Erscheint jeden Sonnabend. — Preis 4 Mark vierteljährlich. Bestellungen werden von jeder Buchhandlung, jedem Postamt (Nr. 4543 der Postzeitungsliste), sowie vom Verlage des „Magazins“ entgegengenommen. Anzeigen 40 Pfg. die viergespaltene Petitzeile.

❖ Preis der Einzelnummer 40 Pfg. ❖

67. Jahrgang.   Berlin und Weimar, den 6. August 1898.   Nr. 31.

Auszugsweiser Nachdruck sämtlicher Artikel, außer den novellistischen und dramatischen, unter genauer Quellenangabe gestattet. Unbefugter Nachdruck wird auf Grund der Gesetze und Verträge verfolgt.

Inhalt:

Künstlerbildung.

Vor einigen Tagen hatte ich einen Traum. Ich träumte von einem Leitartikel der Zukunft. Ich las ganz deutlich in einer Auseinandersetzung, die über die Berechtigung des Bundes der Landwirte, über Stirner, Nietzsche und das monarchische Gefühl handelte, einen Satz über Kant. Ich traute meinen Augen nicht, aber in diesem Satze stand wörtlich: „die Kategorie des Imperativs.“ Ich war — im Traume — sehr verwundert, denn solche Blößen gibt sich doch Maximilian Harden nicht. Er hat zwar einmal einen Satz in einem Leitartikel der Zukunft geschrieben, in dem er zeigte, daß er von Kant's „Kategorischen Imperativ“ keinen rechten Begriff hat; aber da her gar „Die Kategorie des Imperativs“ schreibt, statt „Der kategorische Imperativ“: das verseßte mich selbst im Traume — in Verwunderung. Ich wachte auf, rieb mir die Augen, und sagte mir: o du Träumer, das

kam wieder von solch einem Aerger über die Schriftstellerei. Du ärgerst dich so furchtbar über den vielen Unsinn, der dir täglich durch die „Ritter der Feder“ vor Augen tritt, daß dich der Aerger im Schlafe verfolgt. Aber meine Träume übertreiben. Es ist nicht wahr, daß jemals in einem Leitartikel der Zukunft „Die Kategorie des Imperativs“ zu lesen war.

Sie werden wol recht haben, meine Träume. Denn Alfred, mein Kerr, hat mir einmal gesagt: ich wolle nicht so recht ins Zeug gehen und nach Herzenslust schimpfen. Der verbissene Groll wird es wol sein, der mich im Schlafe als Alpdrücken verfolgt.

Ich kleidete mich an, trank Kaffee und dann mußte ich mir aus einem Geschäfte der Potsdamerstraße etwas holen. Ich hab zum ersten Male die beiden plastischen „Kunstwerke“, die auf der Potsdamerbrücke aufgestellt sind. Ein biederer, jovialer Mann saß da, mit mildem Zügen. Ich könnte ihn für einen braven Werkmeister einer Fabrik halten, in der irgend welche elektrische Apparate hergestellt werden. Es soll Werner Siemens, der größte Elektrotechniker sein. Da ich nicht ausgegangen war, die Geheimnisse der plastischen Kunst zu studieren, so ging ich vorüber, nicht sonderlich unbefriedigt, sie nicht gefunden zu haben. E. Moser hat das Denkmal gemacht.

Ich gelangte an's andere Ende der Brücke. Da sißt ein anderer Mann. Ein Schulmeister, der eben nachdenkt, wie er den Kindern das A, B, C beibringen soll. Doch nein — es soll Hermann Helmholtz sein. Ich habe immer geglaubt: der plastische Künstler soll mit den äußeren Zügen eines Mannes auch dessen Bedeutung der Nachwelt überliefern. Und bei Helmholtz scheint mir das so gar zu innizieren mich zu sein. Wer sich in seine Schriften vertieft, wird in scharf umrissene Vorstellung von der Persönlichkeit des Mannes erhalten. Und wer diese Vorstellung vergleicht mit den Zügen seines Gesichtes, wird den Einklang der körperlichen und der geistigen Physiognomie erkennen, die bei ihm so auffällig war. Wer Helmholtz hat je auch Lebenserinnerungen geschrieben. Wer ihn je gesehen hat, muß bei jeder Zeile an die äußere Erscheinung des Forschers denken. Der Mann, der, von Max Klein gebildet, das eine Ende der Potsdamerbrücke zieren soll, erinnert in keinem Zuge an den Schreiber dieser Erinnerungen.

Titelseite des ›Magazins für Litteratur‹

deren Fächern an der von Wilhelm Liebknecht begründeten Arbeiterbildungsschule Unterricht in »Rede-Übung«.

Wie intensiv er im damaligen künstlerischen Leben Berlins stand, dokumentieren seine zahlreichen Aufsätze über das Theaterleben, wie etwa jene über ›Wissenschaft und Kritik‹, über die ›Dramatische Technik Ibsens‹ und ›Die Anfänge des Deutschen Theaters‹. Als Mitarbeiter in der ›Dramatischen Gesellschaft‹ hatte er auch des Öfteren die Gelegenheit, an Theaterproben teilzunehmen. Auf diese Weise wurde er mit den Aufgaben der Regieführung und der gesamten Inszenierung von Theaterstücken sehr vertraut. Im ›Lebensgang‹ erinnert er sich an jene Schaffensperiode:[129]

Mit dem Magazinkreis im Zusammenhang stand eine freie »Dramatische Gesellschaft«. Sie gehörte nicht so eng dazu wie die »Freie literarische Gesellschaft«; aber es waren dieselben Persönlichkeiten wie in dieser Gesellschaft im Vorstande; und ich wurde sogleich auch in diesen gewählt, als ich nach Berlin kam. Die Aufgabe dieser Gesellschaft war, Dramen zur Aufführung zu bringen, die durch ihre besondere Eigenart, durch das Herausfallen aus der gewöhnlichen Geschmacksrichtung und Ähnliches, von den Theatern zunächst nicht aufgeführt wurden. Es war für den Vorstand gar keine leichte Aufgabe, mit den vielen dramatischen Versuchen der »Verkannten« zurechtzukommen.

Die Aufführungen gingen in der Art vor sich, dass man für jeden einzelnen Fall ein Schauspielerensemble zusammenbrachte aus Künstlern, die an den verschiedensten Bühnen wirkten. Mit diesen spielte man dann in Vormittagsvorstellungen auf einer gemieteten oder von einer Direktion frei überlassenen Bühne. Die Bühnenkünstler erwiesen sich dieser Gesellschaft gegenüber sehr opferwillig, denn sie war wegen ihrer geringen Geldmittel nicht in der Lage, entsprechende Entschädigungen zu zahlen. Aber Schauspieler und auch Theaterdirektoren hatten damals innerlich nichts einzuwenden gegen die Aufführung von Werken, die aus dem Gewohnten herausfielen. Sie sagten nur: Vor einem gewöhnlichen Publikum in Abendvorstellungen könne man das nicht machen, weil sich jedes Theater dadurch finanziell schädige. Das Publikum sei eben nicht reif genug dazu, dass die Theater bloß der Kunst dienten.

Die Betätigung, die mit dieser Dramatischen Gesellschaft verbunden war, erwies sich als eine solche, die mir in einem hohen Grade entsprechend war. Vor allem der Teil, der mit der Inszenierung der Stücke zu tun hatte. Mit Otto Erich Hartleben zusammen nahm ich an den Proben teil. Wir fühlten uns als die eigentlichen Regisseure. Wir gestalteten die Stücke bühnenmäßig. Gerade an dieser Kunst zeigt sich, dass alles Theoretisieren und Dogmatisieren nichts hilft, wenn sie nicht aus dem lebendigen Kunstsinn hervorgehen, der im Einzelnen das allgemein Stilvolle intuitiv ergreift. Die Vermeidung der allgemeinen Regel ist voll anzustreben. Alles, was man auf einem solchen Gebiete zu können in der Lage ist, muss im Augenblicke aus dem sicheren Stilgefühl für die Geste, die Anordnung der Szene sich ergeben. Und was man dann, ohne alle Verstandesüberlegung, aus dem Stilgefühle, das sich betätigt, tut, das wirkt auf alle beteiligten Künstler wohltuend, während sie sich bei einer Regie, die aus dem Verstande kommt, in ihrer inneren Freiheit beeinträchtigt fühlen. Auf die Erfahrungen, die ich auf diesem Gebiete damals gemacht habe, musste ich mit vieler Befriedigung in der Folgezeit immer wieder zurückblicken.

Das erste Drama, das wir in dieser Art aufführten, war Maurice Maeterlincks ›Der Ungebetene‹ (l'intruse). Otto Erich Hartleben hatte die Übersetzung gegeben. Maeterlinck galt damals bei den Ästhetizisten als der Dramatiker, der das Unsichtbare, das zwischen den gröberen Geschehnissen des Lebens liegt, auf der Bühne dem ahnend erfassenden Zuschauer vor die Seele bringen könne. Von dem, was im Drama sonst ›Vorgänge‹ genannt wird, von der Art, wie der Dialog verläuft, machte Maeterlinck einen solchen Gebrauch, dass dadurch zu Ahnendes wie im Symbol wirkt. Dieses Symbolisierende war es, was manchen Geschmack damals anzog, der von dem vorangegangenen Naturalismus abgestoßen war. Alle, die Geist suchten, aber keine Ausdrucksformen wünschten, in denen eine Geistwelt sich unmittelbar offenbart, fanden in einem Symbolismus ihre Befriedigung, der eine Sprache führte, die sich nicht in naturalistischer Art ausdrückte, die aber auf ein Geistiges doch nur insofern ging, als dieses in mystisch-ahnungsvoller, unbestimmt verschwimmender Art sich kundgab. Je weniger man deutlich sagen konnte, was hinter den andeutenden Symbolen liegt, desto verzückter wurden manche durch sie.

Ich fühlte mich nicht behaglich gegenüber diesem geistigen Flimmern. Aber dennoch war es reizvoll, an der Regie eines solchen Dramas wie ›Der Ungebetene‹ sich zu betätigen. Denn gerade diese Art von Symbolen durch geeignete Bühnenmittel zur Darstellung zu bringen, erfordert in einem besonders hohen Grade ein Regiewirken, das in der eben geschilderten Art orientiert ist. Und dazu fiel noch die Aufgabe auf mich, die Vorstellung durch eine kurze hinweisende Rede (Conférence) einzuleiten. Man hatte damals diese in Frankreich geübte Art auch in Deutschland bei einzelnen Dramen angenommen. Natürlich nicht auf dem gewöhnlichen Theater, aber eben bei solchen Unternehmungen, wie sie in der Richtung der »Dramatischen Gesellschaft« lagen. Es geschah das nicht etwa vor jeder Vorstellung dieser Gesellschaft, sondern selten; wenn man für notwendig hielt, das Publikum in ein ihm ungewohntes künstlerisches Wollen einzuführen. Mir war die Aufgabe dieser kurzen Bühnenrede aus dem Grunde befriedigend, weil sie mir Gelegenheit gab, in der Rede eine Stimmung walten zu lassen, die mir selbst aus dem Geist heraus strahlte. Und das war mir lieb in einer menschlichen Umgebung, die sonst kein Ohr für den Geist hatte.

Das Drinnenstehen in dem Leben der dramatischen Kunst war für mich damals überhaupt ein recht bedeutsames. Ich schrieb daher die Theaterkritiken des ›Magazins‹ selbst. Ich hatte auch von solchen Kritiken meine besondere Auffassung, die aber wenig Verständnis fand. Ich hielt es für unnötig, dass ein Einzelner Urteile abgibt über ein Drama und dessen Aufführung. Solche Urteile, wie sie da gewöhnlich abgegeben werden, sollte eigentlich das Publikum mit sich allein abmachen.

Wer über eine Theateraufführung schreibt, sollte in seinem künstlerisch-ideellen Gemälde vor seinem Leser erstehen lassen, welche Fantasie-Bild-Zusammenhänge hinter dem Drama stehen. In künstlerisch geformten Gedanken sollte vor dem Leser eine ideelle Nachdichtung stehen als der in dem Dichter unbewusst lebende Keim seines Dramas. Denn mir waren Gedanken niemals bloß etwas, wodurch man Wirkliches abstrakt und intellektualistisch ausdrückt. Ich sah, wie im Gedanken-Bilden eine künstlerische Betätigung möglich ist wie mit Farben, wie in Formen, wie mit Bühnenmitteln. Und ein solches kleines Gedankenkunstwerk sollte derjenige geben, der über eine Theateraufführung schreibt. Dass aber ein Derartiges entstehe, wenn ein Drama dem Publikum vorgeführt wird, erschien mir als eine notwendige Forderung des Lebens der Kunst.

Ob nun ein Drama gut, schlecht oder mittelmäßig ist, das wird aus Ton und Haltung eines solchen Gedanken-Kunstwerkes ersichtlich werden. Denn in ihm lässt sich das nicht verbergen, auch wenn man es nicht grob urteilend sagt. Was ein unmöglicher künstlerischer Aufbau ist, das wird anschaulich durch gedankenkünstlerische Nachbildung. Denn da stellt man zwar die Gedanken hin; sie erweisen sich aber als wesenlos, wenn das Kunstwerk nicht aus wahrer, in Wirklichkeit lebender Fantasie ist.

Solch ein *lebendiges* Zusammenwirken mit der *lebenden* Kunst wollte ich im ›Magazin‹ haben. Dadurch hätte etwas entstehen sollen, was die Wochenschrift nicht wie etwas die Kunst und das geistige Leben theoretisch Besprechendes, Beurteilendes erscheinen ließ. Sie sollte *ein Glied* in diesem geistigen Leben, in dieser Kunst selbst sein. Denn alles das, was man durch die Gedankenkunst für die dramatische Dichtung tun kann, das ist auch für die Schauspielkunst möglich. Man kann in Gedankenfantasie erstehen lassen, was die Regiekunst in das Bühnenbild hineinversetzt; man kann in solcher Art dem Schauspieler folgen und was in ihm lebt, nicht kritisieren, sondern positiv darstellend erstehen lassen. Man wird dann als Schreibender ein Mitgestalter am künstlerischen Zeitleben, nicht aber ein in der Ecke stehender gefürchteter, bemitleideter oder wohl auch verachteter und gehasster Beurteiler. Wenn das für alle Gebiete der Kunst durchgeführt wird, dann eben steht eine literarisch-künstlerische Zeitschrift im wirklichen Leben.

Von entscheidender Bedeutung für sein späteres Wirken wurde in dieser Zeit seine Begegnung mit der in Petersburg und Paris ausgebildeten Schauspielerin und Theosophin Marie von Sivers im Jahre 1901: »Marie von Sivers war *die* Persönlichkeit, die durch ihr

Marie Steiner, geb. von Sivers, 1906

ganzes Wesen die Möglichkeit brachte, dem, was durch uns entstand, jeden sektiererischen Charakter fernzuhalten und der Sache
einen Charakter zu geben, der sie in das allgemeine Geistes- und
Bildungsleben hineinstellt. Sie war tief interessiert für dramatische
und deklamatorisch-rezitatorische Kunst und hatte nach dieser
Richtung eine Schulung, namentlich an den besten Lehrstätten in
Paris, durchgemacht, die ihrem Können eine schöne Vollendung
gegeben hatte. Sie setzte die Schulung noch zu der Zeit fort, als ich
sie in Berlin kennenlernte [...]. Marie von Sivers und ich wurden
bald tief befreundet. Und auf der Grundlage dieser Freundschaft
entfaltete sich ein Zusammenarbeiten auf den verschiedensten
geistigen Gebieten im weitesten Umkreis. Anthroposophie, aber
auch dichterische und rezitatorische Kunst gemeinsam zu pflegen,
war uns bald Lebensinhalt geworden.«[130]

144

Künstlerischer Auftakt, München 1907
Ein erster Anlass, das Künstlerische innerhalb theosophisch-anthroposophischer Kreise in Erscheinung treten zu lassen, ergab sich im Jahre 1907, in dem die deutsche Sektion, deren Generalsekretär Rudolf Steiner seit 1902 war, mit der Vorbereitung des IV. Jahreskongresses der Föderation der Europäischen Sektion der Theosophischen Gesellschaft beauftragt worden war.

Bei der Gestaltung des Versammlungsraumes folgte Steiner dem Goetheschen Metamorphosegedanken, demzufolge eine gegebene Grundgestalt, etwa wie sie in der Natur in Erscheinung tritt, durch den rhythmischen Wechsel von Ausdehnung und Zusammenziehung, durch die Dynamik polarer Kräftewirkungen (Wärme-Kälte, Licht-Dunkelheit) eine Steigerung erfährt und in einen qualitativ anderen Zustand erhoben wird. Dieses Prinzip fand in München seine erste künstlerische Umsetzung in der Darstellung von Säulenmotiven, die einen wesentlichen Teil der Innengestaltung des Saales ausmachten. Die Symbiose von künstlerisch gestaltetem Raum und spiritueller Betätigung war Steiners Grundmotiv in München, das dann 1913 im Dornacher Goetheanumbau in wesentlich erweiterter Form erneut in Erscheinung trat. Seine grafisch-bildnerische Gestaltungskraft fand während des Münchner Kongresses ihre Ergänzung in der von ihm eingerichteten Inszenierung von Schurés Mysterienspiel *Das heilige Drama von Eleusis* in der Übersetzung von Marie von Sivers sowie in seinen Vorträgen über *Die Einweihung des Rosenkreuzers* und über die *Planeten- und Menschheitsentwicklung.*

In ihren Kapitälformen wiesen die Säulen auf die planetarischen Zustände der Erde hin, gleichsam als Manifestationen der Evolutionsgeschichte der Menschheit: »Diese Säulen tragen den Himmel«, erläuterte er seiner Zuhörerschaft, unter der sich auch Annie

Besant, die Präsidentin der Theosophischen Gesellschaft, befand. Und sich in der Eindringlichkeit seiner Diktion gegen Ende hin deutlich steigernd, appellierte er an die Anwesenden: »Wenn Sie plastisch empfinden, wie sich das Obere zum Unteren (der Kapitälformen, Anm. W. K.) neigt, so werden Gefühle in Ihnen ausgelöst, die von den Strömungen Bescheid geben in den betreffenden Zuständen dieser Weltenkörper. Die Motive der ersten Säule haben einfache Neigungen und Krümmungen. Durch ihre Betrachtung wird ein Empfinden hervorgerufen derjenigen Strömungen, welche die Erde durchzogen, als sie in ihrem ersten Zustand, den man Saturnzustand nennt, verkörpert war. Daher ist das die Saturnsäule.«[131] Mit dieser Art der künstlerischen Gestaltung hat Rudolf Steiner erstmals den Versuch unternommen, Inhalte der Geisteswissenschaft, in diesem Falle Vorgänge der kosmisch-menschlichen Evolutionsgeschichte, wie er sie in seiner ›Geheimwissenschaft‹ beschrieben hat, in eine sinnlich anschaubare Form zu überführen.

An den Wänden des Saales waren, nach Steiners Entwürfen (ausgeführt von Clara Rettich), die sieben sogenannten apokalyptischen Siegel angebracht, eine bildhaft verrätselte Chiffre uralter Weisheiten, von denen bereits in der Apokalypse des Johannes die Rede ist. Durch diese Bilder werden verschiedenste Vorgänge in der astralischen Welt und damit zugleich tiefste Initiationsgeheimnisse zum Ausdruck gebracht, denen letztlich nur das eine Motiv zugrunde liegt: den Menschen mit den Urgründen des Seins in Berührung, in Beziehung zu bringen und zugleich die großen Entwicklungsperspektiven anzudeuten: »Die Kräfte in uns sind kondensierte göttliche Kräfte. Was früher durch das Wort geschaffen worden ist, ist jetzt umgesetzt in natürliche Formen. So wird im Laufe der Evolution der menschliche Kehlkopf Reproduktionsorgan werden [...] Was heute Sprachorgan ist, wird der Hervorbringer von seinesgleichen werden. Der Kehlkopf ist das zukünftige, in die Geistigkeit hinaufgehobene Reproduktionsorgan; daher beim Manne jetzt schon die Parallele in der Geschlechtsentwickelung und der Kehlkopfentwickelung.«[132]

Rudolf Steiner ging es bei diesen rätselhaften Siegelbildern nicht primär darum, den Betrachter dazu anzuregen, die symbolischen Darstellungen verstandesmäßig zu deuten, sondern darum, ihn zu veranlassen, mit größter Aufmerksamkeit den Formen und Farben zu folgen, um im Vorgang des Betrachtens in die Sphäre des Imaginativen einzutauchen und so zu einem seelischen Erlebnis zu gelangen: »Von Außen her soll uns entgegenglänzen, was in der Seele lebt, dann hat man im Sinne der Weltentwickelung gearbeitet.«[133]

Seine grafisch-bildnerische Gestaltungskraft fand während des Münchner Kongresses ihre Ergänzung in der von ihm eingerichteten Inszenierung von Schurés Mysterienspiel ›Das heilige Drama von Eleusis‹ in der Übersetzung von Marie von Sivers sowie in seinen Vorträgen über ›Die Einweihung des Rosenkreuzers und über die Planeten- und Menschheitsentwicklung‹. Die Symbiose von künstlerisch gestaltetem Raum und spiritueller Betätigung war bei alldem Steiners Grundmotiv, das dann 1913 im Dornacher Festspielhaus, dem Goetheanum, in wesentlich erweiterter Form erneut in Erscheinung trat.

Das Jahr 1907 sollte im Übrigen für die avantgardistische Kunst zu einem Schlüsseljahr werden. Daran erinnerte eine 1957 im Amsterdamer Stedelijk Museum eingerichtete Ausstellung ›Europa 1907‹, in der die Bedeutung dieses Jahres für die Kunst dokumentiert worden war, »ein Jahr«, so hieß es damals in der Neuen Zürcher Zeitung, in dem »so viel zu Ende ging und so viel Neues sich herausbildete, so viel Altes mit Neuem sich kreuzte«.[134] Picasso hatte in diesem Jahr die ›Demoiselles d'Avignon‹ gemalt, Munch das Bildnis von Walter Rathenau, Monet die schönsten Stücke seiner Serie der ›Nympheas‹. In Frankreich waren die ›Fauves‹, in Deutschland die ›Brücke‹ die Avantgarde. Der Weg zur Abstraktion wurde in diesem Jahr deutlich markiert. Und in diesem für die Kunstentwicklung des 20. Jahrhunderts so bedeutenden Jahr hat, von der allgemeinen Kunstwelt unbemerkt, Rudolf Steiner begonnen, Geisteswissenschaft, d. h. Anthroposophie ihrer Substanz nach zu begreifen als lebendig-dynamisches Zusammenspiel von Wissenschaft, Kunst und Religion, von Geist und Stoff, Form und Leben in äußerlich sichtbaren Formen auszudrücken.

Uraufführung der Mysteriendramen in München, 1910–1913
Drei Jahre später setzte Rudolf Steiner in München einen weiteren neuen Akzent mit der Uraufführung seines ersten Mysterien-Dramas ›Die Pforte der Einweihung‹.[135] Damit führte er die Tradition des Mysterienschauspiels in neuer Form fort, nachdem er 1907 mit der Inszenierung von Schurés Rekonstruktion des ›Heiligen Dramas von Eleusis‹ einen ersten Versuch in dieser Richtung unternommen hatte. Sowohl für das erste als auch die 1911–1913 folgenden drei weiteren Dramen entwarf Steiner das Bühnenbild und die Kostüme und führte selbst die Regie. Im Zusammenhang mit dem zweiten Mysteriendrama, ›Die Prüfung der Seele‹, entstand auch sein erstes, in Temperafarben gemaltes Bild ›Lichtesweben‹[136], das Harald Szeemann in seiner Ausstellung ›Der Hang zum Gesamtkunstwerk‹ 1983 im Kunsthaus Zürich erstmals im Kontext der Kunst der Moderne gezeigt hat.

Inhaltlich knüpfte Steiner bei seinem ersten Mysteriendrama zunächst an Goethe an, der in seinem ›Märchen von der grünen Schlange und der schönen Lilie‹ (es bildet den Schluss seiner ›Unterhaltung deutscher Ausgewanderter‹) die verschiedenen menschlichen Seelenkräfte und ihre Dramatik in märchenhaften Wesen verkörperte bzw. dichterisch umsetzte. »Als die Idee entstand vor Jahren, in München zu spielen, da ergab sich die Intention, dasjenige, was enthalten war an weltgestaltenden Wesenskräften in Goethes ›Märchen von der grünen Schlange und der schönen Lilie‹, auf die Bühne zu bringen. Es ging nicht. Man musste es viel realer fassen. Und daraus entstand das Mysterium ›Die Pforte der Einweihung‹. Es ist ja handgreiflich: es war zu Goethes Zeiten eben noch nicht das Zeitalter da, wo man überleiten konnte dasjenige, was in feinen Märchenbildern noch zu halten war, in die realen Gestalten, die in der ›Pforte der Einweihung‹ sind.«[137]

In Steiners Dramen steht die schicksalhafte Verknüpfung einer Gruppe von Menschen im Mittelpunkt, darunter auch ein Künstler, Johannes Thomasius, der sich in dem oben erwähnten Spannungsfeld von künstlerischem Schaffen und okkultem Schauen bewegt und droht, darin unterzugehen. Der Zeitraum der Handlung erstreckt sich über Jahrtausende, begründet durch die Inkarnationshintergründe der auftretenden Personen bis in die Zeit des alten Ägypten. Räumlich gesehen wechseln die Bilder von äußeren, alltäglichen Installationen wie z. B. dem Studierzimmer des Professor Capesius bis hin zu übersinnlichen Sphären wie dem »Reich Luzifers« oder dem »Inneren der Erde«. Geist und Stoff gehen hier eine neue Synthese ein in Form einer Bildersprache, einer szenischen Komposition, in der die Imaginationskraft des Zuschauers herausgefordert und belebt wird.

Der Dichter der ›Galgenlieder‹, Christian Morgenstern, ganz offensichtlich von den Aufführungen in München zutiefst berührt, schrieb an seinen Freund Friedrich Kayssler am 14. August 1913: »Das Steinersche Mysterium ist kein *Spiel*, sondern es *spiegelt* geistige Welten und Wahrheiten *wider*. Es leitet ein, mag sein noch mit mancher Mühsal eines Anfangswerkes, einer ersten Tat beladen, eine neue Stufe, eine neue Epoche der Kunst. Diese Epoche selbst ist noch fern; es können Hunderte von Jahren vergehen, bis die Menschen, die diese rein geistige Kunst wollen, so zahlreich geworden sind, dass etwa in jeder Stadt Mysterien solcher Art würdig geboten und empfangen werden können, aber hier in der ›Pforte‹ ist ihr historischer Ausgangspunkt, hier wohnen wir ihrer Geburt bei!«[138]

Architektur, Dornach 1913–1925

Da die Aufführungen in verschiedenen Theatern in München stattfanden und dadurch eine gewisse Diskrepanz zwischen dem geistigen Inhalt und der räumlichen Umgebung empfunden wurde, entstand das Bedürfnis, für zukünftige Inszenierungen ein eigenes Gebäude zur Verfügung zu haben, das den geistigen Geschehnissen, die sich in den Dramen ausdrückten, gerecht zu werden vermochte. Auf Anregung von Mitgliedern der Theosophischen Gesellschaft wurde zu diesem Zweck in München der ›Johannes-Bau-Verein‹ gegründet. Doch äußere Umstände verhinderten die Realisierung dieses Bauprojektes in München. Wenig später fand sich durch die Hilfe von Persönlichkeiten in der Schweiz, die den Anschauungen Steiners nahestanden, ein geeignetes Baugelände in Dornach bei Basel, wo im Herbst 1913 mit dem Bau eines Festspielhauses, das 1918 den Namen Goetheanum erhielt, begonnen werden konnte.

Dieses Bauwerk, das von Rudolf Steiner bis in alle Einzelheiten hinein geplant und mit Hilfe einer Schar von Künstlern, Architekten, Ingenieuren und Handwerkern im Jahre 1920 so weit fertiggestellt war, dass erste Veranstaltungen darin stattfinden konnten, legt in eindrucksvoller Weise Zeugnis ab von seinen großen Fähigkeiten als Architekt, Maler und Bildhauer. Selbst an den kompli-

Blick von der Terrasse auf das von Rudolf Steiner in Beton erbaute ›Haus Duldeck‹

Das erste Goetheanum während der Bauzeit

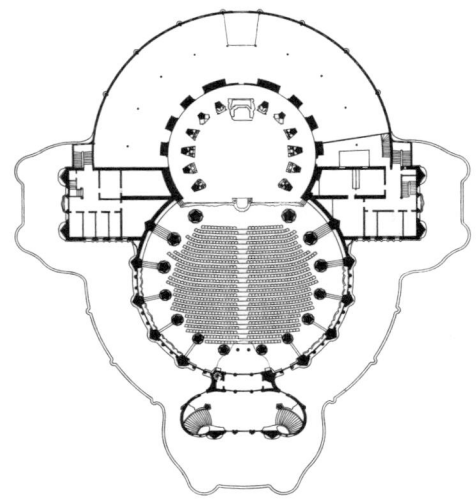

Grundriss des ersten Goetheanums

zierten mathematischen Berechnungen für die den Bau überragenden und ineinandergreifenden beiden Kuppeln hat er mitgewirkt, da die Ingenieure immer wieder an die Grenzen ihrer Möglichkeiten stießen. Auch die Entwürfe und Skizzen zu den Deckengemälden und zu den die beiden Kuppeln tragenden Säulen bis hin zur plastischen Formgebung der Heizkörper, Treppen, Treppengeländer, den Türschlössern und -griffen stammen von Rudolf Steiner selbst.

Vom Herbst 1913 bis zum Frühjahr 1914 entstanden die Entwürfe für insgesamt neun Fenster[139], ein rotes im Vorraum, je zwei grüne, blaue, violette und rosa Fenster im großen Kuppelraum, alle in Triptychon-Form. Der mittlere Fensterteil war durchschnittlich 4 m

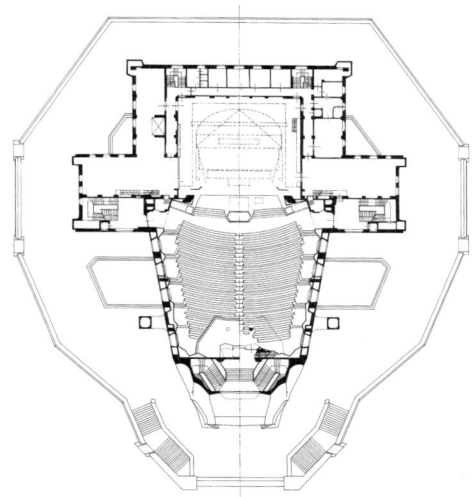

Grundriss des zweiten Goetheanums

hoch und 1,40 m breit, die Seitenfenster waren 3,70 m hoch und 0,70 m breit. Die Gestaltung der farbigen Fenster erforderte eine ganz neue Technik der Glasbearbeitung, da die herkömmlichen Schleiftechniken nicht zu dem Ergebnis führten, das Rudolf Steiner vorschwebte. Mit Hilfe einer neuen Gravurtechnik, die er, allen Widerständen zum Trotz, nach intensivstem Experimentieren herausfand – eine Art Glasradierung mittels eines Schleifapparates mit beweglicher Welle, versehen mit einem eingespannten diamantähnlichen Naturstein (Carborundum) –, radierten von Steiner beauftragte Künstler nach seinen Angaben die entsprechenden Stellen aus dem Glas heraus. Dabei wurden die Scheiben mit Wasser berieselt, um ein Heißwerden und Springen des Glases zu verhindern und den Staub zu binden. So wurden nach und nach die einzelnen Motive aus dem 1,5 cm dicken Glas hervorgeholt.

Anlässlich der Einweihung des Dornacher Künstlerateliers, in dem die Glasfenster geschliffen werden sollten, beschrieb Steiner die bevorstehenden Arbeiten mit den Worten: »Jedes unserer Glasfenster wird einfarbig sein, aber wir werden doch an den verschiedenen Stellen verschiedene Farben haben. Darin drückt sich aus, dass geistig-musikalisch gegliedert sein muss der Zusammenhang des Äußeren mit dem Inneren. Und innerhalb des Glasfensters selber, da es einfarbig ist, wird es nur geben die Gliederung in dichtere und dünnere Flächen. [...] Das Licht wird stärker einfallen durch die dünneren Stellen der Glasfenster; es wird schwächer einfallen durch die dickeren Stellen und dadurch dunklere Farben geben. Geist und Materie in ihrem Zusammenhang, sie werden empfunden werden können in dem, was die Glasfenster ausdrücken. Aber die ganze Innenfläche soll sprechen wollen, sozusagen Organ sein für die Sprache der Götter.«[140] Dadurch, dass es sich um einen Rundbau handelte, ergab sich im Inneren des Baues eine besondere Licht- und Farbwirkung, indem sich das durch die farbigen Fenster einfallende Sonnenlicht in der Mitte des Raumes zu einer Art Licht- und Farbskulptur sammelte und je nach Tageszeit entsprechend veränderte.

In jüngster Zeit finden bei Künstlern und Ausstellungsmachern die von Rudolf Steiner angefertigten Skizzen für die einzelnen Fenstermotive großes Interesse. So zeigt das Kunstmuseum Wolfsburg 2010 im Kontext von zwei Rudolf Steiner gewidmeten Ausstellungen[141] neben einigen dieser Skizzen sogar eine 1:1-Rekonstruktion des großformatigen roten Fensters. Auf verschiedensten, eher zufälligen Blättern von unterschiedlicher Größe und Qualität transkribierte Steiner unter Verwendung mal eines Tinten-, Fett- oder Bleistiftes Vorgänge aus jener Sphäre, in der »das Weltenwort tönt«, in eine zeichnerische Formsprache. Die Feinheit der Linienführung korrespondiert hier eng mit der Leichtigkeit des Stoffes, nicht was die Inhaltlichkeit, das intellektuelle Verstehen betrifft, sondern das Substanzielle. Der Zeichenstift wird zum Vermittler eines von der Materie sich ablösendem und zugleich hinführenden Geschehens. Kreisförmige Gebilde werden in ihrer Bestimmtheit jäh gestört durch eindringende oder ausbrechende strahlenförmige Gebärden. Was auf dem einen Blatt seine feste Zuordnung erfuhr, wird auf dem nächsten in Unruhe versetzt. Gewissheit und Zögern lösen einander ab, mal durch Modifikationen des Hell / Dunkel, mal durch ein Verschieben der Proportionen oder das Zentrieren von aus verschiedenen Richtungen hereinwirkenden peripheren Kräften, deren ursprünglich geometrischer Ort nicht selten außerhalb des Zeichenblattes liegt oder in der Gegenrichtung dort aufgesucht wird. Die Grenzen zwischen intuitiver Erkenntnis, zwischen Sehertum und künstlerischer Gestaltung werden hier permanent überschritten und zugleich neu gesetzt.

Die Steinerschen Fensterskizzen fordern den Betrachter vor allem zum Sehen heraus. Assja Turgenieff, die die Fenster für den zweiten Goetheanumbau geschliffen hat, nachdem der erste in der Silvesternacht 1922/23 einer Brandkatastrophe zum Opfer gefallen war, hat verschiedentlich darauf hingewiesen, dass ein Sich-Festlegen in Bezug auf die Bedeutung dem unmittelbaren Erlebnis der Bilder geradezu zum Hindernis werden kann. Daher hat sie sich selbst, gestützt auf entsprechende Äußerungen Steiners, immer nur auf die Schilderung einzelner Anhaltspunkte beschränkt wie zum Beispiel beim roten Fenster. Demnach tritt in den Motiven dieses Fensters, das auch verschiedentlich als Initiationsfenster bezeichnet wurde, das in Erscheinung, was dem Menschen entge-

Skizze für die Innenausgestaltung des Doppelkuppelbaues, Projekt München.
Die Kapitellformen sind nur angedeutet, da sie schon bekannt waren.

gentritt und was ihn begleitet, wenn er die verschiedenen Stufen
der Selbsterkenntnis bis hin zur Selbstwandlung durchschreitet.
So blickt der Betrachter im mittleren Motiv auf seinen göttlich-
geistigen Ursprung. »Er erkennt«, so Turgenieff nach Worten Steiners, »die Göttlichkeit seines Menschentums im Weltenall, von kosmischen Kräften umgeben, mit Löwe und Stier im Priestergewand,
die ihm auf den Wellen des Klangäthers die Weltengeheimnisse zu-
raunen.«[142]

Wesentlich war für Rudolf Steiner, dass die einzelnen Gestal-
tungsmomente des Gebäudes, wie etwa die Säulen und Kuppeln,
nicht als Symbole oder Allegorien aufgefasst werden. Über dasjenige, was die Säulen sind, nicht was sie ausdrücken, sagt er in einem

Heizhaus

Vortrag 1923 in England:[143] »Die Säulen des Zuschauerraumes hatten Kapitäle, welche nicht alle gleich waren, sondern welche in einer fortschreitenden Entwicklung waren, und zwar so, dass das Kapitäl der ersten Säule links und rechts verhältnismäßig einfach war. Die zweite Säule hatte ein etwas komplizierteres Kapitäl. Und so ging es fort. Aber das künstlerische Schaffen an diesen Kapitälen war durchaus so, dass man innerlich in der Empfindung der Linie, in diesem Anschauen der Kurven alles in der Form am zweiten Kapitäl unmittelbar hervorgehen ließ aus dem ersten, das eines dritten wiederum aus dem zweiten. Und so überließ man sich rein dem

Atelierhaus, das sogenannte ›Glashaus‹

Leben in Linien, Flächen, Kurven. Und dabei ergab sich, dass man von selbst, möchte ich sagen, mit der siebenten Säule fertig war. Da hatte man eine Form bei den Linien, Kurven: darüber ging's nicht mehr hinaus, da musste man stehen bleiben.

Da sehen nun die Leute die sieben Säulen und meinen: das ist eine tief mystische Zahl, sie beruht auf einer alten Formel, auf etwas, das im Aberglauben weiterlebt und dergleichen. Aber so ist es nicht! Wenn man rein künstlerisch schafft, muss man beim Siebenten stehen bleiben. So wie der Regenbogen sieben Farben hat, die Musikskala sieben Töne hat, von der Prim bis zur Oktave – die Oktave ist die Wiederholung der Prim –, so hat man sieben Säulen. Aber noch etwas zeigt sich bei einem solchen Schaffen: Nun hat man das zweite Kapitäl durch Metamorphosieren, erlebtes Me-

Haus Duldeck

tamorphosieren aus dem ersten hervorgehen lassen, das dritte aus dem zweiten, und so weiter, hat sieben zustande gebracht. Dann steht man und schaut sich das an. Man schaut sich seine eigenen Sachen an und entdeckt allerlei daran, was man durchaus nicht hineingedacht hat! Da entdeckte ich zum Beispiel, als ich das siebente Säulenkapitäl hatte und es verglich mit dem ersten, dass, natürlich künstlerisch angegriffen, alle Formen, die am ersten konkav waren, konvex waren am letzten; und alle, die am ersten konvex waren, konkav waren am letzten. Sodass, wenn man einiges umlegte, man das letzte ins erste hineinlegen konnte: also das siebente ins erste, das sechste ins zweite, das fünfte ins dritte, und das vierte blieb in der Mitte für sich stehen. Das ergab sich ganz von selbst.

Erstes Goetheanum mit Nebenbauten

Sehen Sie, da hatte man die Sicherheit, dass man gar nichts von menschlicher Willkür in die Dinge hineingeheimnisst hat; dass man sich verbunden hat mit der schaffenden kosmischen Welt selber; dass man auch an den Pflanzenmetamorphosen dies umfasst, dass man also auch, was in der Natur waltet und webt, auf einer anderen Stufe erfasst, dass das, was man tut, nicht menschliches Allegorisieren war, sondern dass man sich gewissermaßen hineinverwoben hat in das Naturschaffen und nun wie die Natur schuf.«

Neben dem Goetheanumbau schuf Rudolf Steiner mehrere Zweckbauten, wie das Heizhaus, das Atelier für die Herstellung der Glasfenster, ein Transformatorenhaus, ein Verlagshaus und einige Wohnhäuser, die alle aus der Struktur des Geländes heraus und im Hinblick auf die ihnen jeweils zugedachte Funktion den baukünstlerischen Gedanken aufgriffen und sich so mit dem Goetheanum zu einer Einheit verbanden.

In der Silvesternacht des Jahres 1922 fiel das Goetheanum einer Brandstiftung zum Opfer. Trotz des unsäglichen Schmerzes, den der Verlust dieses Baukunstwerkes verursachte, schuf Rudolf Steiner schon wenig später das Außenmodell für einen Neubau, dessen Vollendung er jedoch nicht mehr erlebte.

Schon im Zusammenhang mit dem ersten Bau, der auf einem Betonsockel errichtet war, spürte Rudolf Steiner, dass aus dem beliebig formbaren, amorphen Material des Betons künstlerische Formen *herausgeholt* werden können. Über entsprechende Erfahrungen verfügte er bereits, da er gleichzeitig mit der Errichtung des Goetheanum bei der ausgelagerten Heizzentrale, dem sogenannten Heizhaus (1913/14), sowie in der Dachpartei eines Wohnhauses (Haus Duldeck, errichtet 1915–1918) seinen plastischen Gestaltungswillen in Beton zum Ausdruck gebracht hatte. Gleichwohl kann der Unterschied zwischen den genannten drei Gebäuden größer nicht sein. Von einem »einheitlichen anthroposophischen Baustil« ist hier rein gar nichts zu spüren. Steiners Innovationspotenzial schien unerschöpflich. Das Haus Duldeck, so äußerte er sich gegenüber Mitarbeitern noch während dessen Bauzeit, »steht da als ein lebendiger Protest gegen alles Althergebrachte im Baustil und in der Bauart«.[144]

Steiners Dornacher Bauten sind auch heute noch Anziehungspunkt für Architekten aus aller Welt. Einer der ersten unter den Berühmtheiten des 20. Jahrhunderts war Le Corbusier, der 1926 den noch unvollendeten Bau des zweiten Goetheanums besichtigte. Noch im selben Jahr war aus Japan der an der Waseda-Universität in Tokio lehrende Architekturprofessor Kenjy Imai, ein enger Freund von Antonio Gaudí, angereist und kehrte später mit Studenten mehrfach wieder, um mit ihnen die Formensprache Steiners zu studieren. Hans Scharoun, der Erbauer der Berliner Philharmonie, soll

Das Goetheanum von Nordwesten, im Vordergrund das ›Eurythmeum‹

über das Goetheanum gesagt haben, dass es »das bedeutendste Bauwerk der ersten Hälfte dieses Jahrhunderts« sei.[145] Inzwischen hat der Kölner Architekturhistoriker Wolfgang Pehnt[146] verschiedene Publikationen der Bautätigkeit auf dem Dornacher Hügel gewidmet und sie damit im Gedächtnis der Architekturgeschichte des 20. Jahrhunderts verankert.

Wie Rudolf Steiners Wirken als Architekt von der damaligen Fachwelt wahrgenommen wurde, mag folgender Brief eines führenden Vertreters neuer Architekturbestrebungen, Richard Neutra, an Rudolf Steiner verdeutlichen:

Sehr geehrter Herr!
Als ich Sie vor Jahren in Wien über die Zusammenhänge künftiger Kunstentwicklung mit der geistigen Erneuerung unserer

gegenwärtigen Menschheit sprechen hörte, hatte ich den Wunsch,
unsere Sache, als die der wirklich gegenwärtigen Baukunst,
die Pfeil und Wegweiser auf zukünftige hin sein muss, mit Ihrer
gewünschten, allgemeinen geistigen Bewegung in Beziehung zu
bringen.
Das traurige Brandunglück, das Ihre bauliche Schöpfung in
Dornach vor kurzer Zeit betraf, erneuerte in mir den Gedan-
ken, Ihnen persönlich näherzutreten.
Ich bin der Mitarbeiter und leitende Architekt Erich Men-
delsohns, der gegenwärtig in Palästina weilt. Ich denke, dass
Ihnen sehr geehrter Herr einige der zahlreichen, uns selbst
zum großen Teil unerwünschten Publikationen des Einstein-
Turmspektographen vor Augen gekommen und auch, dass
Sie von unserer Arbeit vielleicht durch die bilderreichen Ver-
öffentlichungen holländischer und amerikanischer Kunst-
zeitschriften (The Dial New York, Wendingen Amsterdam)
Nachricht besitzen.
Ich würde mich herzlich freuen, Sie bei Ihrem nächsten Auf-
enthalt in Berlin in unserer Werkstatt empfangen zu können
und Ihnen an unseren Modellen ausgeführter großer Indus-
trieanlagen und menschlicher Wohn- und Arbeitsstätten die
Richtung unseres Strebens zu erläutern.
Ich bin auch gern bereit, Sie durch die wissenschaftlichen
Laboratorien des Turmspektographen im Observatoriumshain
in Potsdam zu geleiten. –

Mit ergebenster Begrüßung,
gez: Ing. Richard Neutra

Skulptur

»Das bedeutendste Kunstwerk Rudolf Steiners ist die große Holz-skulptur, die in den Jahren 1917–1924 entstand«, schrieb der an-gesehene Kunstkritiker Günter Metken in seinem Katalogbeitrag zur Ausstellung ›Rudolf Steiner – Tafelzeichnungen, Entwürfe, Architektur‹ im Württembergischen Kunstverein in Stuttgart im Spätherbst 1994.[147] Da dieses Kunstwerk, das seinen festen Stand-ort auf der Ostseite des Bühnenraumes im ersten Goetheanum einnehmen sollte, sich zur Zeit des Brandes noch im Atelier Ru-dolf Steiners befand und so von den Flammen verschont blieb, ist es eines der wenigen Zeugnisse des künstlerischen Gestaltungs-willens von Rudolf Steiner. Heute befindet sich die Skulptur in einem eigens für sie gebauten Raum im zweiten Goetheanum. In seinem Münchner Vortrag über ›Das Sinnlich-Übersinnliche in seiner Verwirklichung durch die Kunst‹ führt Steiner über diese Skulptur Folgendes aus:[148]

Es ist der Versuch gemacht worden, eine Holzgruppe zu schaf-fen, welche einen, ich möchte sagen, typischen Menschen dar-stellt, aber diesen typischen Menschen so darstellt, dass das, was sonst nur veranlagt ist, aber niedergehalten wird durch ein hö-heres Leben, so dargestellt ist, dass die gesamte Form zunächst zur Gebärde wird und die Gebärde dann wiederum zur Ruhe gebracht wird. Es ist dann plastisch hier angestrebt worden, das, was in der gewöhnlichen menschlichen Gestalt niedergehalten wird – nicht die Gebärde, die man aus der Seele heraus macht, sondern jene, die nur in der Seele ertötet ist, die niedergehalten ist durch das Leben der Seele – diese Gebärde wachzurufen, dann wieder zur Ruhe zu bringen. Es ist also angestrebt worden, die ruhige Fläche des menschlichen Organismus erst gebärden-

Das zweite Goetheanum, Teilansicht

haft in Bewegung zu bringen und sie dann wiederum neuerdings zur Ruhe zu bringen. Dadurch kam man ganz naturgemäß zu der Empfindung, dasjenige, was wiederum in jedem Menschen veranlagt ist, aber selbstverständlich durch das höhere Leben zurückgehalten wird, die Asymmetrie, die bei jedem Menschen vorhanden ist – kein Mensch ist links so ausgebildet wie rechts –, stärker hervortreten zu lassen.

Nun aber, hat man sie stärker hervortreten lassen, hat man gewissermaßen dasjenige aufgelöst, was in einem höheren Leben zusammengehalten ist, dann muss man es mit Humor auf einer anderen, einer höheren Stufe wiederum verbinden, dann ist es nötig, das, was einem naturalistisch von außen entgegentritt, wiederum zu versöhnen. Es wird notwendig, künstlerisch zu ver-

Panorama des Dornacher Hügels von Norden

söhnen dieses Verbrechen gegen den Naturalismus, die Asymmetrie hervorgehoben zu haben, auch sonst mancherlei in die Gebärde übergehen gelassen und dann wiederum zur Ruhe gebracht zu haben. Dieses innerliche Verbrechen hatten wir wiederum zu sühnen, indem wir auf der anderen Seite die Überwindung zu zeigen hatten, die dann entsteht, wenn das menschliche Haupt durch Metamorphose übergeht in eine finstere, beklemmende Gestalt, welche nun aber wieder überwunden wird durch den Menschheitsrepräsentanten: sie ist zu seinen Füßen, ist so, dass sie empfunden werden kann als ein Glied, als ein Teil dessen, was den Menschen repräsentiert.

Die andere Gestalt, die wir dazu schaffen mussten, stellt dasjenige dar, was das Empfinden fordert, wenn, außer dem Haupte, die übrige menschliche Gestalt so mächtig wird, wie sie es im

Leben schon ist, aber durch höheres Leben zurückgehalten wird, wenn überwuchert dasjenige, was sonst verkümmert zurückgeblieben ist: was in den Schulterblättern zum Beispiel sich ansetzt, was im Menschen unbewusst schon in der Gestaltung steckt und ein gewisses luziferisches Element in ihm ist, ein Element, das aus der menschlichen Wesenheit heraus will. Wenn alles das, was in der menschlichen Gestalt angelegt ist als hervorsprossend aus den Trieben und Begierden, zur Gestalt wird, während es sonst durch ein höheres Leben durch das Verstandesleben, durch das Vernunftleben überwuchert wird, welches Vernunftleben sonst sich im menschlichen Haupt ausgestaltet, verwirklicht, so hat man die Möglichkeit, die Natur zu entzaubern, der Natur ihr offenbares Geheimnis zu entreißen, indem man das, was die Natur in Teile ertötet, um ein Ganzes daraus zu machen, selbst wieder in Teilen hinstellt, sodass der Beschauer notwendig hat, dasjenige in seinem Gemüt zu vollbringen, was sonst die Natur vor ihm vollbracht hat. Die Natur hat das alles getan. Sie hat wirklich den Menschen so zusammengestimmt, dass er aus den verschiedenen einzelnen Gliedern zu einem harmonischen Ganzen zusammengesetzt ist. Indem man das, was in der Natur verzaubert ist, wiederum auflöst, löst man die Natur auf in ihre übersinnlichen Kräfte. Man kommt gar nicht in den Fall, in strohern-allegorischer oder verstandesmäßig-unkünstlerischer Weise irgendetwas als Idee, als ein Erdachtes, als ein bloß Übersinnlich-Geistiges hinter den Dingen der Natur zu suchen, sondern man kommt dazu, einfach die Natur zu fragen: Wie würdest du in deinen einzelnen Teilen wachsen, wenn dein Wachstum nicht durch ein höheres Leben unterbrochen würde? Man kommt dazu, ein Übersinnliches, das schon im Sinnlichen drinnen ist, das verzaubert ist, aus dem Sinnlichen zu erlösen, während es sonst im Sinnlichen verzaubert ist. Man kommt dazu, eigentlich übernatürlich-naturalistisch zu sein.

Malerei und Grafik

Kaum auf einem Gebiete der Kunst spürt man so sehr die enge Verbindung mit seinen wissenschaftlichen Forschungszusammenhängen, über die im ersten Kapitel dieses Buches ausführlich berichtet wurde, wie in der Malerei. Dasjenige, was sich ihm in der Optik und speziell in der Auseinandersetzung mit Newtons und Goethes Farbenlehre an grundlegenden Erkenntnissen ergab, fand in seiner letzten Schaffensperiode nun seinen künstlerischen Ausdruck.

Am Anfang von Steiners Beobachtungen standen die Rezeption und Reflexion der Goetheschen Abhandlungen über Optik und Farben, die ihm nach und nach zu Gewissheit werden ließ, dass »Licht die notwendige Grundlage jeder Farbe sei. Keine Farbe ohne Licht. Die Farben sind Modifikationen des Lichtes.«[149] Doch unter Licht ist hier nicht das Sonnenlicht, das »weiße Licht«, auch nicht eine physikalische Eigenschaft gemeint, sondern Licht – ganz im Sinne Goethes – als »eine rein geistige Entität, einfach das allen Farbenempfindungen Gemeinsame«.[150]

Dass trotz aller Kontroversen um die exakten Begriffe und die wissenschaftlich akzeptable *richtige* Farbenlehre (Goethe contra Newton) in der Malerei längst ganz neue Wege eingeschlagen wurden, war auch Rudolf Steiner nicht entgangen. Mit Blick auf Werke von Cézanne, Hodler und Signac weist er in seinem Münchner Vortrag, aus dem hier bereits schon mehrfach zitiert wurde, auf diese neuen Entwicklungen hin: »Welche unendliche Bedeutung gewinnt alles dasjenige, was die Maler der neueren Zeit versucht haben, um die verschiedenen Farben, um das Licht in seinen verschiedenen Tönungen wirklich zu studieren […] Was ist nicht alles versucht worden, um von dieser Empfindung ausgehend das Licht in seinem Leben zu erwecken, das Licht so zu behandeln, dass in ihm entzaubert wird, was sonst verzaubert bleibt, wenn das Licht der Entstehung der gewöhnlichen Naturvorgänge und Naturereignisse dienen muss.«[151] Licht war auch das große Thema, mit dem sich Delaunay befasst hat. Für ihn konzentrieren sich im Begriff des Lichtes die transzendentalen Kräfte der Abstraktion, Organisation, Tiefe und reinen Wirklichkeit. Licht ist gleichsam der Bürge für den künstlerischen Ausdruck an sich. »Die Augen sind die Fenster unserer Seele, und unsere Augen sehen das Licht.«[152]

Die in der Einleitung zu Goethes Naturwissenschaftlichen Schriften angekündigte eigene Farbenlehre konnte Steiner jedoch nie schreiben. Zunächst fehlten die Mittel, später die Muße, da vor allen in den Jahren nach dem Ersten Weltkrieg bis zu seinem Tod 1925 in seinen letzten Lebensjahren neben der Dornacher Bautätigkeit seine Vortragstätigkeit aufgrund zahlloser Anfragen erheblich zugenommen hat.

Als Maler im eigentlichen Sinne trat er erstmalig im Zusammenhang mit der Inszenierung der Mysteriendramen in München in den Jahren 1910–1912 hervor. Neben mehreren skizzenhaften Entwürfen für die Bühnenbilder schuf er auch sein erstes Bild ›Lichtesweben‹, dessen Entstehung eng mit dem inhaltlichen Geschehen auf der Bühne zusammenhing. Im ersten Mysteriendrama, ›Die Pforte der Einweihung‹ (1910), findet sich jene Stelle, in der der Maler Johannes Thomasius sich bemüht, so zu malen, dass die »Formen als der Farbe Werk« erscheinen. Und im zweiten Drama, ›Die Prüfung der Seele‹ (1911), sagt Thomasius von diesem Bild:[153]

Im zarten Ätherrot der Geisteswelt
Versuch' ich, Unsichtbares zu verdichten;
Empfindend, wie die Farben Sehnsucht hegen,
Sich geistverklärt in Seelen selbst zu schauen.

Im Verlauf der Proben zur Uraufführung trat Thomasius, der in der Münchner Aufführung von einer holländischen Malerin gespielt wurde, an Steiner mit der Bitte nach solch einem Bild heran. Spontan ergriff dieser den Pinsel und ließ in Temperafarben jenes Bild ›Lichtesweben‹ entstehen, »das den Beginn des neuen Stiles: Die Form soll der Farbe Werk sein, bedeutet«.[154]

Mit Beginn der Arbeiten am Dornacher Festspielhaus im Jahre 1913 ergab sich für eine Verwirklichung seiner Ideen auf dem Gebiete der Malerei ein weiteres künstlerisches Wirkungsfeld, das ihn über viele Monate und Jahre wenn auch mit Unterbrechungen in Anspruch nahm. Im Jahre 1914 entstanden zahlreiche Entwürfe für die Malereien der beiden Kuppeln, deren auszugestaltende Fläche ca. 650 m² betrug. Zunächst schuf er eine Flächengliederung mittels regenbogenartig verlaufenden Farbströmungen, die gleichzeitig den Urgrund für die Herausbildung der einzelnen Motive ergaben. Später dienten kleine Pastell- und Bleistiftskizzen Rudolf Steiners den Malern als Grundlage für die Ausgestaltung der Motive. Da er in sich die Vorstellung trug, nur organisch-pflanzliche Materialien zu verwenden, bedurfte es völlig neuer Arbeitstechniken und -materialien. Hierfür wurden auf seine Anregung hin in einem gesondert eingerichteten Labor Pflanzenfarben hergestellt mit dem Ziel, durch eine Vielfalt von Arbeitsgängen die Leuchtkraft der Farben zu steigern. Eine große Schwierigkeit ergab sich dabei bezüglich der Farbgrundierung, denn schon bald stellte sich heraus, dass die verwendete Champagnerkreide bei Weitem nicht so widerstandsfähig war wie etwa gewöhnliche Kreide. Unter Beimengung von flüssigem Wachs ergab schließlich die gewöhnliche Kreide den Malgrund, der den nun aufgetragenen Farben ihre hohe Leuchtkraft verlieh.

Immer wieder wies Rudolf Steiner die Maler darauf hin, künstlerische Imaginationen nicht zu Visionen verdichten zu lassen. Denn die realen Imaginationen, so Rudolf Steiner, können nicht in Erinnerungen festgehalten werden. Es kommt darauf an, sich – will man eine Imagination erneut erleben – immer wieder neu seelisch zu aktivieren. Dies deutet zweifellos hin auf den hohen künstlerischen Anspruch, den Rudolf Steiner stellte. Oft nur unter größten Anstrengungen war es den an der Ausgestaltung des ersten Goetheanums beteiligten Künstlern möglich, sich in die völlig neue Art der Malerei, dass die Form der Farbe Werk sei, hineinzufinden. In ihrer Ratlosigkeit wandten sie sich immer wieder an ihren *Lehrer*, der daraufhin nicht selten ganze Partien neu zu malen begann. Schließlich wurde von ihm zwischen dem Sommer 1918 und dem Herbst des darauf folgenden Jahres die gesamte südliche Hälfte der kleinen Kuppel selbst ausgemalt.

Die Malereien der beiden Kuppeln waren so angelegt, dass sämtliche Motive der Südhälfte spiegelbildlich in der nördlichen Hälfte wieder in Erscheinung traten. Durch die so geschaffene Spiegelbildlichkeit der Motive und die fein abgestufte Farbgebung wurde der Betrachter angeregt, im künstlerischen Erleben geistig-seelische Urgründe zu *erlauschen*, um gleichsam innerlich zu erwachen. – Rudolf Steiner entwarf auch einen Bühnenvorhang mit dem Motiv der Wanderung des Bruders Markus aus Goethes Dichtung ›Geheimnisse‹. Doch ist es nie zur Ausführung dieses Vorhanges gekommen, was vielleicht auch darauf zurückzuführen ist, dass es künstlerisch unbefriedigend erscheint, einen gemalten Vorhang zu raffen.

Im Mai 1921 kam es auf Bitten der am Goetheanum tätigen Maler zu den drei Vorträgen über ›Das Wesen der Farben‹. Um zu einer wirklichen Erkenntnis des Farbigen zu gelangen, heißt es im ersten Vortrag, ist es notwendig, in das Wesen der Farben selbst einzudringen und den Prozess der Betrachtung in das Empfindungsleben heraufzuholen. Solch unmittelbare Farberlebnisse schildert er dann am Beispiel einer »Grünheit«, indem er in drei grüne Flächen jeweils eine andere Farbe, ein Rot, eine Pfirsichblüten-Farbe, ein Blau, hineinmalt und den Betrachter nun auf den unterschiedlichen Empfindungsgehalt, der mit den einzelnen Wahrnehmungen verbunden ist, aufmerksam macht. Das Grün wird jeweils anders erlebt. Vertieft man solche Übungen, so gelangt man nach und nach zu dem, was man die Objektivität der Farbe nennen kann. Im weiteren Verlauf dieses Vortrages schildert er dann die einzelnen Farben in ihrer Beziehung zum Seelischen und Geistigen. Im zweiten Vortrag vertieft er diese Übungen, um dann im abschließenden Vortrag die vielleicht bedeutendste Frage auf dem Gebiete der Malerei – die auch in Goethes Farbenlehre »nicht eigentlich berührt wird«: ›Wodurch erscheint die Materie in Farben, wie wird Materie farbig?‹ – behandeln zu können, ein Thema, das auch Kandinsky intensiv beschäftigte.

Neben diesen drei zentralen Vorträgen hielt er noch jene, in denen besonders der oben angedeutete Zusammenhang mit seinen naturwissenschaftlichen Studien sichtbar wird. So sprach er am 2. Juni 1923 über das Thema: ›Von der Raumperspektive zur Farbenperspektive‹ und am 29. Juli desselben Jahres über ›Maß, Zahl und Gewicht. Die schwerelose Farbe als Forderung der neuen Malentwicklung‹.

In der Silvesternacht des Jahres 1922 fiel das Goetheanum einer Brandstiftung zum Opfer. Damit gingen auch Rudolf Steiners De-

Motiv für Einband-
gestaltung zu E. Bulwer
Lyttons Roman ›Vril
oder eine Menschheit
der Zukunft‹, 1923

Einbandgestaltung zur
Neuauflage der Schrift
›Theosophie‹, 1922

ckenmalereien zugrunde. Sein malerischer Schöpfungswille hat die
Zeiten und Ereignisse dennoch überdauert: einmal in den noch er-
haltenen zahlreichen Skizzen für die Kuppelmalerei und den persönlichen Mitteilungen der an der Ausgestaltung des Goetheanums
beteiligten Maler, und zum anderen in den vielen Schulungsskiz-
zen, die er für den Malunterricht am Goetheanum und an der Dornacher Friedwart-Schule schuf.[155] Im letzten Jahr seines Wirkens,
1924, entstanden noch fünf Aquarelle, die damals bei Eurythmie-
aufführungen zu den Programmen ausgestellt wurden. »Da sie Malerei und nicht Skizze sind, kann an ihnen unmittelbar angeschaut
werden, wie in dem Fluten der Farben, in Klang, Bewegung und
Gleichgewicht die Form sich erbildet.«[156]

Im Anschluss an seine Vorträge über ›Kunstgeschichte als Abbild innerer geistiger Impulse‹ hielt Rudolf Steiner am 3. Dezember
1917 und 15. Januar 1918 noch zwei Vorträge über ›Wesen und Bedeutung der illustrativen Kunst‹. Angeregt hierzu wurde er durch
den auch in Dornach lebenden Schweizer Maler Walo von May,
der eine Fülle von Illustrationen zu bedeutenden Werken der Weltliteratur, so zu Andersens Märchen, zu Jean Pauls ›Leben des ver-
gnügten Schulmeisterleins Wuz‹, zu Schillers ›Wallenstein‹ u. a. geschaffen hat.

Unter illustrativer bzw. illustrierender Kunst versteht Rudolf Steiner eine Art bildnerisches Komponieren. So, wie man zu einem Text
eine Musik komponiert, so müsste es auch möglich sein, »in gleicher Art durch die bildende Kunst etwas für einen Text zu schaffen, wie es durch die Musik nach anderer Seite hin möglich ist«.[157]
Die Ursachen dafür, dass man musikalische Illustrationen kennt
und pflegt, aber keine bildnerischen, sieht er darin, »dass wir im
Laufe der letzten Jahrhunderte den Sinn, die Empfänglichkeit für
das Bildnerische verloren haben«.[158] Dabei bedeutet für ihn illus-

trative Kunst nicht, nur bildlich das auszudrücken, was der Dichter bereits sprachkünstlerisch dargestellt hat. Vielmehr muss das Bildnerische so gestaltet sein, dass es das zum Ausdruck bringt, was dem Dichter zwar innerlich vorschwebt, aber dichterisch nicht aussprechbar ist. Bild und Text ergeben dann erst zusammen das ›Ganze‹. Das Aufnehmen von Dichtungen, besonders auch von Gedichten geschieht ja häufig schon gewohnheitsmäßig, »aber in die Bilder sich hineinzuversenken und die Unterstützung zu haben durch die Gedichte, sodass man wirklich schon mit einer von den Gedichten erfüllten Seele an das Bild kommt, das ist für das Aktivmachen der Seele eine Wohltat«.[159]

Aus solchen Gedanken heraus schuf Rudolf Steiner eine Reihe von Titelblättern für Bücher und Zeitschriften sowie Vignetten, die den künstlerischen Abschluss zu einigen seiner schriftlichen Abhandlungen und Vortragsnachschriften bilden.

Eurythmie

Schon bei Platon kann man den Begriff »Eurythmie« finden. Seiner Anschauung nach wird das ganze menschliche Leben bestimmt von einer universellen Zeitgestalt, dem »richtigen Rhythmus«, dem Ebenmaß. »Eurythmie«, so Steiner 1923, »soll eine Kunst sein«, »deren Ausdrucksmittel gestaltete Bewegungsformen des menschlichen Organismus an sich und im Raume, sowie bewegte Menschengruppen sind. Es handelt sich aber dabei nicht um mimische Gebärden und auch nicht um Tanzbewegungen, sondern um wirkliche, sichtbare Sprache oder einen sichtbaren Gesang. Beim Sprechen und Singen wird durch die menschlichen Organe der Luftstrom in einer gewissen Weise geformt. Studiert man in geistig-lebendiger Anschauung die Bildung des Tones, des Vokals, des Konsonanten, des Satzbaues, der Versbildung und so weiter, so kann man sich ganz bestimmte Vorstellungen darüber bilden, welche plastischen Formen bei den entsprechenden Sprach- oder Gesangsoffenbarungen entstehen. Diese lassen sich nun durch den menschlichen Organismus, besonders durch die ausdrucksvollsten Organe, durch Arme und Hände nachbilden. Man schafft dadurch die Möglichkeit, dass, was beim Singen, Sprechen *gehört* wird, *gesehen* werden kann.«[160]

Als Grundlage für die künstlerische Ausübung der Eurythmie schuf Rudolf Steiner einige hundert »Eurythmie*formen*« zu Dichtungen und Kompositionen, die – ähnlich choreografischen Aufzeichnungen im Ballett – dem Künstler zur eurythmischen Ausgestaltung einer Dichtung oder eines Musikstückes dienen. Seine Eurythmieform zu Goethes Gedicht ›Die Metamorphose der Pflanzen‹ kommentierte Steiner wie folgt: »Nun gibt es ein Gedicht Goethes, in dem Goethe selber die ganze Art seines Metamorphosengedankens, seiner Metamorphosenempfindung zum Ausdruck gebracht hat – in dem Gedicht ›Die Metamorphose der Pflanzen‹. Das ganze Gedicht lebt in der Darstellung von Formanschauung. Von Zeile zu Zeile haben wir eigentlich das Gefühl, dass wir nicht haften bleiben dürfen an der abstrakten Idee, sondern dass wir uns mit unserer ganzen Seele folgsam zeigen müssen den Formen, die in des Dichters Fantasie wogen und wallen. Und daher kann man gerade diesem Metamorphosengedichte Goethes die eurythmische Darstellung voll anpassen. [...] Gerade da, wo die Dichtung selber wie ein unmittelbar durch die Seele geschaffener Abdruck der in der Natur waltenden Geheimnisse wird, offenbart sich auf der einen Seite das Künstlerischwerden des menschlichen Empfindens selber, auf der anderen Seite die Möglichkeit, dieses Künstlerische auch so zur Darstellung zu bringen, wie es gebracht werden kann, wenn der ganze Mensch, wie ich es angedeutet habe, als gewissermaßen musikalisch-sprachliches Instrument benützt wird.«[161]

Die Eurythmieformen Rudolf Steiners sind nach seiner eigenen Aussage weder künstlerisch noch schön. Sie werden es erst, erwiderte er einmal Assja Turgenieff auf eine entsprechende Äußerung hin, wenn sie im Raume abgelaufen sind. So hat man auch im engeren Kreis der ausübenden Eurythmisten diese Skizzen nie als Kunstwerke angesehen, wenngleich die ihnen zugrunde liegende künstlerische Kraft stets auch als präsent empfunden wurde. Zumeist auf DIN-A4-großen Blättern hat Steiner mit minutiöser Strichführung zeitliche Abläufe, rhythmisch gegliedert, vom Melos der Komposition oder der Sprachmelodie einer Dichtung getragen, im Raume sichtbar gemacht, nicht fixiert, sondern jede Form sucht sich ihren Platz zwischen den Polen der Statik und Dynamik, zwischen Ruhe und Bewegung, Enge und Weite. Die mal zart, mal scharf akzentuiert, mal rund, mal spitz verlaufenden Lineamente erscheinen wie sichtbare Spuren des kosmischen Reigens der Gestirne, die der Entdeckung ihrer irdischen Entsprechung im dreidimensionalen Raum und in der menschlichen Gestalt zu harren scheinen. Kurze Wellenlinien vibrieren aus in großen Schleifen, um im nächsten Moment auf dem direktesten Wege das Zentrum des Geschehens anzusteuern. Linien, die an ihrem Ausgangspunkt die Mitte *definieren*, verlieren sich im nächsten Moment in einer nach Unendlichkeit dürstenden Peripherie und krümmen sich schließlich zu einem punktuellen Gestus zusammen, der nichts von dem vorangegangenen Geschehen preiszugeben bereit scheint und doch alles in sich enthält. Sprache und Musik werden hier durch Steiners Hand konzentriert zum Zeichen, das aber selbst nichts sein will, sondern nur ständig werden kann.

Indem der eurythmisch sich bewegende Mensch dasjenige sichtbar werden lässt, was sich im Bilden der Laute und Töne der Tendenz nach in den verschiedenen Organen des Menschen während des Sprechens und Singens, aber auch Hörens nicht sinnlich wahrnehmbar vollzieht, hat er es mit den Grundelementen der Sprache und Musik, mit Rhythmik, Metrik, Harmonik und Melodik zu tun. Die den Lauten innewohnenden Gebärden werden von dem physischen Körper, insbesondere den Armen, aufgegriffen und in eine sichtbare Gebärdensprache übergeführt. Die Seelenkräfte des Menschen, Denken, Fühlen und Wollen, »prägen sich aus in der Haltung des Körpers, in den Zonen und Richtungen der fließenden Armbewegungen; der Charakter drückt sich aus im Schritt, das Temperament im Schwung, die seelischen Stimmungen in den schwebend durchlaufenden Formen. Gedichte und Tonstücke können in dieser Weise sichtbar zum Ausdruck gebracht werden. Das Gedicht spricht; das Tonstück singt durch das Instrument der Menschengestalt.«[162] Durch die Farbe des Gewandes wird der Bewegungscharakter, durch Nuancen des Schleierwurfs die Gefühlsstimmung betont, wobei eine Variierung des Bewegungscharakters und der Gefühlsstimmung durch eine differenzierte Beleuchtung erzielt wird.

Auch Rudolf Steiners baukünstlerisch-architektonische Formensprache findet sich in der Eurythmie wieder. So liegen den eurythmischen Bewegungen im Raum innerlich erlebte Formen zugrunde, die ein wesentliches Gestaltungsmoment des ersten Goetheanum, besonders was dessen plastisch-musikalische Formgebung betrifft, waren. »Ich weiß ja auch, dass ich die Formen des Baues aus der Seelenverfassung heraus empfindend gestaltet habe, aus der mir auch die Eurythmiebilder kommen. Dass sie fortlaufend im Erleben dessen gestaltet wurden, was im Zustandekommen der Bauformen erlebt werden konnte, wird nicht als ein Widerspruch gegen das Gesagte empfunden werden können. Denn so ist das Zusammenstimmen beider nicht durch eine verstandesmäßige Absicht erstrebt worden, sondern durch einen gleichgearteten künstlerischen Impuls entstanden. Wahrscheinlich hätte die Eurythmie nicht ohne die Arbeit am Bau gefunden werden können. Vor dem Baugedanken war sie nur in ihren ersten Anfängen vorhanden.«[163]

Wie sehr die Entwicklung der Eurythmie Ausdruck seines gesamten Gedankenkosmos ist, wird besonders deutlich, wenn man die Übungsanweisungen, die er jungen Künstlern gab, betrachtet. Neben der Aufgabe, sich umfassend mit der Anatomie des Menschen, mit den Formen und Funktionen einzelner innerer Organe zu beschäftigen, forderte er umfassende Kenntnisse auf dem Gebiete der Dichtung, Musik, Tanzkunst und den bildenden Künsten. Dass Rudolf Steiner ein intimer Kenner der hier genannten Gebiete, so z. B. auch spezieller Formen tänzerischer Ausdrucksmöglichkeiten bis hin zur Pantomime, war, belegen zahlreiche Mitteilungen seiner Schüler, von denen einige in dem Band ›Die Entstehung und Entwicklung der Eurythmie‹ zu finden sind. In diesen Darstellungen kann der Leser auch verfolgen, mit welcher Umsicht und mit welchem künstlerischen Gespür Rudolf Steiner zusammen mit seinen Schülern die Grundlagen schuf zu einer neuen Bewegungskunst, die heute als »pädagogische Eurythmie« und »Heileurythmie« in allen Waldorfschulen, in vielen heilpädagogischen Heimen, einigen Krankenhäusern und Wirtschaftsunternehmen ein wesentlicher Bestandteil des Erziehens, Unterrichtens, Therapierens und der Unternehmenskultur ist.

Die nach Angaben Rudolf Steiners hergestellten »Eurythmie*figuren*« sowie diesen zugrunde liegenden Skizzen dienen dem Eurythmisten zur Veranschaulichung der in Vokalen, Konsonanten und Tönen verborgenen Gestaltungselemente. Die aus flachem Holz geschnittenen Figuren, die nach einem Dreifarbenprinzip gestaltet sind, zeigen in ihrer Grundfarbe die jeweilige Bewegungsform. In

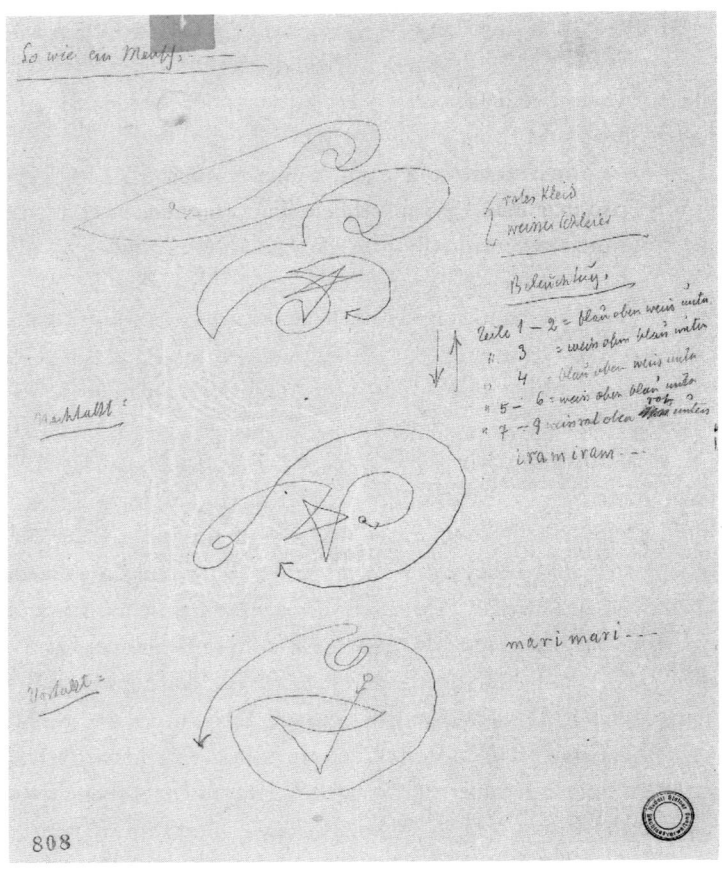

Eurythmieform Steiners zu Morgensterns Gedicht ›So wie ein Mensch …‹

der zweiten Farbe kommt die Gefühlsnuance für die Bewegung, in der dritten das Willenselement zum Ausdruck. An ihnen wird besonders deutlich, wie Rudolf Steiner das künstlerische Element bis hinein in das Übungs- und Anschauungsmaterial lebendig werden

FÜR RUDOLF STEINER

So wie ein Mensch, am trüben Tag, der Sonne
vergisst, —
sie aber strahlt und leuchtet unaufhörlich.
so mag man Dein an trübem Tag vergessen,
um wiederum und immer wiederum
erschüttert, ja geblendet zu empfinden,
wie unerschöpflich fort und fort und fort
Dein Sonnengeist
uns dunklen Wandrern strahlt.

Christian Morgenstern

lässt. Kunst und Leben können hier in ihrem intimsten Zusammenhang erlebt werden. Das Künstlerische wird nicht zu einem Akt der Einmaligkeit einer momentanen Eurythmiedarbietung stilisiert, sondern bereits in dem gesamten Entwicklungsprozess, den der Eurythmist durchläuft, waltet das Künstlerische.

Wie intensiv sich der Eurythmist mit den ›Nachbarkünsten‹ auseinanderzusetzen hat und welch eines langwierigen Schaffensprozesses es bedarf, ehe etwa ein Musikstück eurythmisch dargestellt werden kann, mag folgendes Beispiel, das Rudolf Steiner im Verlauf einer Konferenz mit Eurythmielehrern anführte, ein wenig verdeutlichen:[164]

Nehmen Sie den Klavierauszug von einer Sonate und versuchen Sie sich aufzubauen, wie ein guter Komponist Takt, Harmonie, Melos verwendet. Am besten, Sie gehen von Beispielen aus; die heutigen Dinge sind viel zu akustisch. Sie können auch eine Partitur nehmen, wenn Sie sie lesen können. Einfach namentlich auch in der Phrasierung. Versuchen Sie richtige musikalische Interpunktion zu treiben. Noch bis in die Goethe-Zeit hinein schrieb man die Partitur Punkt, Komma, Semikolon und so weiter, um die Phrasierung herauszuarbeiten. Hören Sie sich zwei Klavierspieler an, wie sie dasselbe Stück verschieden spielen, da können Sie auch anschaulich machen, worin der Unterschied besteht. Wenn Sie falsch phrasieren, wirkt es unglaublich philisterhaft. Diesen Unterschied hervorheben, zeigen, was auf Phrasierung beruht. Harmonielehre selbst aufbauen. Beispiele suchen, wie die Harmonielehre von irgendeinem Künstler gehandhabt wird. Bach, Mozart, Beethoven als Komponisten. Alle Schülerinnen sollten die Improvisation auf dem Klavier erlernen. Es macht doch nichts, dass es etwa achtzig Schülerinnen sind. Fangen Sie an mit dem, was Sie vor sich haben. Gehen Sie beim Klavierspiel von der Konstruktion des Klaviers aus. Und dann erklären Sie auch die Form der Sonate; wie die Sonate der ganze Mensch ist.

Die Entwicklung der Eurythmie zur Bühnenkunst ist vor allem Marie Steiner zu verdanken. Nachdem sie selbst an den ersten, von Rudolf Steiner gegebenen Übungsstunden teilgenommen hatte, arbeitete sie intensiv an der weiteren Ausgestaltung der eurythmischen Bewegungssprache, entwickelte zugleich die von ihr schon seit vielen Jahren ausgeübte Rezitationskunst weiter, sodass in den zwanziger und dreißiger Jahren mit einem von ihr geschulten Bühnenensemble Auftritte auf zahlreichen großen Bühnen Europas möglich wurden.

EINFÜHRUNG

Die als Eurhythmie bezeichnete Bewegungskunst, die bisher nur in einem engeren Kreise gepflegt wurde, hat ihren Ausgangspunkt von der Anschauung Goethes genommen, daß alle Kunst die Offenbarung ist verborgener Naturgesetze, die ohne solche Offenbarung verborgen blieben. Mit diesem Gedanken läßt sich ein anderer, ebenfalls Goethescher, verbinden. In jedem menschlichen Einzelorgane haben wir einen gesetzmäßigen Ausdruck der menschlichen Gesamtform. Jedes einzelne Glied des Menschen ist gewissermaßen ein Mensch im kleinen, wie — goethisch gedacht, — das Pflanzenblatt eine Pflanze im kleinen ist. Man kann diesen Gedanken umkehren und im Menschen einen Gesamtausdruck dessen sehen, was eines seiner Organe darstellt. Im Kehlkopf und den Organen, die in Sprechen und Singen mit ihm verbunden sind, werden durch diese Betätigungen Bewegungen ausgeführt, die sich in Lauten offenbaren, während sie selbst im gewöhnlichen Lautverbindungen offenbaren, während sie selbst im gewöhnlichen Leben unbeachtet bleiben. Weniger diese Bewegungen selbst, als vielmehr die Bewegungsintentionen sollen nun durch die Eurhythmie umgesetzt werden in Bewegungen des Gesamtkörpers. Durch den ganzen Menschen soll sich als Bewegung und Haltung sichtbar machen, was sich im Bilden der Laute und Töne in einem einzelnen Organ-System unwahrnehmbar abspielt. Durch Bewegungen der Glieder am Menschen kann

zur Offenbarung, was sich im Sprechen und Singen im Kehlkopf und seinen Nachbarorganen vollzieht, in der Bewegung im Raume und in den Formen und Bewegungen von Gruppen wird dargestellt, was durch das Menschengemüt in Ton und Sprache lebt. Dadurch ist mit dieser eurhythmischen Bewegungskunst etwas geschaffen, bei dessen Entstehung die Impulse gewaltet haben, die in der Entwicklung aller Kunstformen gewirkt haben. Alles willkürlich Mimische oder Pantomimische, alles Symbolisieren von Seelenleben durch Bewegungen ist ausgeschlossen. Der Ausdruck wird durch einen gesetzmäßigen inneren Zusammenhang erreicht, wie in der Musik. Wovon im Wesen des Künstlerischen die Tatsachen einmal ihren Ausgangspunkt genommen hat, wovon sie aber im Laufe der Zeit sich weit entfernt hat, darauf soll die Eurhythmie sie wieder zurückführen. Sie will dies aber im Sinne einer wahrhaft modernen Kunstauffassung; nicht durch Nachahmung oder bloße Wiederherstellung eines Alten. Es liegt in der Natur der Sache, daß das eurhythmische Kunst sich verbindet mit der musikalischen. Die im Verlaufe der Darstellung auftretenden musikalischen Beigaben zu den eurhythmischen Aufführungen haben L. van der Pals, M. Schuurman und W. Abendroth geliefert. Was jetzt schon als Eurhythmie auftritt, ist ein Anfang, die mit dieser Kunst verbundenen Absichten werden wohl eine weitere Entwicklung finden. Sie möchten aber als ein Anfang genommen werden.

P R O G R A M M

ERSTER TEIL

Einleitende Worte von Dr. Rudolf Steiner
über eurythmische Kunst

Das Märchen vom Quellenwunder . . . . Rudolf Steiner
(Musik von Walter Abendroth)
Proömion . . . . Goethe
Weltenseelengeister . . . . Rudolf Steiner
Waldkonzerte (Musik von Max Schuurman) . . . Chr. Morgenstern
Das Sträußchen . . . . Goethe
Schmetterling . . . . Geisg
Metamorphose der Pflanzen . . . . Goethe
Aus den „Zahmen Xenien" . . . . Goethe
Aus den „Dionysos-Dithyramben" . . . . Nietzsche

ZWEITER TEIL

Szene aus der dramatischen Dichtung „Der Hüter der Schwelle" . . . . Rudolf Steiner
Vereinsamt . . . . Nietzsche
Für Tänzer . . . . Nietzsche
Aus den Galgenliedern . . . . Chr. Morgenstern
Aus dem „Pierrot lunaire" (Übersetzt von Otto Erich Hartleben) . . . Giraud
(Musik von Leopold van der Pals)
Der Rattenfänger (Musik von Max Schuurman) . . . Goethe

Veränderungen vorbehalten

MATINEE

in den

Kammerspielen des Deutschen Theaters

Sonntag, den 18. September 1921, vormittags 11 Uhr

Vorführungen in

Eurhythmischer Kunst

mit einleitenden Worten von

Dr. Rudolf Steiner

ausgehend von der Hochschule für Geisteswissenschaft
„GOETHEANUM" in Dornach (Schweiz)

Die der Aufführung zu Grunde liegenden Dichtungen werden von Marie Steiner
rezitiert, die begleitende Musik ist von
Leopold van der Pals, Max Schuurman,
Walter Abendroth.

Programm 1 Mark

Programmschrift zu einer Eurythmieaufführung in Berlin, 1921

Sprache – Dichtung – Schauspiel

»Man hält künstlerisches Sprechen heute vielfach für verfehlten Idealismus. [...] Dazu hätte man nie kommen können, wenn man sich der künstlerischen Ausbildungsfähigkeit der Sprache besser bewusst wäre.«[165] Diesen zeitkritischen Hinweis Steiners findet man in einem seiner frühen Aufsätze, in dem er die Art des öffentlichen Vortrages, wie sie damals üblich war, einer näheren Betrachtung unterzieht. Doch berücksichtigt man weitere Aufsätze jener Zeit, in der er in vielfältiger Weise das Kulturleben vor allem in Berlin intensiv wahrnahm, so wird deutlich, dass er in diese Kritik auch das bühnenmäßige Sprechen sowie die Sprache, wie sie im alltäglichen Umgang gepflegt wurde, einbezog.

Als Herausgeber des damals offiziellen Organs des Deutschen Bühnenvereins, der ›Dramaturgischen Blätter‹, sah er sich vor die Aufgabe gestellt, nicht nur Theater und Literaturkommentare und -kritiken zu schreiben, sondern auch der aktuellen Situation etwas seinen Anschauungen Gemäßes entgegenzustellen. Eine eingehende Begründung für die Notwendigkeit künstlerischen Sprechens gibt er im Verlaufe des für Schauspieler im Herbst 1924 in Dornach gehaltenen ›Dramatischen Kurses‹:[166]

Von demjenigen Sprechen, das wir heute im gewöhnlichen Leben pflegen, ist das Sprechen überhaupt nicht ausgegangen, gerade so wenig wie von unserer Schrift das Schreiben der Menschen ausgegangen ist. Vergleichen Sie die alte ägyptische Bilderschrift, so haben Sie noch eine Vorstellung, wovon das Schreiben ausgegangen ist. Und ebenso ist das Reden nicht von dem heutigen Reden ausgegangen, das alles Mögliche in sich enthält, Konventionelles, Erkenntnismäßiges und so weiter, sondern es ist das Sprechen von dem ausgegangen, was künstlerisch im Men-

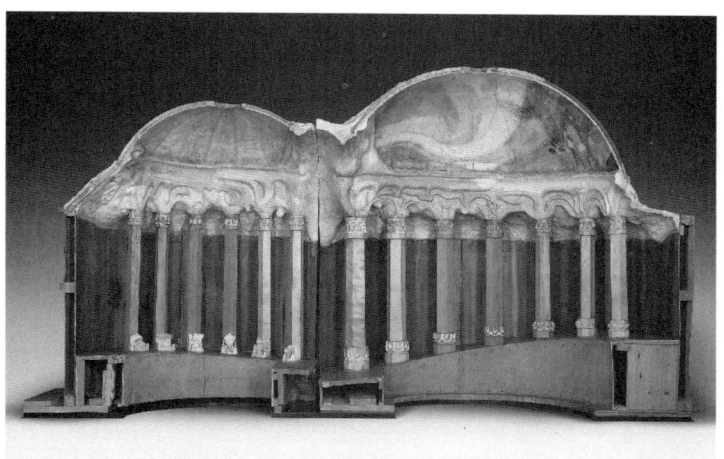

Modell für das erste Goetheanum, Blick in die große Kuppel

schen lebt. Will man daher das Künstlerische durchschauen, dann muss man schon wenigstens eine Empfindung dafür haben, dass die Sprache von menschlicher Künstlerschaft, nicht von menschlicher Zweckmäßigkeit, Wissenschaftlichkeit ausgegangen ist.

Es gab Zeiten in der Erdenentwicklung, in welchen die Menschen *unrhythmisch* überhaupt nicht haben sprechen können, sondern das Bedürfnis hatten, wenn sie sprachen, immer *im Rhythmus* zu sprechen. Es gab Zeiten, in denen man zum Beispiel gar nicht anders konnte, als, wenn man etwas sagte, was einem pointiert erschien, es durch Sprachgestaltung zu sagen. Nehmen wir zum Beispiel in ganz einfacher Weise, jemand wollte aus den Impulsen des ursprünglichen Sprechens heraus sagen, ein Mensch stolpert dahin. Es würde genügt haben, wenn er gesagt hätte, er stolpert über Stock, denn Stöcke, die liegen überall in der Urkultur, oder auch, weil Steine überall liegen, er stolpert über Stein. Aber das sagte er nicht, sondern er sagte, er stolpert über Stock und Stein, weil in dem »Stock und Stein«, ganz gleichgültig, ob man exakt die Außenwelt damit bezeichnet oder nicht, ein inneres künstlerisches Gestalten der Sprache liegt. Will man etwas pointiert andeuten, so sagt man, ein Schiff geht nicht bloß unter mit Mann, sondern auch mit demjenigen, das man vielleicht gar nicht gern auf dem Schiffe hat, mit Maus. Man sagt, das Schiff geht unter mit Mann und Maus, wenn man aus dem ursprünglichen Impuls des Sprechens heraus gestaltet.

Dieser Impuls des Sprechens lebt eigentlich heute am allerwenigsten in der Menschheit. Dafür gibt es Gründe, dass er nicht waltet. Die Gründe bestehen darinnen, dass er leider schon in der Schule nicht waltet, weil unsere Schulen, und zwar im ganzen internationalen Leben, das Künstlerische verloren haben.

Ein weiterer Ausgangspunkt, das Wesen der Sprache zu erfassen, ergab sich ihm aus der Betrachtung der Entwicklung des Menschen. In seiner Schrift ›Die geistige Führung des Menschen und der Menschheit‹ schildert er, wie das Kind zunächst lernen muss, sich mit seiner eigenen Leiblichkeit im Raum zu orientieren. Danach folgt die Ausbildung der Sprache, durch die sich der Mensch zu seinem Mitmenschen in ein Verhältnis setzt, »welches ihn zum Träger desjenigen geistigen Lebens macht, das die physische Welt zunächst von ihm aus durchdringt«.[167] Ein dritter Lernschritt besteht in der Ausbildung des Denkens. Der Mensch lernt nun, innerhalb der Gedankenwelt zu leben. Das Ausbilden des Sprechens, das sich zwischen das physische und gedankliche Werden stellt, hängt eng mit der Entwicklung des Seelenlebens zusammen. Rudolf Steiner präzisierte diesen *Standort* der Sprache im weiteren

Verlauf dieses Buches, indem er bis zur menschlichen »Ursprache«, von der in der Akasha-Chronik, der Weltenchronik, gesprochen wird, zurückgeht.

Im Verlauf dieser Studien stieß er auf eine Tatsache, die zu einem weiteren entscheidenden Ausgangspunkt für seine Sprachforschungen bis hin zu der später von ihm entwickelten künstlerischen Sprachgestaltung wurde, eine Tatsache, die in den herkömmlichen Lehrbüchern unberücksichtigt geblieben ist. Diese besteht in der Erkenntnis, dass, will sich aus der Seele heraus ein äußerlicher Eindruck durch einen Laut artikulieren, ein Konsonant gebildet wird. Soll dagegen ein innerlich seelisches Empfinden wie Schmerz oder Freude zum Ausdruck gebracht werden, so bildet sich ein Vokal. Das Vokalische verweist auf die inneren Geschehnisse, der Konsonant auf die äußeren. Wie differenziert Rudolf Steiner mit dieser Entdeckung umging, wird deutlich in seinen Ausführungen innerhalb des im Jahre 1924 von ihm veranstalteten Dramatischen Kurses. Dort weist er darauf hin, dass jeder Konsonant auch eine vokalische Nuance in sich trägt, wie z. B. das *l* ein *i*. Dies, so betont er, ist besonders für den Lyriker von großer Bedeutung, da er darauf achten muss, dass sein Sprechen »der reine Ausdruck des menschlichen Inneren wird«.[168]

In der Absicht, Künstlerisches in der theosophisch-anthroposophischen Bewegung wirksam werden zu lassen, brachte er im Jahre 1907 in München das Eleusinische Drama von Edouard Schuré zur Aufführung, nachdem er den Schuréschen Prosatext in Versform gefasst hatte. Sein hohes künstlerisches Einfühlungsvermögen in das Wesen der Sprache und Dichtung wird hier bereits in umfassender Weise deutlich. Mit dieser Aufführung war gleichzeitig der Keim gelegt zu einer Neugeburt des Mysterienschauspiels, das seine Fortsetzung fand in den vier Mysteriendramen.

Marie Steiner,
geb. von Sivers, 1915

Sprachlich hat er während der Niederschrift seiner Dramen versucht, das, was man den Gedankenrhythmus, das Gedankenmu-
sikalische, das Gedankenbildliche nennen kann, unmittelbar wieder an den einzelnen Laut anzuschließen. Anhand einer Szene im
7. Bild des ersten Mysteriendramas schildert Steiner 1924 beispielhaft diesen Prozess so: »Da ist versucht worden, so weit dasjenige,
was ausgesprochen werden soll, in den Laut hineinzubringen, dass
der Laut selber, ohne dass man über ihn hinausgeht, eine Hinwei-
sung, eine Offenbarung des Geistigen sein kann, wie das in den Ur-

sprachen der Fall war. Und es ist in dieser Szene im siebenten Bilde erstens beachtet, dass man es zu tun hat mit etwas von der physischen Welt Abliegendem, also mit etwas, was gegen das geistige Reich hingeht. Daher ist der Grundton in diesem Bilde einer, der auf Innerlichkeit weist, auf Spirituelles weist, der darauf hinweist, dass vokalisiert werden muss. Aber auf der anderen Seite ist bei jenem Übergang, der deutlich hervortritt in den drei Seelenkräften, Philia, Astrid und Luna, der Gang der Handlung so, dass Philia noch rein lebt im vokalisch-spirituellen Elemente, wo das Konsonantische gewissermaßen dadurch hervortritt, dass man es mit Sprache und nicht mit Gesang zu tun haben muss; Astrid bildet dann den Übergang, und Luna, die schon zu tun hat mit der Schwere, also mit demjenigen, was nach dem physischen Plane hingeht, gerät im Vokalisieren bereits zum Konsonantisieren.

So kann man gerade an dieser Szene sehen, wie ein solches zu behandeln ist mit konsonantischer Andeutung und einem Leben vorzugsweise im Vokalischen, was von der physischen Welt abführt nach dem Geistigen hin. Und solche Dinge sind fundamental für denjenigen, der in eine wirkliche Sprachgestaltung hinüberkommen will.«[169]

Von dem gleichen künstlerischen Anliegen durchdrungen sind Rudolf Steiners Dichtungen, die er zu einem großen Teil für die Eurythmie geschaffen hat, um die Eurythmieschüler »ganz konkret einzuführen in den Geist des Sich-eins-Fühlen mit dem Universum«.[170] Bei der Durchführung dieser Aufgabe bedurfte es daher eines künstlerischen Formgebungsprozesses, der einen Zusammenklang von Form und Inhalt erforderte.

So folgen zum Beispiel die beiden Dichtungen ›Zwölf Stimmungen‹ und ›Planetentanz‹ in ihrem Aufbau »genau demjenigen, was inhaltlich darin gegeben ist: ein Bewegt-Ruhiges, – die Zwölfheit, die im Universum als der Tierkreis gegeben ist, – die Siebenheit, die im Universum als Planetenfolge vorhanden ist. Wir haben zwölf Strophen zu je sieben Zeilen, ein genaues Abbild des in unserem Universum Vorhandenen. Dies ist gleichsam das äußere Gerippe; es ist aber in allen Einzelheiten festgehalten, was sich da offenbaren will, was ausgeflossen ist in die Bewegung unseres Sonnensystems: Es ist festgehalten im Auf- und Abstieg der einzelnen Strophe, im Auf- und Abstieg der ganzen Dichtung; in der allgemeinen Stimmung der Strophe, die dem betreffenden Himmelskörper entspricht, hervorgerufen durch die Art und Weise, wie die Worte in der betreffenden Strophe gerade liegen, – aber auch in dem Hineinspielen einer jeden einzelnen Zeile, die dem Wandelplaneten entspricht [...] Es ist wirklich das Einssein mit den Gesetzen des Universums, das Gegenteil der subjektiven Willkür.«[171]

Der überwiegende Teil seiner Dichtungen entstand im Hinblick auf ein durchseeltes Mit-Erleben des Tages- und Jahreskreislaufes und diente der innerlichen Hinwendung zu Geschehnissen, die im Menschen und im Kosmos zugleich wirksam sind. Entsprechend gestaltete Rudolf Steiner auch seine Anweisungen und Mantren sprachlich-bildhaft, um dem Übenden auf diese Weise den Zugang zu eigenen Imaginationen zu ermöglichen. Dadurch, dass es sich bei dem künstlerischen Element grundsätzlich darum handelt, »die Brücke vom Geist in die Materie, von der Materie zum Geist hinüber«[172] wiederzufinden, wird der Meditierende durch einen künstlerisch gestalteten Wortlaut in seinem zu gehenden Weg unterstützt.

In enger Zusammenarbeit mit Marie Steiner kam es in den zwanziger Jahren zu einer Reihe von Sprachübungskursen, in denen Lehrer, Schauspieler und Interessierte im künstlerischen Spre-

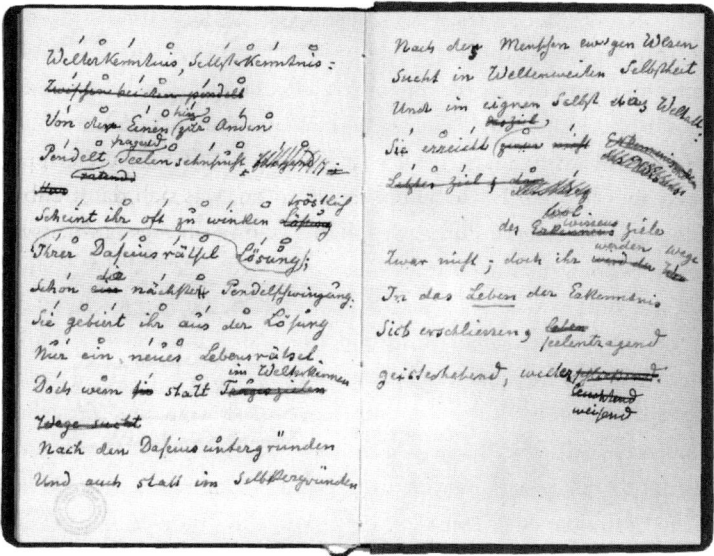

Spruch für das ›Goldene Buch‹ der Berner Freistudenten, Bern, 20. Oktober 1920

chen unterwiesen wurden. Diese Kurse fanden ihren Höhepunkt in dem im Herbst 1924 durchgeführten ›Kursus für Sprachgestaltung und Dramatische Kunst‹, an dem über siebenhundert Schauspieler und Laien teilgenommen haben. Im Verlauf von zwei Wochen wurde nahezu das ganze Panorama, das das Leben auf der Bühne ausmacht, vor den Teilnehmern ausgebreitet, von der Lautentwicklung, über die Unterschiede und Bedeutung des Lyrischen, Epischen und Dramatischen und der Erörterung des Verhältnisses von Sprache und Gebärde bis hin zu Kostümen, Beleuchtung und Regieführung.

Musik

»Wenn wir die Musik vergleichen wollen mit den anderen Künsten, so müssen wir sagen: Eigentlich haben die anderen Künste alle in der physischen Welt ein Vorbild. Wenn zum Beispiel der Bildhauer die Statue eines Apoll oder Zeus schafft, dann arbeitet er nach der idealisierten Wirklichkeit der menschlichen Welt. Ebenso ist es in der Malerei. Heute will man sogar in der Malerei nur das gelten lassen, was unmittelbar den Eindruck der Wirklichkeit gibt. Ebenso bemüht sich die Poesie, ein Abbild der Wirklichkeit zu schaffen. Wer diese Theorie auf die Musik anwenden wollte, würde wohl kaum zu irgendeinem Resultat kommen können. Der Mensch muss sich fragen: Woher kommt denn eigentlich der künstlerisch geformte Ton, worauf in der Welt hat er Bezug?«[173] In diesen einleitenden Worten zu seinem Vortrag vom 3. Dezember 1906 deutet sich bereits die Aufgabenstellung an, die sich für den Geistesforscher Rudolf Steiner auf dem Gebiet der Musik ergibt: das Erfassen des Ursprungs der Musik, des Musikalischen als einem »weltschaffenden Prinzip« und seine Bedeutung für den Menschen.

Auf den ersten Blick erscheint es, als ob das Gebiet der Musik im Lebenswerk Rudolf Steiners ausgespart bliebe. Im üblichen Sinne ist er auch nie musikalisch-schöpferisch tätig geworden. Er spielte weder ein Instrument, noch schuf er Kompositionen. Jedoch durchziehen seine Bemühungen um ein Erfassen des »Wesens des Musikalischen« viele Bereiche seines Wirkens auf geisteswissenschaftlichem und künstlerisch-praktischem Felde.

In seiner Autobiografie schreibt Rudolf Steiner, dass er sich von jeher tief mit der Musik verbunden fühlte. Aufmerksam lauschte er dem Violinspiel seines Lehrers in Neudörfl, und aus seiner Jugendzeit berichtet er: »Ich hatte während meines Knaben- und Jugendlebens jede Gelegenheit benützt, um mein Musikverständnis zu finden. Die Stellung, die ich zum Denken hatte, brachte das mit sich [...] Die Welt der Töne an sich war mir die Offenbarung einer wesentlichen Seite der Wirklichkeit.«[174]

Nicht die Musik, wie sie in den Konzertsälen oder als Umrahmung von Festveranstaltungen oder gar in ihrer Übermittlung durch technisch-akustische Medien im damaligen und auch gegenwärtigen Kulturleben gepflegt und kommerzialisiert wird, steht im Zentrum seiner Forschungen, sondern dasjenige, was als das Musikalische im Menschen und der Welt lebt und erlebbar wird. Dazu zählen Probleme der Entwicklung des Gehörsinnes in Verbindung mit der Ausbildung des Sprach- und Gleichgewichtssinnes ebenso wie die Erörterung des Zusammenhanges des Musikalischen mit dem Atmungsprozess des Menschen und dessen Auswirkungen auf das leiblich-seelisch-geistige Geschehen im Menschen. Hinzu kommt die Auseinandersetzung mit Fragen nach dem Wesen und der Bedeutung der Sphärenharmonien für eine »musikalische Kosmologie«, aber auch Detailprobleme aus der Intervallehre, Instrumentenkunde bis hin zu Fragen der Musikerziehung fallen in diesen Bereich.

Bereits im Zusammenhang mit seiner Herausgabe von Goethes Naturwissenschaftlichen Schriften setzte sich Rudolf Steiner mit der Musik auseinander, wobei ihn vor allem die Frage nach der »Würde der Kunst«, die für Goethe in der Musik besonders deutlich zutage trat, beschäftigte. Während seiner umfangreichen Vortragstätigkeit nach der Jahrhundertwende sprach er verschiedentlich auch über Musik. Dabei ging es ihm insbesondere häufig ausgehend von Goethe, Schopenhauer und Wagner darum, die »irdische Musik als Nachklang der in höheren Welten wahrgenommenen Klänge«, von den Pythagoreern »Sphärenharmonie« genannt, deutlich zu machen. Wesentlich war ihm stets, die Verbindung der einzelnen Künste untereinander und in Beziehung zu den Wesensgliedern des Menschen aufzuzeigen, wodurch sich oft völlig neue Aufgabenstellungen für die Musik auf dem Gebiete der Pädagogik und Medizin auftaten.

Eine eingehende Darstellung des »Wesens des Musikalischen« findet sich in einem Vortragszyklus Rudolf Steiners vom März 1923. Hier präzisiert er die Anschauung, dass die Musik übersinnlichen Ursprungs ist, indem er musikalische Einzelaspekte aus der Intervall- und Harmonielehre, Grundprobleme des Melodischen und Rhythmischen bis hin zu musikpsychologischen Fragestellungen und einer umfassenden Übersicht der Entwicklungsgeschichte einzelner Musikinstrumente aus der Sicht der Geisteswissenschaft darstellt. Ein heutiges Studium dieser Vorträge setzt bereits umfassende Kenntnis der anthroposophisch orientierten Geisteswissenschaft voraus. Eine Steigerung des hier Angeführten stellt der ›Ton-Eurythmie-Kurs‹ aus dem Jahre 1924 dar, in dem er insbesondere auf die Frage nach dem Verhältnis des Menschen zur Musik mit dem Ziel einer Umwandlung musikalischen Erlebens eingeht. Dieser Wandlungsprozess wird vor allem dadurch bewirkt, dass durch die Musik, die in der Eurythmie in Bewegung übergeht, alles das, was nicht zur Musik selbst gehört, abgestoßen wird und nur *reine Musik* in den Bereich des Sichtbaren hinübergetragen wird.

In einer Reihe von weiteren Vorträgen spricht Rudolf Steiner von zwei grundlegenden Polaritäten im Künstlerischen: dem Poetisch-Musikalischen auf der einen Seite und dem Plastisch-Architektonischen auf der anderen. Ist das Poetisch-Musikalische Repräsentant eines im Zeitlichen verlaufenden Geschehens, so drücken sich im Plastisch-Architektonischen Formtendenzen aus, die im Räumlichen erlebbar sind. Gelingt es, beide Gestaltungsprinzipien zu integrieren, wie es Rudolf Steiner in der Innengestaltung des ersten Goetheanum-Baues zu verwirklichen suchte, indem er durch sich stets wandelnde Motive der Säulenkapitelle das Plastische dynamisierte, in einen zeitlichen Fluss brachte, so wird für den Menschen das Verhältnis von Raum und Zeit in einer neuen Weise erlebbar. Seine bereits während der Wiener Studentenzeit begonnenen Studien über die Begriffe von Raum und Zeit, auf die im ersten Kapitel dieses Buches schon näher eingegangen wurde, finden in den späteren Jahren seines Wirkens im Künstlerischen eine neue Ausdrucksform. In dieser Art der Behandlung der Raum-Zeit-Problematik wird der enge Zusammenhang zwischen Kunst und Wissenschaft deutlich, zeigt sich, worauf Goethe sehr eindringlich hingewiesen hat, dass Kunst und Wissenschaft nur »verschiedene Offenbarungen der einen geistigen Wahrheit«[175] sind.

Die Wandtafelzeichnungen. Denken in Farben und Formen

Die Wandtafelzeichnungen von Rudolf Steiner als Kunstwerke anzusehen stand bis vor Kurzem eigentlich nie zur Debatte, was allerdings nicht zugleich bedeutet, dass es nicht in früheren Jahren auch schon eine andere Sichtweise gegeben hat. Nachweislich war es die Malerin und Grafikerin Assja Turgenieff – jahrelang im näheren Umkreis Rudolf Steiners künstlerisch tätig und darüber hinaus eine aufmerksame Zuhörerin und Zuschauerin seiner Vorträge –, die anlässlich einer von ihr eingerichteten ersten Ausstellung von Wandtafelzeichnungen im Archiv der Rudolf Steiner Nachlassverwaltung in Dornach im Sommer 1958 mit großem Nachdruck die Aufmerksamkeit auf das Künstlerische dieser Zeichnungen zu lenken suchte: »Diese anspruchslosen Skizzen sind Zeugen dessen, was das ganze künstlerische Schaffen von Rudolf Steiner kennzeichnet: wie Kunst und Erkenntnis, wenn sie aus demselben geistigen Quell ihren Ursprung nehmen, Wege zu einem neuen Kulturstil bahnen können.«[176] Dem wohl schon in früheren Jahren erhobenen Einwand, dass es sich aber doch bei den Zeichnungen lediglich um den Gedankengang des Redners begleitende Schemata, Begriffe und Diagramme, aber doch nicht um Kunst handelte, hält Turgenieff entgegen: »Unzählige Male hat Rudolf Steiner auf die Tafel ein Dreieck oder einen Kreis gezeichnet. Nichts ist bekannter als die Vorstellung von einem Dreieck, von einem Kreis, und doch: hat man das gezeichnete Bild vor sich, so wird eine andere Tätigkeit als nur die vorstellungsmäßige angesprochen. Ist der Kreis von Hand, also nicht abgezirkelt gezeichnet, so appelliert er umso mehr an den die Wahrnehmung belebenden Willen. Dieses aktive Element braucht aber vor allem der Leser von Rudolf Steiners Schriften.«[177]

Es ist aller Wahrscheinlichkeit nach der Situation des Vortrages an sich zuzuschreiben, dass die Tafeln von den damaligen Zuhörern und auch von den späteren Lesern der gedruckten Vorträge ausschließlich in einer methodisch-didaktischen Funktion gesehen wurden, entwickelt sich doch zwischen dem Redner und seiner Zuhörerschaft, auch wenn es vom Vortragenden ganz und gar nicht so intendiert ist, eine Art Lehrer-Schüler-Verhältnis, unterstützt durch den äußeren Rahmen der Sitzordnung und der *Gewaltenteilung*: dort der Redner, der (Be-)Lehrende, hier der Zuhörer, der Lernende. Die in dieser Weise entstandene »Pädagogische Provinz« versperrte offensichtlich manchem den Zugang zur künstlerischen Seite des Vortragsgeschehens, führte zu jener reduktionistischen Auffassung, von der das gesprochene Wort und das Tafelbild vermutlich gleichermaßen hinsichtlich ihrer Rezeption betroffen sind, d. h. dass im Sinne von Turgenieff das »aktive Element« noch nicht hinreichend erkannt wurde.

Aber selbst wenn man die Tafeln als Sekundärprodukt, als Beigabe zum Wort ansieht, wenn man sie ganz im Rahmen ihrer didaktischen Funktionsbestimmung unbedingt belassen möchte, wird man bei näherem Hinsehen nicht umhinkönnen, dem Künstlerischen den Platz einzuräumen, den er hierfür vorgesehen hat. Denn dass er selbst gerade den Umgang mit der Tafel, ja überhaupt jeden pädagogischen Vorgang als künstlerischen verstanden wissen wollte – man denke an seine Begründungen hinsichtlich der Notwendigkeit einer Erziehungs*kunst* –, sei an folgender Äußerung aus einem vor Lehrern gehaltenen Vortrag verdeutlicht:[178] »Das Können wird in diesem Alter [9./10. Klasse, Anm. W. K.] aber nur erreicht, wenn man alles bis zum Bilde bringt. Nun, da spielen die Nebensächlichkeiten zuweilen eine außerordentlich große Rolle. Es ist zum Beispiel wirklich etwas anderes, ob man, sagen wir, wenn man Mathematik betreibt, zunächst eine Zeile von Buchstaben und Zahlen, die breiter ist, anordnet, und dann eine andere folgen lässt, die kürzer ist, oder ob man die Buchstaben und Zahlen nun an den Anfang oder in die Mitte stellt. Man kann aus dem, was eine Rechenoperation ist, zuletzt ein *Bild* machen, das die Schüler vor sich haben, und auf so etwas einen gewissen Wert legen, dass das, was man auf die Tafel schreibt, ein Bild wird. [...] Mathematische Formeln oder Formelfolgen lassen sich manchmal durch Figuren umgrenzen, welche direkt als schön empfunden werden können. [...] Die philiströs-logische Art, die sollen wir allmählich für dieses Lebensalter – wenn ich mich so ausdrücken darf – aus unserer Seele herausimpfen.«

Steiners Vorträge sind zumeist aus sehr starken Imaginationen heraus entstanden und entsprechend sprachlich gestaltet, was bisweilen vom heutigen Leser im gedruckten Text als Umständlichkeit wahrgenommen wird, hingegen vom damaligen Zuhörer im Zusammenhang mit den die Worte begleitenden Arm- oder Handgebärden, der wechselnden Mimik und Kopfhaltung oder der Intonation der Stimme und schließlich der zeichnerischen Bewegung an der Tafel als Ereignis erlebt wurde. »Es gibt in der ganzen heutigen Kulturwelt keinen größeren geistigen Genuss, als diesem Manne zuzuhören, als sich von diesem unvergleichlichen Lehrer ›Vortrag halten zu lassen‹«, schrieb Christian Morgenstern an seinen Freund Friedrich Kayßler und vertraute ihm im selben Atemzug an: »Wenn uns Steiner nichts anderes verschafft hätte als das ›Erlebnis des Lehrers‹, es wäre schon genug.« Imaginationen, so Steiner, sind letztlich viel lebendiger als die bloß abstrakten Gedanken. »Diese Imaginationen«, so Steiner, »hat derjenige, der aus ihnen heraus spricht, immer vor sich, als wenn er schriebe. Er schreibt nur nicht jene grausam abstrakten Schriftzeichen, die unsere Schrift ausmachen, sondern er schreibt in kosmischen Bildern.«[179]

Ganz offensichtlich ist es das gleichzeitige Neben- und Ineinander von Kunst und Wissenschaft, was die Anziehungskraft der Steinerschen Tafeln ausmacht. So heißt es in einem Kommentar der Wiener ›Kleinen Zeitung‹ vom 13. Januar 1993, Bezug nehmend auf eine Ausstellung von Steiner-Tafeln in der Albertina: »Ein Raum mit Tafeln Rudolf Steiners fasziniert als ästhetisch-philosophischer Doppelreflex.« Und im ›Münchner Merkur‹ vom 26. März 1993 gibt Simone Dattenberger ihren Eindruck angesichts der Ausstellung der Steiner-Tafeln im Münchner Lenbachhaus unter der Überschrift ›Bild-Poesie illustriert offene Denksysteme‹ mit folgenden Worten wieder: »Die Exposition ›Rudolf Steiner. Vom Raum in die Zeit‹ erweitert die dem Museum gemäße dominierende Perspektive auf die Bildende Kunst hin zu einer Art von Denksystemen, die es kaum mehr gibt. [...] Die Ausstellung wird philosophisch Interessierte bereichern und bietet gleichzeitig Freunden der Bildenden Kunst überraschende Einblicke.« Steiners Engagement – und dies wird an seinen Vortragstafeln anschaubar – galt vor allem einer neuen Wegbeschreibung, die hinführen soll zu einer umfassenderen Anschauung, zum *Wesen* der Dinge und Nicht-Dinge und ihrem Verhältnis zueinander. »Der Labortisch muss zum Altar werden«[180], rief er immer wieder seinen Zuhörern zu. In die gleiche Richtung zielte mehr als ein halbes Jahrhundert später Joseph Beuys mit seinem viel zitierten Ausspruch: »Die Mysterien finden im Hauptbahnhof statt.«[181]

Das charakteristische Merkmal von Steiners Denkgebäude, der Anthroposophie, ist ihre Durchlässigkeit, ihre Vermittlungskraft hin zur Naturwissenschaft, zur Kunst und zur Religion. Aber auch das soziale Leben, die Politik, die Wirtschaft bleiben in Steiners Gedanken nicht ausgespart. In Bezug auf die Kunst hat er einmal jene Transferfunktion der Anthroposophie so zum Ausdruck gebracht: »Ich glaube, das wird gerade das Bedeutsame in der weiteren Entwicklung der Geisteswissenschaft sein, dass sie, indem sie die Kunst begreifen will, selber eine Kunst des Begreifens schaffen will, dass sie das Arbeiten, das Tätigsein in Ideen erfüllen will mit Bildlichkeit, mit Realität, und dadurch dasjenige, was wir heute als so trockene, abstrakte Wissenschaft haben, dem Künstlerischen wird annähern können.«[182]

Seit der ersten Ausstellung einer Auswahl von 40 Tafelzeichnungen in der Kölner Galerie Monika Sprüth im Sommer 1992 sind Steiners Tafelzeichnungen in vielen bedeutenden Museen zu sehen gewesen, u. a. im Frankfurter Portikus, im Lenbachhaus München, in der Albertina Wien, in der Narodni-Galerie Prag, im Watari Museum of Contemporary Art Tokyo, University Art Museum in Berkeley, Kunsthaus Zürich, Kiasma Helsinki, im Museo Nacional de Bellas Artes in Buenos Aires und in der National Gallery of Victoria in Melbourne. So distanziert häufig die Reaktionen in den Medien auf Rudolf Steiner im Allgemeinen sind, so nah wie nie zuvor waren sie angesichts der Wandtafeln, wie z. B. folgendem Kommentar in der ›Basler Zeitung‹ vom 10. Juni 1993, geschrieben aus Anlass der Ausstellung im Kunstmuseum Bern, zu entnehmen ist: »Diese Ausstellung ist auf Wanderschaft, sie war vorher in Köln, Frankfurt und München, und sie hat dort viele Menschen bewegt, sie hat eine Botschaft mitgetragen, die auch in Bern deutlich zu hören ist – man muss nicht Anthroposoph sein, um sie lesen zu können. Es ist die Botschaft von der einen Energiequelle, der sich die ganze Welt beugt, und nur ein Kind des materialistischen Zeitalters kann das materiell verstehen. Hier ist spürbar die geistige Kraft der Zusammenschau, die es tatsächlich möglich macht, in nationalökonomischen Kursen über Werte und Preise die gleichen Energien am Werk zu sehen wie in den Betrachtungen zum Wirken des Geistes in der Natur. Diese Wandtafelzeichnungen [...], diese zauberhaft sanften Energiefelder wurden weder als kalligrafische Momentaufnahmen noch als grafische Kunstwerke betrachtet, aber sie legen Zeugnis ab von der Ganzheit eines Wesens, das sich überall ausprägt, wo es sich äußert, das sich nie verleugnen kann.«

Dass die auffällige Farbigkeit der Tafelbilder eine wesentliche Rolle spielt – wobei der schwarze Untergrund hier sicherlich bestimmte Wirkungen noch verstärkt –, ist auch verschiedenen Kunstkritikern nicht entgangen. ›Die Kreidespur der kosmischen Kräfte‹, überschrieb Jürgen Kisters seinen Bericht im ›Kölner Stadtanzeiger‹ vom 12. 8. 1992, in dem es dann heißt: »Steiner erkannte (und Beuys folgte ihm darin) die Notwendigkeit, sich in die Schwingungen der Natur und in die Energien des Kosmos einzuschmiegen, um friedlich und unzerstörerisch zu leben. Diese Energien sind auf den Wandtafelzeichnungen in unzähligen Beispielen präsent: mit bunter Kreide in schwungvollen Gesten, verbunden mit Worten, die Gedankentiefen ausloten. [...] Es sind mehr oder weniger abstrakte Gebilde von ungeheurer Frische, die selbst ohne die Erklärung eines ausgedehnten Vortrages das ganze Gewicht der Welt, die Metamorphose der Seele und die Berührung der Elemente in Spiralen und Kreisen, gegeneinanderstoßenden Gestalten und sphärischen, einander überlagernden Nebeln spürbar werden lassen.« Und Monika Leske gibt in der Ausgabe vom 18.8.1992 in ›Die Welt‹ ihre Eindrücke so wieder: »Der dunkle Untergrund kam Steiner als Stimulans entgegen, hoben sich doch darauf die Gedanken gleichsam als Helligkeitswerte ab wie Gestirne in der Nacht.« Und in der Tat, für Steiner hat Farbe ganz ursächlich etwas mit den kosmischen Kräften zu tun, denn sie ist die »Seele der Natur und des ganzen Kosmos, und wir nehmen Anteil an dieser Seele, indem wir das Farbige miterleben.«[183] Was letztlich und substanziell in der Malerei erlebt wird, das beschreibt Steiner in seinem Vortrag ›Von der Raumperspektive zur Farbperspektive‹[184] als das »freie Bewegen der Seele im Kosmos«.

Ob die Tafeln Kunst oder nicht Kunst sind, das stand in all den Ausstellungsberichten nie zur Debatte. Die Tafeln haben etwas bewegt – das ist es und nur das. Mit den Ausstellungen der Wandtafelzeichnungen im Kunstkontext wurde ein neues Terrain betreten. So fern sie damit, was die äußeren Gegebenheiten anbelangt, von ihrem Ursprung abgerückt erscheinen, so lassen sie doch ganz aus sich selbst heraus die Nähe zu ihrem Ausgangspunkt jederzeit zu. Vielleicht schließt sich da auch ein Kreis, den Rudolf Steiner selbst noch angelegt hat, als er seinen Zuhörern anvertraute: »Ich würde zum Beispiel sehr gern den Inhalt meiner Philosophie der Freiheit zeichnen. Das ließe sich ganz gut machen. Nur würde man es heute nicht lesen, nicht empfinden können, weil man heute auf das Wort dressiert ist.«[185] Diese eindimensionale Blickrichtung auf das Wort fordert geradezu die künstlerische Geste als eine notwendige Gegenbewegung heraus, denn »das Künstlerische«, so Rudolf Steiner, »ist das, was man nicht mit wenigen Augenbewegungen übersehen kann, sondern wo die wenigen Augenbewegungen nur dazu dienen, um ins Unendliche, in ein Stück Unendlichkeit hineinzutauchen.«[186]

Es sind wohl die geistige Präsenz der Tafelzeichnungen und die Unmittelbarkeit ihrer Bildwirkung, die diese späte Entdeckung Steiners für und durch die heutige Kunstwelt möglich machten und die nicht selten auch Irritationen auslösten, die der Kunstkritiker Günter Metken vielleicht am treffendsten deutete mit der Bemerkung: »Das Auftauchen dieser siebzig Jahre alten, doch ganz frischen und in sich stimmigen Denkbilder gehört vermutlich zu den Anstößen, deren unser orientierungslos gewordenes Fin de Siècle bedarf.«[187]

SOZIALES LEBEN

>*Man hat in der Menschheitsentwicklung nicht das Recht,
sich als Individualität zu fühlen, wenn man sich nicht
zu gleicher Zeit als Angehöriger der ganzen Menschheit fühlt.*«[188]
Rudolf Steiner, Oxford 1922

Perspektiven

Die Wende vom 19. zum 20. Jahrhundert vollzog sich auf dem Gebiet des sozialen Lebens geradezu in diametralem Gegensatz zu dem, was in der Kunst geschah. Während in der Kunst »die große Epoche des Geistigen« herbeigesehnt wurde, hatte bei den Sozialreformern bereits die materialistische Geschichtsauffassung, gefolgt von sozialdarwinistischen Denkfiguren, ihren Siegeszug angetreten. Die Welt wurde von nun an als ein von »Stoff und Kraft« dominiertes, sich im rücksichtslosen Daseinskampf entwickelndes soziales Kräftespiel betrachtet. Entsprechend rasch wuchs die Opposition gegen alles Althergebrachte, und es formierte sich die Arbeiterbewegung, die schon bald jene in den »Gründerjahren« positionierte wirtschaftliche und politische Solidität immer wieder in ihren Grundfesten zu erschüttern drohte. Schon mit seinem Beginn hatte das 20. Jahrhundert bereits seine Unschuld verloren, und die politischen und sozialen Katastrophen waren nur noch eine Frage der Zeit.

Der Aktualitätsgrad sozialer Fragestellungen steigt mit der Krisenanfälligkeit jeweils vorherrschender Steuerungs- und Machtmechanismen, die einerseits in der Praxis, andererseits in der Theorienbildung erfahrbar wird. Probleme der Steuerung sozialer Prozesse sind daher immer wieder Gegenstand eingehender Untersuchungen, in denen es vor allem darum geht, Gesellschaftssysteme in Hinblick auf ihre Bedingungen und Möglichkeiten einer System- und Sozialintegration von dem jeweiligen Steuerungszentrum her zu erfassen. Dabei wurde verschiedentlich festgestellt, dass »in differenzierten Gesellschaften das politische System gegenüber dem soziokulturellen und dem ökonomischen System eine übergeordnete Stellung«[189] einnimmt. Dieser Auffassung widersprich jedoch Luhmann, der darauf hinweist, dass moderne Industriegesellschaften »kein eindeutiges Primat eines funktional ausdifferenzierten Teilsystems«[190] erkennen lassen. Auffallend ist – trotz zahlreicher Widersprüchlichkeiten –, dass sich neuere Gesellschaftsanalysen nicht mehr auf einen nur allzu oft vagen Totalitätsbegriff von Staat und/oder Gesellschaft stützen, sondern zunehmend die einzelnen gesellschaftlichen Teilsysteme – Ökonomie, Politik, Kultur – fokussieren.

Einer der bedeutendsten Vertreter dieser Richtung ist der amerikanische Soziologe Daniel Bell, der in der Einleitung seines Buches ›Die Zukunft der westlichen Welt‹ sein methodisches Vorgehen in der folgenden Weise beschreibt: »Im Gegensatz zu der ganzheitlichen Auffassung von Gesellschaft halte ich es für angemessener [...] die zeitgenössische Gesellschaft als ein Phänomen zu begreifen, das aus drei deutlich unterschiedenen Bereichen besteht, deren jeder einem anderen axialen Prinzip gehorcht. Ich unterteile die Gesellschaft zum Zwecke der Analyse in die techno-ökonomische Struktur, die politische Ordnung und die Kultur. Diese Bereiche sind nicht kongruent; sie weisen verschiedene Rhythmen des Wandels auf und unterliegen verschiedenen, sich jeweils anders legitimierenden Normen und sogar gegensätzlichen Verhaltensweisen. Die Unstimmigkeiten zwischen diesen Bereichen sind für die

Aufruf an alle Menſchen
zur Begründung eines Kulturrats!

Dieſer Aufruf wendet ſich an alle Menſchen, weil die Kultur eine Angelegenheit aller wahren Menſchen iſt; weil jeder Einzelne in irgend einer Weiſe ſelbſt zur Geiſtesleben ſteht oder doch ſeine geiſtige Nahrung aus ihm bezieht. Er wendet ſich insbeſondere an alle diejenigen, die am Geiſtesleben tätigen Anteil nehmen auf dem Gebiete der Erziehung, des Unterrichts, der Kunſt, der Wiſſenſchaft oder Religion. —

Freiheit iſt der Grundwert jeder geiſtigen Kultur. Sie kann ſich in geſunder Art nicht entfalten in Abhängigkeit oder im Dienſte irgend einer fremden Macht, heiße ſie nun Staat oder Kapitalismus.

Kulturmenſchen! Vertreter von Kunſt und Wiſſen-
ſchaft, Religion, Erziehung und Unterricht!

Könnt Ihr Euch fühlen als freie Geiſtesarbeiter? Seid Ihr in der Lage, in dem was Ihr hervorbringt Euch zu richten nach den Bedürfniſſen eines freien, unabhängigen Geiſteslebens ſelbſt, oder ſeid Ihr gezwungen, auf Schritt und Tritt Konzeſſionen zu machen, Rückſichten zu nehmen und Eure Arbeit einzurichten nach den Anforderungen des bisher allmächtigen kapitaliſtiſchen Staates?

Der Kapitalismus, der Euch in dem letzten halben Jahrhundert faſt völlig beherrſcht hat, iſt in Deutſchland durch die Weltkriegskataſtrophe, die er mit verſchuldet hat, in ſich zuſammengebrochen. Er hat ſich ſein eigenes Urteil geſprochen, indem er ſich ſelbſt verſchuldet hat. Er braucht nicht erſt vernichtet zu werden. Er freiſelt nur noch ein Scheinleben, und in kürzeſter Zeit wird ſein völliger Zuſammenbruch nicht mehr zu verſchleiern ſein.

Wollt Ihr nicht, ehe das völlige Chaos über uns hereinbricht und alle Kultur vernichtet, die Möglichkeit ſchaffen, daß ein freies Geiſtesleben entſtehen kann? — Nur ein befreites, auf ſich ſelbſt geſtelltes Geiſtesleben wird die Menſchheit vor dem furchtbaren Schickſal bewahren können, entmenſcht zu werden, dem ſie verfallen müßte durch die Knebelung des Geiſteslebens durch eine politiſche oder wirtſchaftliche Macht. Nur ein freies Geiſtesleben wird, in inniger Fühlungnahme mit dem ganzen Volke, teilnehmen können an der Geſtaltung eines geſunden, ſozialiſierten Wirtſchaftslebens.

Die breite Maſſe des arbeitenden Volkes iſt im Begriff, das Joch des ſeelenmordenden Kapitalismus abzuſchütteln, unter dem es gelitten hat, dadurch, daß es die menſchliche Arbeitskraft zur Ware gemacht hat. Dieſes Volk verlangt nach Eurer Mitarbeit. Es will, daß der Aufbau einer neuen Wirtſchaftsordnung gelenkt und geleitet werde von Menſchen, die durchdrungen ſind von einem freien Geiſtesleben und die daher Herz und Sinn haben für die berechtigten ſozialen Forderungen der Zeit. Davon, ob Ihr den Zuſammenſchluß mit ihm jetzt findet, hängt unſere Zukunft ab.

Die Handarbeiter ſind dabei, ſich mit den im Wirtſchaftsleben ſtehenden Kopfarbeitern zuſammenzuſchließen zu Betriebsräten und einer Betriebsrätſchaft. Schließt ihr Euch auf dem Gebiete des Geiſteslebens zuſammen in einem Kulturrat, der ſich zur Aufgabe macht, das Geiſtesleben zu befreien und dadurch die Kultur vor dem drohenden Untergang zu retten! Dann wird die Möglichkeit eines harmoniſchen Zuſammenarbeitens zwiſchen dem Geiſtesleben und dem Wirtſchaftsleben gegeben ſein; dann wird eine geſunde Sozialiſierung des Geiſteslebens und des Wirtſchaftslebens eintreten; dann werden wir bewahrt bleiben ſowohl vor einem reaktionären Zurückſinken in kapitaliſtiſchen Zwang, der dann ja nur eine Zwangsherrſchaft des Kapitalismus unſerer weſtlichen Feinde ſein könnte, als auch vor dem tragiſchen Schickſal der ruſſiſchen Revolution, das darin begründet liegt, daß Kopf und Hand nicht miteinander, ſondern gegeneinander gearbeitet haben.

Der Bund für
Dreigliederung des ſozialen Organismus.
Geſchäftsſtelle: Stuttgart, Champignyſtraße 17.

Beitritts-Erklärung.

Ich erkläre mich zur Mitarbeit in dem zu gründenden Kulturrat bereit:

Name	Beruf	Ort und Wohnung	Art der Mitarbeit

Flugblatt des Bundes für Dreigliederung ›Aufruf zur Begründung eines Kulturrates‹

mannigfaltigen Widersprüche innerhalb der Gesellschaft verant-
wortlich.«[191]

Bells Analyse führt dahin, dass jedes dieser Teilsysteme eigene
Steuerungsmechanismen und -prinzipien aufweist und hinsichtlich
eines gesellschaftlichen Ganzen als gleichwertig empfunden werden
kann. Dadurch aber, dass Entscheidungen welcher Art auch immer
zusehends in den staatlich-politisch-administrativen Kontrollraum
verlagert werden, kristallisiert sich für ihn immer deutlicher die Frage nach den Beziehungen zwischen öffentlichem Interesse einerseits
und privaten Bedürfnissen andererseits zum Kernproblem der Sozialpolitik heraus.

Die Notwendigkeit einer sich an diesen drei Subsystemen orientierenden Analyse wird immer häufiger erkannt und beginnt sich
als Methode (vgl. Habermas, Offe, Luhmann u. a.) durchzusetzen.
Umso verwunderlicher ist es, dass neue Gesellschaftsentwürfe bzw.
partielle Innovationsstrategien bisher nicht auf dieser »Dreiglied-
rigkeit« gesellschaftlichen Lebens aufbauen.

Angesichts dieser Tatsache dürften die Gedanken von Rudolf Steiner zu gesellschaftspolitischen Fragestellungen auch heute noch
von Bedeutung sein, da er in konsequenter Weise diese »Dreiglied-
rigkeit« über die Analyse hinaus zum konstituierenden Prinzip neuer Gesellschaftsformen erhebt. Der entscheidende Anstoß hierzu
ergab sich ihm aus der Beobachtung der Entwicklung des Parlamentarismus und der Parteien. Die »Dreigliederung des sozialen Organismus« als zukunftsorientiertes Gestaltungsprinzip gesellschaft-
licher Prozesse ist seine Antwort auf das Versagen der damaligen
parlamentarischen Demokratie, wie es durch die Entwicklung hin
zum Ersten Weltkrieg und durch seinen Verlauf sowie in den sich
ankündigenden Entwicklungstendenzen erfahrbar wurde.

Rudolf Steiner um 1900 zur Zeit seiner Lehrtätigkeit an der Arbeiterbildungsschule in Berlin

Der Einheitsstaat, repräsentiert durch den demokratischen Parlamentarismus, schließt das Wirtschaftsleben ebenso ein wie das geistig-kulturelle Leben. Hier beginnt nun Rudolf Steiners Kritik, indem er darauf verweist, dass weder das Wirtschafts- noch das Kulturleben seinem Wesen nach demokratisch sind, noch sein können. Der Begriff »Demokratie« gehöre wesensgemäß zum Parlamentarismus, und dieser kann nur beruhen auf dem, »was zwischen Mensch und Mensch dadurch festgesetzt werden kann, dass der Mensch einfach ein erwachsener, mündiger Mensch ist«.[192]

Steiners funktionale Gliederung des sozialen Organismus in ein Geistes-, Rechts- und Wirtschaftsleben bedeutet daher auch nicht die Konstituierung dreier Parlamente, sondern zielt darauf hin ab, Grundlagen zu schaffen, aus denen heraus die dem Wirtschafts- und Kulturleben entsprechenden Organisationsformen gefunden werden müssen:[193] »Der soziale Organismus ist gegliedert wie der natürliche. Und wie der natürliche Organismus [des Menschen] das Denken durch den Kopf und nicht durch die Lunge besorgen muss, so ist dem sozialen Organismus die Gliederung in Systeme notwendig, von denen keines die Aufgabe des andern übernehmen kann, jedes aber unter Wahrung seiner Selbstständigkeit mit den anderen zusammenwirken muss.

Das wirtschaftliche Leben kann nur gedeihen, wenn es als selbst- ständiges Glied des sozialen Organismus nach seinen eigenen Kräf- ten und Gesetzen sich ausbildet, und wenn es nicht dadurch Verwir- rung in sein Gefüge bringt, dass es sich von einem anderen Gliede des sozialen Organismus, dem politisch wirksamen, aufsaugen lässt. Dieses politisch wirksame Glied muss vielmehr in voller Selbststän- digkeit neben dem wirtschaftlichen bestehen wie im natürlichen Organismus das Atmungssystem neben dem Kopfsystem. Ihr heil- sames Zusammenwirken kann nicht dadurch erreicht werden, dass beide Glieder von einem einzigen Gesetzgebungs- und Verwaltungs- organ aus versorgt werden, sondern dass jedes seine eigene Gesetz- gebung und Verwaltung hat, die lebendig zusammenwirken. Denn das politische System muss die Wirtschaft vernichten, wenn es sie übernehmen will; und das wirtschaftliche System verliert seine Le- benskräfte, wenn es politisch werden will. Zu diesen beiden Glie- dern des sozialen Organismus muss in voller Selbstständigkeit und aus seinen eigenen Lebensmöglichkeiten heraus gebildet ein drittes treten: das der geistigen Produktion, zu dem auch der geistige An-

••• Arbeiter-Bildungsschule • Berlin •••

• • •

Sonntag, den 25. Januar 1903

Zwölftes Stiftungs-Fest

in den Gesamträumen des

Gewerkschaftshauses, Engel-Ufer 15

Mitwirkende:

Berliner Künstler-Vereinigung

Frau Helene Löffler-Hintze
Mezzo-Sopran

Herr Alfred Holy
Harfenist der Kgl. Oper zu Berlin

Herr Albrecht Löffler
Violon-Cello, Mitglied des Waldemar
Meyer-Quartetts

Herr Richard Francke
Harmonium-Virtuos und Pianist

Rezitationen: Herr Curt Holm
Fest-Rede: Herr Dr. Rudolf Steiner

Concert-Harmonium: Mason & Hamlin
Boston, Vertreter: Paul Köppen, SW.,
Friedrich-Strasse 235

Concert-Flügel: Hoflieferant C. Bechstein,
N., Johannisstr. 5—7

Anfang 6 Uhr.

Wilh. Liebknecht, Begründer der „Arbeiter-Bildungsschule".

Titelblatt des Programms zum zwölften Stiftungsfest der Arbeiter-Bildungsschule in Berlin, 1903 teil der beiden anderen Gebiete gehört, der ihnen von dem mit eigener gesetzmäßiger Regelung und Verwaltung ausgestatteten dritten Glied überliefert werden muss, der aber nicht von ihnen verwaltet und anders beeinflusst werden kann, als die nebeneinander bestehenden Gliedorganismen eines natürlichen Gesamtorganismus sich gegenseitig beeinflussen.«

Aus der damaligen politischen Situation heraus und mit Blick auf die bevorstehenden Versailler Friedensverhandlungen begründet Steiner sein Konzept einer Dreigliederung des sozialen Organismus mit den Worten: »Nicht ein Deutschland, das nicht mehr da ist, müsste der Außenwelt gegenübertreten, sondern ein geistiges, politisches und wirtschaftliches System in ihren Vertretern müsste als selbstständige Delegation mit denen verhandeln wollen, von denen das Deutschland niedergeworfen worden ist, das sich durch die Verwirrung der drei Systeme zu einem unmöglichen sozialen Gebilde gemacht hat.«[194]

In zahlreichen Vorträgen weist er darauf hin, dass es ihm nicht darum geht, aus theoretischen Erwägungen heraus Konzeptionen etwa für ein neues Steuersystem oder Bankwesen vorzulegen, sondern »die Bedingungen herzustellen, unter denen die besten sozialen Einrichtungen entstehen können«.[195]

Soziale Konflikte, so Rudolf Steiner, treten zumeist da ins Bewusstsein, wo ein schier unüberbrückbarer Widerspruch zwischen der Ideenwelt einerseits und der Lebenspraxis andererseits offenbar wird. Diese Tatsache legitimiert nicht nur geisteswissenschaftliche Forschungsmethoden auf dem Gebiet der Sozialwissenschaft, sondern macht sie unerlässlich; insbesondere dann, wenn festgestellt werden kann, dass jene Kluft zwischen menschlichen Sehnsüchten und Bedürfnissen und der sozialen Wirklichkeit immer größer wird dadurch, dass die sozialen Forderungen aufgrund ihrer politisch-ideologischen Nuancierung immer abstrakter werden, wie dies um die Jahrhundertwende der Fall war. Dabei kommt es ihm darauf an, dass man nicht nur »von einer Geistigkeit weiß oder zu wissen glaubt, sondern darauf, dass dies eine Geistigkeit ist, die auch beim Erfassen der praktischen Lebenswirklichkeit zutage tritt. Eine solche begleitet diese Lebenswirklichkeit nicht als eine bloß für das innere Seelenwesen reservierte Nebenströmung.«[196]

Im Verlauf seiner über fünf Jahre währenden Tätigkeit als Lehrer an der von Wilhelm Liebknecht gegründeten Arbeiterbildungsschule in Berlin hatte Rudolf Steiner hinreichend die Gelegenheit, die damaligen sozialen Verhältnisse, insbesondere was die Situation des Proletariats betraf, zu studieren. Aus diesen Arbeitszusammenhängen heraus und besonders aufgrund seiner zahlreichen Auseinandersetzungen mit Vertretern sozialistischer Bestrebungen wurde ihm immer deutlicher, dass dasjenige, was menschliche Arbeit, was Beruf und deren Verhältnis zum Einkommen und Erwerb ist, den Kristallisationspunkt dessen bildet, was man »die soziale Frage« nennt.

Sein grundlegend neuer Ansatz bezüglich einer Klärung dieser Frage liegt darin, dass er, entgegen der marxistischen Auffassung, wonach die Notlage des Proletariats als logische Folge bisheriger historischer Entwicklungen, als eine »Geschichte des Klassenkamp-

Vortragsankündigung, Stuttgart 1919

fes« seit dem Beginn der menschlichen Zivilisation betrachtet wird, das Elend, die Armut im 19. Jahrhundert als Resultat derjenigen Lebensformen beschreibt, die sich in dieser Zeit selbst herausgebildet haben. Für Rudolf Steiner gibt es kein eindeutiges Prinzip sozialen Wandels innerhalb der Menschheitsgeschichte zugunsten eines Abbaues von Machtstrukturen mit dem Ziel der Emanzipation, sondern für ihn produziert jede Gesellschaft auch neue Unterdrückungsmechanismen, die nur auf der Grundlage eines jeweils neu zu schaffenden Bewusstseins überwunden werden können. Dadurch versetzt er sich in die Lage, aus der aktuellen Zeitsituation heraus sachgemäße Begriffe zu bilden. Und sieht es als seine eigentliche Aufgabe. Welche Probleme mit einem solchen Ansatz verbunden sind, spricht aus den folgenden Worten: »Geisteswissenschaft ist unbequem. Zwar nicht für diejenigen, die sich nur an das halten, was in Worten verbreitet ist, und sich dann auf eine abstrakte Lebensanschauung beschränken; aber für die, welche sich tiefer in sie hineinwagen, ist sie unbequem. Sie hat es nicht zu tun mit ein paar mechanischen Vorstellungen, sondern sie zwingt dazu, sich für die verschiedensten Stufen des Daseins besondere Begriffe anzueignen. Dafür sind aber diese besonderen Begriffe gute Führer im Leben.«[197]

Soziale »Gesetze«

Die Ursachen der »Verelendung« sieht er in erster Linie darin, »dass Erwerb und Beruf, dass Lohn und Arbeit eins geworden sind«.[198] Arbeit hat für ihn die Qualität des Tuns für andere, Einkommen die des Auf-sich-selbst-Bezogen-Seins. Arbeitet der Mensch, um ein Einkommen zu erzielen, d. h., ist sein einziges Interesse an dem Produkt der Erwerb, dann wird der egoistische Aspekt zum dominierenden Prinzip erhoben. Die Ursachen für diese Entwicklung sieht er weniger in der fortschreitenden Industrialisierung als in der Unfähigkeit, ihr durch entsprechende Sozialformen ein menschenwürdiges Dasein zu verleihen. Die enge Beziehung zu dem erzeugten Produkt, die noch die Handwerker im Mittelalter hatten, ging zugunsten des Primates des Erwerbs verloren. »Die Menschheit hat aber nicht einen Ersatz schaffen können, der den Menschen wieder anschließt an das Produkt.«[199] Eine Lösung des Problems besteht für Steiner zunächst darin, dass der Mensch ein Verständnis dafür gewinnt, dass er die Arbeit aus Liebe für seine Mitmenschen verrichtet, und er erinnert daran, dass es bereits seit Urzeiten ein »Gesetz« gibt, das man auch als »Soziales Hauptgesetz« bezeichnen kann:

Das Heil einer Gesamtheit von zusammenarbeitenden Menschen ist umso größer, je weniger der Einzelne die Erträgnisse seiner Leistungen für sich beansprucht, das heißt, je mehr er von diesen Erträgnissen an seine Mitarbeiter abgibt und je mehr seine eigenen Bedürfnisse nicht aus seinen Leistungen, sondern aus den Leistungen der anderen befriedigt werden.[200]

In den weiteren Ausführungen zu diesem »Gesetz« heißt es: »Alle Einrichtungen innerhalb einer Gesamtheit von Menschen, welche diesem Gesetz widersprechen, müssen bei längerer Dauer irgendwo Elend und Not erzeugen. Dieses Hauptgesetz gilt für das soziale Leben mit einer solchen Ausschließlichkeit und Notwendigkeit, wie nur irgendein Naturgesetz in Bezug auf irgendein gewisses Gebiet von Naturwirkungen gilt. Man darf aber nicht denken, dass es genüge, wenn man dieses Gesetz als ein allgemeines moralisches gelten lässt oder es etwa in die Gesinnung umsetzen wollte, dass ein jeder im Dienste seiner Mitmenschen arbeite. Nein, in der Wirklichkeit lebt das Gesetz nur so, wie es leben soll, wenn es einer Gesamtheit von Menschen gelingt, solche Einrichtungen zu schaffen, dass niemals jemand die Früchte seiner eigenen Arbeit für sich selber in Anspruch nehmen kann, sondern doch diese möglichst ohne Rest der Gesamtheit zugute kommen. Er selbst muss dafür wiederum durch die Arbeit seiner Mitmenschen erhalten werden. Worauf es also ankommt, das ist, dass für die Mitmenschen arbeiten und ein gewisses Einkommen erzielen zwei voneinander ganz getrennte Dinge seien.«[201] Die hier thematisierte Trennung von Arbeit und Einkommen, die Mitte der achtziger Jahre von Ralf Dahrendorf, Ulf Fink, Thomas Schmid u. a. in die Diskussion über den Sinn von Lohnarbeit eingebracht worden war, hat seit geraumer Zeit wieder im Zusammenhang mit dem Thema eines »garantierten Grundeinkommens« an Aktualität gewonnen.

In engem Zusammenhang mit diesem Gesetz gilt es, das Augenmerk noch auf einen anderen Aspekt des sozialen Lebens zu richten, dem Steiner ebenfalls einen gesetzartigen Charakter zuspricht. Dabei geht es vor allem um das Spannungsfeld Individuum und Gemeinschaft. Und so formulierte er aufgrund einer eingehenden Betrachtung der bisherigen Kulturentwicklung als das »soziologische Grundgesetz« das Folgende:[202]

Die Menschheit strebt im Anfange der Kulturzustände nach Entstehung sozialer Verbände; dem Interesse dieser Verbände wird zunächst das Interesse des Individuums geopfert; die weitere Entwicklung führt zur Befreiung des Individuums von dem Interesse der Verbände und zur freien Entfaltung der Bedürfnisse und Kräfte des Einzelnen.

In welchem Grade die beiden Gesetzen zugrunde liegende Dynamik im Zuge von sozialen Veränderungen Berücksichtigung findet, wird, so Steiner, ausschlaggebend sein für deren Erfolg.

Kapital und Arbeit

Und noch ein weiteres Grundproblem nimmt innerhalb seiner sozialwissenschaftlichen Studien einen weiten Raum ein: das der Bildung von Eigentum, insbesondere in der Hand des Unternehmers. Hier nun erweist sich ihm die Forderung nach einer Vergesellschaftung des Kapitals und der Produktionsmittel als eine Fortsetzung bisheriger Handhabungen mit anderen Mitteln. Durch die Übernahme des Kapitals durch den Staat bzw. die Parteien bleibt das bisherige Verständnis von Besitz unangetastet. Die Kapital- und Profitmentalität erfährt lediglich eine Verlagerung. An Stelle einer von sozialistischer Seite propagierte Vergesellschaftung der Produktionsmittel setzt Steiner auf die »Neutralisierung des Kapitals«. Jeder Unternehmer, d. h. jeder, der seine Fähigkeiten zur Befriedigung von Bedürfnissen anderer einsetzen will, erhält demnach so lange Kapital, wie er willens bzw. in der Lage ist, seine Fähigkeiten im Dienst der Gemeinschaft einzusetzen. An die Stelle von Beisitz, so Steiner, wird in Zukunft ein Verfügungsrecht treten. Kapital, seinem Wesen nach, ist das Mittel, »solche Fähigkeiten für weite Gebiete des sozialen Lebens in Wirksamkeit zu bringen. Den gesamten Kapitalbesitz so zu verwalten, dass der Einzelne in besonderer Richtung begabte Mensch oder dass zu Besonderem befähigte Menschengruppen zu einer solchen Verfügung über Kapital kommen, die lediglich aus ihrer ureigenen Initiative entspringt, daran muss jedermann innerhalb eines sozialen Organismus ein wahrhaftes Interesse haben.«[203] Ebenso verhält es sich mit den Produktionsmitteln. Auch für sie gilt lediglich ein Verfügungsrecht.

Worin die Ursachen der gegenwärtigen Probleme hinsichtlich des Besitzes von Kapital und Produktionsmitteln zu suchen sind, wird aus Folgendem ersichtlich: »Nicht die *ursprüngliche* freie Verfügung führt zu sozialen Schäden, sondern lediglich das *Fortbestehen* des Rechtes auf diese Verfügung, wenn die Bedingungen aufgehört haben, welche in zweckmäßiger Art individuelle menschliche Fähigkeiten mit dieser Verfügung zusammenbinden.«[204] Ein solches Vorgehen ist jedoch erst möglich, wenn bereits in die Richtung einer nach ihren Funktionen gegliederte Gesellschaft gedacht wird, d. h. besonders auf das konkrete Problem bezogen, dass eine exakte Kenntnis dessen gefordert ist, was die Aufgaben eines Rechtsstaates sein werden, denn: »Der Rechtsstaat wird nur eine Bestimmung darüber zu treffen haben, *dass* die Überleitung der in Frage kommenden Kapitalmassen in der angegebenen Art geschehe; nicht aber wird es ihm obliegen, Entscheidungen darüber zu treffen, zu welcher materiellen oder geistigen Produktion ein übergeleitetes oder auch ein erspartes Kapital zur Verfügung zu stellen ist. Das würde zu einer Tyrannis des Staates über die geistige und materielle Produktion führen.«[205] Auf die Entstehungsmomente und insbesondere die geschichtlichen sowie politischen Hintergründe, die zu der Idee der »Dreigliederung des sozialen Organismus« und zu einer Dreigliederungsbewegung nach Beendigung des Ersten Weltkrieges führten, wird weiter unten noch ausführlich eingegangen werden. Hier soll im Weiteren erst einmal der Blick gerichtet werden auf einige für Steiner sehr wesentliche biografische Stationen, die vielleicht verständlich machen können, warum ein studierter Naturwissenschaftler, Goetheforscher und Geisteswissenschaftler sich viele Jahre hindurch in den gesellschaftspolitischen Diskurs ohne

Flugblatt des Bundes für Dreigliederung ›Sozialisierung und Betriebsräte‹

Wenn und Aber einbringt. Das Bisherige abrundend, hier noch die Stimme eines Zeitgenossen, des ehemaligen Ministers der norwegisch-schwedischen Unionsregierung, Sigurd Ibsen, ein Sohn des Dichters Henrik Ibsen:[206]

Die Kollektivisten über die Welt hin können sich jetzt solidarisch fühlen, weil sie einem gemeinsamen Widerpart gegenüberstehen, dem kapitalistischen Regime. Wäre dieses gebrochen, so fiele die Voraussetzung für die Solidarität und damit auch diese selber weg.

Würde der Kampf dann weniger gehässig sein als in der Gegenwart? So wie die Verhältnisse jetzt sind, ersieht man mit Gewissheit, dass wirtschaftliche Zwistigkeiten einen unnötig bösartigen Charakter annehmen können, weil sie von Nationalismus und machtpolitischen Rücksichten vergiftet werden. Und doch brauchen unter dem bürgerlichen Regime Interessengegensätze zwischen Individuen oder Gruppen verschiedener Nationalität durchaus nicht zu internationalen Verwicklungen zu führen: solche lassen sich oft durch private Verhandlungen ausgleichen.

Dieser Ausweg wäre in einer kollektivistischen Welt versperrt. Hier, wo der ganze Wirtschaftsprozess eine Staatssache geworden wäre, würde jeder Konflikt mit ausländischen Interessen gleich von vornherein mit Nationalismus behaftet sein.

Was die wirtschaftliche Zusammenarbeit der Völker erschwert, ist nicht der Kapitalismus, aber noch viel weniger ist der Kollektivismus imstande, dieselbe zu fördern. Der Fehler steckt in der Vermengung von Wirtschaft und Politik, und die Erkenntnis davon muss zu der Konsequenz führen, die Rudolf Steiner gezogen hat: das Wirtschaftsleben müsste in vollkommener Unabhängigkeit vom politischen organisiert werden.

Inwiefern Aussicht ist zu einer solchen Scheidung und wie sie vorgenommen werden sollte, das ist ein weitläufiges Kapitel. Hier ist nicht der Ort dafür. Nur so viel sei gesagt: wenn Steiners Gedanke auch kühn ist, so ist er durchaus keine Utopie. Denn auf der einen Seite hat das Wirtschaftsleben die natürliche Tendenz, über die Staatsgrenzen hinauszustreben: der Handel hat es seit alters getan, die moderne Hochfinanz ist an keine Heimat gebunden, die Großindustrie unserer Tage ist auf Expansion angewiesen und organisiert sich zum Teil in übernationalen Zusammenschlüssen, und selbst auf dem Gebiet der Landwirtschaft ist eine Interessengemeinschaft anerkannt durch die Errichtung des internationalen Institutes in Rom. Und auf der anderen Seite besteht für den Staat keine Notwendigkeit, in das Wirtschaftsleben einzugreifen, ebenso wenig wie er sich in das Geistesleben einzumischen braucht: er könnte sehr wohl als ausschließlich politisch-juristische Einrichtung bestehen.

Kommentator des Zeitgeschehens

Die erste Tätigkeit, die Rudolf Steiner mit politischen wie auch damals brennenden sozialen Fragen in Berührung brachte, war die als Redakteur bei der von dem Historiker Friedjung begründeten ›Deutschen Wochenschrift‹ in Wien im Jahr 1888. In seiner Autobiografie erinnert sich Steiner an jene turbulente Zeit:

Meine kurze Redaktion fiel in die Zeit, in der die Auseinandersetzung der Völker Österreichs einen besonders heftigen Charakter angenommen hatte. Es wurde mir nicht leicht, jede Woche einen Artikel über die öffentlichen Vorgänge zu schreiben. Denn im Grunde stand ich aller parteimäßigen Lebensauffassung so fern als nur möglich. Mich interessierte der Entwicklungsgang der Kultur im Menschheitsfortschritt. Und ich musste den sich daraus ergebenden Gesichtspunkt so einnehmen, dass unter seiner vollen Wahrung meine Artikel doch nicht als die eines ›weltfremden Idealisten‹ erschienen. […] Für mich war diese kurze Redaktionstätigkeit doch von großer Bedeutung. Sie lenkte meine Aufmerksamkeit auf den Stil, mit dem man damals in Österreich die öffentlichen Angelegenheiten behandelte. Mir war dieser Stil tief unsympathisch. Ich wollte auch in die Besprechungen über diese

Angelegenheiten etwas hineinbringen, das einen die großen geistigen und menschheitlichen Ziele in sich schließenden Zug hatte. Diesen vermisste ich in der damaligen Tagesschriftstellerei. Wie dieser Zug zur Wirksamkeit zu bringen sei, das war damals meine tägliche Sorge. [...] So war denn das Zustandekommen jeder Wochennummer für mich ein schweres Ringen. [...]

Doch brachte mich diese Tätigkeit in eine ziemlich enge Beziehung zu Persönlichkeiten, deren Tätigkeit auf die mannigfaltigsten Zweige des öffentlichen Lebens gerichtet war. Ich lernte Viktor Adler kennen, der damals der unbestrittene Führer der Sozialisten in Österreich war. In dem schmächtigen, anspruchslosen Mann steckte ein energischer Wille. [...] Ich lernte Pernerstorfer kennen, der sich in der Umwandlung vom deutschnationalen zum sozialistischen Parteigänger befand. Eine starke Persönlichkeit von umfassendem Wissen. Ein scharfer Kritiker der Schäden des öffentlichen Lebens. Er gab damals eine Monatsschrift ›Deutsche Worte‹ heraus. Die war mir eine anregende Lektüre. In der Gesellschaft dieser Persönlichkeiten traf ich andere, die wissenschaftlich oder parteigemäß den Sozialismus zur Geltung bringen wollten. Durch sie wurde ich veranlasst, mich mit Karl Marx, Friedrich Engels, Rodbertus und anderen sozialökonomischen Schriftstellern zu befassen. Ich konnte zu alledem ein inneres Verhältnis nicht gewinnen. Es war mir persönlich schmerzlich, davon sprechen zu hören, dass die materiell-ökonomischen Kräfte in der Geschichte der Menschheit die eigentliche Entwicklung tragen und das Geistige nur ein ideeller Überbau dieses ›wahrhaft realen Unterbaues‹ sein sollte. Ich kannte die Wirklichkeit des Geistigen. Es waren die Behauptungen der theoretisierenden Sozialisten für mich das Augen-Verschließen vor der wahren Wirklichkeit. Und dabei ward mir doch klar, dass die ›soziale Frage‹ selbst eine unbegrenzte Bedeutung habe. Es erschien mir aber als die Tragik der Zeit, dass sie behandelt wurde von Persönlichkeiten, die ganz von dem Materialismus der zeitgenössischen Zivilisation ergriffen waren. Ich hielt dafür, dass gerade diese Frage nur von einer geistgemäßen Weltauffassung richtig gestellt werden könne.

So war ich denn als Siebenundzwanzigjähriger voller Fragen und Rätsel in Bezug auf das äußere Leben der Menschheit, während sich mir das Wesen der Seele und deren Beziehung zur geistigen Welt in einer in sich geschlossenen Anschauung in immer bestimmteren Formen vor das Innere gestellt hatte. Ich konnte zunächst nur aus dieser Anschauung heraus geistig arbeiten. Und diese Arbeit nahm immer mehr die Richtung, die dann einige Jahre später mich zur Abfassung meiner ›Philosophie der Freiheit‹ geführt hat.[207]

Anarchismus und Freiheit

Um die Jahrhundertwende – Rudolf Steiner war nach Abschluss seiner editorischen Arbeiten am Weimarer Goethe-Schiller-Archiv 1897 nach Berlin übergesiedelt – bewegten ihn besonders die gegensätzlichen Anschauungen Hegels und Max Stirners. In Hegel sah er den *reinen Denker*, dessen Ziel es war, »dass im Zusammenleben der Menschen der Gedanke des Sittlichen objektive Gestalt annimmt«.[208] Stirner war ihm der genaue Gegenpol, da dieser die Entfaltung des Menschen ganz unter dem Gesichtspunkt des »individuell-persönlichen Willens« sah. Stirner, so sagt Steiner, fühlt »den Einzelnen (›Einzigen‹) beirrt durch alles, was so dem Leben der Menschen harmonisierte Gestalt geben kann. Bei mir verband sich mit der Betrachtung Stirners damals eine Freundschaft, die bestimmend auf so manches in dieser Betrachtung wirkte. Es ist die Freundschaft zu dem bedeutenden Stirner-Kenner und -Herausgeber J. H. Mackay. [...] Er hatte sich in meiner ›Philosophie der Freiheit‹ mit den Abschnitten befasst, die vom ethischen Individualismus sprechen. Er fand eine Harmonie zwischen meinen Ausführungen und seinen eigenen sozialen Anschauungen.«[209]

Aber auch Rudolf Steiner empfand manche Übereinstimmung mit den Anschauungen Mackays. Verschiedentlich sprach er auch von gleichen Zielen, und in einem offenen Brief an Mackay, der ebenso wie zuvor Mackays Brief an Rudolf Steiner im ›Magazin für Literatur‹ veröffentlicht wurde, antwortete er auf die Frage, ob das Wort individualistischer Anarchist auch auf ihn anwendbar sei, mit einem bedingungslosen Ja:[210]

Lieber Herr Mackay!
Vor vier Jahren, nach dem Erscheinen meiner ›Philosophie der Freiheit‹, haben Sie mir Ihre Zustimmung zu meiner Ideenrichtung ausgesprochen. Ich gestehe offen, dass mir dies innige Freude gemacht hat. Denn ich habe die Überzeugung, dass wir in Bezug auf unsere Anschauungen so weit übereinstimmen, wie zwei voneinander völlig unabhängige Naturen nur übereinstimmen können. Wir haben gleiche Ziele, obwohl wir uns auf ganz verschiedenen Wegen zu unserer Gedankenwelt durchgearbeitet haben. Auch Sie fühlen dies. Ein Beweis dafür ist die Tatsache, dass Sie den vorstehenden Brief gerade an mich gerichtet haben. Ich legte Wert darauf, von Ihnen als Gesinnungsgenosse angesprochen zu werden.
Ich habe es bisher immer vermieden, selbst das Wort ›individualistischer‹ oder ›theoretischer Anarchismus‹ auf meine Weltan-

schauung anzuwenden. *Denn ich halte sehr wenig von solchen Bezeichnungen. Wenn man in seinen Schriften klar und positiv seine Ansichten ausspricht: wozu ist es dann noch nötig, diese Ansichten mit einem gangbaren Worte zu bezeichnen? Mit einem solchen Worte verbindet jedermann doch ganz bestimmte traditionelle Vorstellungen, die dasjenige nur ungenau wiedergeben, was die einzelne Persönlichkeit zu sagen hat. Ich spreche meine Gedanken aus; ich bezeichne meine Ziele. Ich selbst habe kein Bedürfnis, meine Denkungsart mit einem gebräuchlichen Worte zu benennen.*

Wenn ich aber in dem Sinne, in dem solche Dinge entschieden werden können, sagen sollte, ob das Wort ›individualistischer Anarchist‹ auf mich anwendbar ist, so müsste ich mit einem bedingungslosen Ja antworten. Und weil ich diese Bezeichnung für mich in Anspruch nehme, möchte auch ich gerade in diesem Augenblicke mit wenigen Worten genau sagen, wodurch ›wir‹, die individualistischen Anarchisten, uns unterscheiden von denjenigen, welche der sogenannten »Propaganda der Tat« huldigen. Ich weiß zwar, dass ich für verständige Menschen nichts Neues sagen werde. Aber ich bin nicht so optimistisch wie Sie, lieber Herr Mackay, der Sie einfach sagen: »Keine Regierung ist so blind und töricht, gegen einen Menschen vorzugehen, der sich einzig und allein durch seine Schriften, und zwar im Sinne einer unblutigen Umgestaltung der Verhältnisse, am öffentlichen Leben beteiligt.« Sie haben, nehmen Sie mir diese meine einzige Einwendung nicht übel, nicht bedacht, mit wie wenig Verstand die Welt regiert wird.

Ich möchte also doch einmal deutlich reden. Der individualistische Anarchist will, dass kein Mensch durch irgendetwas gehindert werde, die Fähigkeiten und Kräfte zur Entfaltung bringen zu können, die in ihm liegen. Die Individuen sollen in völlig freiem Konkurrenzkampfe sich zur Geltung bringen. Der gegenwärtige Staat hat keinen Sinn für diesen Konkurrenzkampf. Er hindert das Individuum auf Schritt und Tritt an der Entfaltung seiner Fähigkeiten. Er hasst das Individuum. Er sagt: Ich kann nur einen Menschen gebrauchen, der sich so und so verhält. Wer anders ist, den zwinge ich, dass er werde, wie ich will. Nun glaubt der Staat, die Menschen können sich nur vertragen, wenn man ihnen sagt: so müsst ihr sein. Und seid ihr nicht so, dann müsst ihr eben doch so sein. Der individualistische Anarchist dagegen meint, der beste Zustand käme dann heraus, wenn man den Menschen freie Bahn ließe. Er hat das Vertrauen, dass sie sich selbst zurechtfänden. Er glaubt natürlich nicht, dass es übermorgen keine Taschendiebe mehr gäbe, wenn man morgen den Staat abschaffen würde. Aber er weiß, dass man nicht durch Autorität und Gewalt die Menschen zur Freiheit erziehen kann. Er weiß dies eine: man macht den unabhängigsten Menschen dadurch den Weg frei, dass man jegliche Gewalt und Autorität aufhebt.

Auf die Gewalt und die Autorität aber sind die gegenwärtigen Staaten gegründet. Der individualistische Anarchist steht ihnen feindlich gegenüber, weil sie die Freiheit unterdrücken. Er will nichts als die freie, ungehinderte Entfaltung der Kräfte. Er will die Gewalt, welche die freie Entfaltung niederdrückt, beseitigen. Er weiß, dass der Staat im letzten Augenblicke, wenn die Sozialdemokratie ihre Konsequenzen ziehen wird, seine Kanonen wirken lassen wird. Der individualistische Anarchist weiß, dass die Autoritätsvertreter immer zuletzt zu Gewaltmaßregeln greifen werden. Aber er ist der Überzeugung, dass alles Gewaltsame die Freiheit unterdrückt. Deshalb bekämpft er den

Staat, der auf der Gewalt beruht, und deshalb bekämpft er ebenso energisch die ›Propaganda der Tat‹, die nicht minder auf Gewaltmaßregeln beruht. Wenn ein Staat einen Menschen wegen seiner Überzeugung köpfen oder einsperren lässt – man kann das nennen, wie man will –, so erscheint das dem individualistischen Anarchisten als verwerflich. Es erscheint ihm natürlich nicht minder verwerflich, wenn ein Luccheni eine Frau ersticht, die zufällig die Kaiserin von Österreich ist. Es gehört zu den allerersten Grundsätzen des individualistischen Anarchismus, derlei Dinge zu bekämpfen. Wollte er dergleichen billigen, so müsste er zugeben, dass er nicht wisse, warum er den Staat bekämpft. Er bekämpft die Gewalt, welche die Freiheit unterdrückt, und er bekämpft sie ebenso, wenn der Staat einen Idealisten der Freiheitsidee vergewaltigt, wie wenn ein blödsinniger eitler Bursche die sympathische Schwärmerin auf dem österreichischen Kaiserthrone meuchlings hinmordet.

Unsern Gegnern kann es nicht deutlich genug gesagt werden, dass die individualistischen Anarchisten energisch die sogenannte Propaganda der Tat bekämpfen. Es gibt außer den Gewaltmaßregeln der Staaten vielleicht nichts, was diesen Anarchisten so ekelhaft ist wie diese Caserios und Lucchenis. Aber ich bin doch nicht so optimistisch wie Sie, lieber Herr Mackay. Denn ich kann das Teilchen Verstand, das zu so groben Unterscheidungen wie zwischen ›Individualistischem Anarchismus‹ und Propaganda der Tat nun doch einmal gehört, meist nicht finden, wo ich es suchen möchte.

In freundlicher Neigung
Rudolf Steiner

Welche Gefahr mit der einseitigen Politisierung seiner Anschauungen verbunden war, die ihn schließlich zu einer Umkehr veranlasste, spricht aus den folgenden Sätzen seiner Autobiografie: »Das Schicksal hatte nun mein Erlebnis mit J. H. Mackay und mit Stirner so gewendet, dass ich auch da untertauchen musste in eine Gedankenwelt, die mir zur geistigen Prüfung wurde. Mein ethischer Individualismus war als reines Innen-Erlebnis des Menschen empfunden. Mir lag ganz fern, als ich ihn ausbildete, ihn zur Grundlage einer politischen Anschauung zu machen. Damals nun, um 1898 herum, sollte meine Seele mit dem rein ethischen Individualismus in eine Art Abgrund gerissen werden. Er sollte aus einem rein-menschlich Innerlichen zu etwas Äußerlichem gemacht werden.«[211]

Die Freundschaft mit Mackay begann bereits in Weimar und setzte sich fort, nachdem Rudolf Steiner nach Berlin übergesiedelt war, um dort die Herausgabe des ›Magazins für Literatur‹ zu übernehmen. Über die näheren Hintergründe, Aufgaben und Schwierigkeiten, die mit dieser Tätigkeit verbunden waren, berichtet er ausführlich in seinem Vortrag ›Episodische Betrachtung zum Erscheinen der neuen Auflage der Philosophie der Freiheit‹:[212] »Ich kam nach Berlin. Ich hatte, als Neumann-Hofer das ›Magazin‹ aufgegeben hatte, es erworben, um eine Tribüne zu haben, Ideen, welche ich für wirklich im wahren Sinn des Wortes zeitgemäß halte, vor der Welt vertreten zu können. Allerdings, schon als bald nach meinem Eintreten in das ›Magazin‹ mein Briefwechsel mit John Henry Mackay erschien, tanzte das frühere Philistertum, aus dem die Abonnenten des ›Magazin‹ bestanden, durchaus nicht freudig, und ich bekam von allen Seiten die Vorwürfe: Ja, was macht denn der Steiner eigentlich aus diesem alten ›Magazin‹, was soll das werden? Die ganze Berliner Professorenschaft, die dazumal, soweit sie für Philologisches oder für Literatur interessiert war, noch das ›Magazin‹ abonniert hatte – es war im Jahre 1832, also schon in Goethes Sterbejahr begründet worden, was unter anderem auch einer der Gründe war, warum die Professorenwelt es abonniert hatte –, diese Professorenwelt bestellte nun bald nach und nach das ›Magazin‹ ab. Und ich hatte auch bei der Herausgabe des ›Magazin‹ eben durchaus das Talent, die Leute vor den Kopf zu stoßen, nicht das Zeitalter, aber die Leute vor den Kopf zu stoßen.«

Charakteristisch für Rudolf Steiners Äußerungen zu sozialen Fragen ist, dass sie zumeist ganz unmittelbar auf seine bis dahin gewonnenen Erkenntniserfahrungen, besonders aber den in der ›Philosophie der Freiheit‹ behandelten »ethischen Individualismus« anknüpfen. Freiheit, so Steiner, wird nur da erlebbar, wo sie sich nicht nur im menschlichen Geist, sondern im äußeren Handeln vollzieht. Wenn das menschliche Handeln hervorgeht aus denjenigen Ideen, die in den Intuitionen jedes Einzelnen ihren Ursprung haben, wird Freiheit als Impuls menschlichen Handelns zu einer menschengemäßen Neugestaltung des sozialen Lebens führen. Ethischer Individualismus ist dasjenige ethische Entwicklungsziel, dem sich der Mensch nähern kann, wenn er sich des Zwanges der Naturgesetze wie auch konventioneller Sittengesetze zu erwehren vermag.

Auf dem Hintergrund dieser Anschauungen entfaltete Steiner später seine umfangreiche Tätigkeit auf den verschiedensten Gebieten des sozialen Lebens. »Man wird schon, wenn man will, durch all das, was ich in dem Magazin für Literatur geschrieben habe, den Geist der ›Philosophie der Freiheit‹ wehen sehen. Doch das Magazin für Literatur wurde nicht in das moderne Philistertum hineinlanciert. Ich aber wurde selbstverständlich unter diesen verschiedenen Einflüssen nach und nach durch das moderne Philistertum herauslanciert.

Da bot sich gerade Gelegenheit, eine andere Tribüne zu finden. Angesichts der großen Fragen, die um die Jahrhundertwende alle Welt bewegten und mit denen ich ja schon in so innige Beziehungen getreten war durch John Henry Mackay, durch Tucker, der von Amerika nach Berlin gekommen war und mit dem ich sehr interessante Abende zugebracht habe, bot sich mir Gelegenheit, eine andere Tribüne zu finden. Es war die Tribüne der sozialistischen Arbeiterschaft.«[213]

Arbeiterbildung in Berlin 1899–1904

Diese Tribüne war die von Wilhelm Liebknecht, dem Vater Karl Liebknechts, gegründete Arbeiterbildungsschule in Berlin und später auch in Spandau. »Wir sind eine kämpfende Partei« – ließ die Berliner ›Volkstribüne‹ mit leicht ironischem Unterton verlauten, nachdem die Absicht bekannt wurde, dass in Berlin eine Bildungsstätte für die Arbeiterschaft eingerichtet werden soll. Zielscheibe der Kritik waren die »allzu starken Bildungsbestrebungen«, die sich in der Sozialdemokratie nach dem Fall der Sozialistengesetze breitmachten und nun erste konkrete Formen annehmen sollten. »Eben deshalb!« – notierte Wilhelm Liebknecht an den Rand der Zeitung und unterstrich damit, gleichsam in Sperrdruck, seine Absicht, die neue Einrichtung zu einer »Pflanzstätte proletarischer Bildung« zu machen. »Die Arbeiterbildungsschule«, so schrieb er in der ›Neuen Zeit‹, und so hatte er es auch den Arbeitern während der Gründungsversammlung am 12. Januar 1891 in den überfüllten Sälen von Lipps Brauerei in Friedrichshain zugerufen, »soll die Wirkungen und Früchte der herrschenden Dressier- und Fanatisier-Erziehungsmethode mit Stumpf und Stiel beseitigen. Denn mit dressierten und

Anzeige der Arbeiterbildungsschule Spandau in der Zeitung ›Die Laterne‹, Nr. 7,
3. Jg. vom 16. 2. 1902 (Unterhaltungsabend)

Anzeige der Arbeiterbildungsschule Spandau in der Zeitung ›Die Laterne‹, Nr. 23,
3. Jg. vom 8. 6. 1902 (Dichterabend)

fanatisierten Menschen ist nichts zu erreichen – außer höchstens trügerische Augenblickserfolge. [...] Die Arbeiterschule soll Menschen erziehen und Kämpfer.«[214] Für den »Schulmeister Liebknecht« (so Liebknecht über Liebknecht) war die Sozialdemokratie »im eminentesten Sinne des Wortes die Partei der Bildung«, doch jenen, die glaubten, allein »durch Bildung zur Freiheit« zu gelangen, d. h. auf politische Agitation verzichten zu können, hielt er seine Losung entgegen: »Durch Freiheit zur Bildung! Nur im freien Volksstaat kann das Volk Bildung erlangen. Nur wenn das Volk sich politische Macht Wilhelm Liebknecht erkämpft, öffnen sich ihm die Pforten des Wissens. Ohne Macht für das Volk kein Wissen! Wissen ist Macht – Macht ist Wissen.«[215]

Am 12. Januar 1891 wurde, unter dem stürmischen Beifall einer vieltausendköpfigen Zuhörerzahl, nach einer glänzenden Rede Wilhelm Liebknechts die Schule gegründet. Die leidvollen Erfahrungen, die die Sozialdemokratie unter dem Diktat der Sozialistengesetze gemacht hatte, führten auch beim Aufbau der Arbeiterbildungsschule zu gewissen Rücksichten gegenüber der allgemeinen politischen Lage. So vermied man es ausdrücklich, der Schule einen parteipolitischen Charakter zu geben, und wählte die Rechtsform eines unpolitischen Vereins. Auf diese Weise war es auch möglich, Frauen Zutritt zu den Unterrichtsveranstaltungen zu gewähren, der ihnen lt. Vereins- und Versammlungsgesetz in politischen Vereinen untersagt war. So war jeder, ob Mann oder Frau, der einen Mitgliedsbeitrag von 25 Pfennigen monatlich bezahlte und nach Erwerb einer Hörerkarte – pro Kurs 50 Pfennige –, berechtigt, am Unterricht teilzunehmen. In den folgenden Wochen war nun der Vorstand mit der Suche nach geeigneten Lehrkräften einerseits und der Beschaffung von Räumlichkeiten andererseits befasst. Bereits im April 1891 konnte der Unterricht beginnen, insgesamt an sechs verschiedenen Orten, verteilt über die ganze Stadt. Unterrichtsfächer waren: Nationalökonomie, Geschichte, Rechtschreibung, Deutsch, Naturwissenschaften, Rechnen, Buchführung, Stenografie und Zeichnen.

Die Zeiten in der Schule waren im achten Jahr ihres Bestehens sehr angespannt, denn es hatte so manchen Wechsel unter den Lehrern gegeben, und Ende 1898 war auch das Fach Geschichte verwaist. Wer nun den entscheidenden Hinweis auf Rudolf Steiner (Kurt Eisner, Johanna Mücke oder Alwin Rudolph) gegeben hat, lässt sich heute mit absoluter Sicherheit nicht mehr feststellen. Fest steht, dass Rudolf Steiner im 1. Quartal 1899 seine Unterrichtstätigkeit begonnen hat, zunächst im Fach Geschichte, dann auch in Literatur und Redekunst. In seinem ›Lebensgang‹ legt er ein eindrucksvolles Zeugnis ab von jener Tätigkeit, die sein späteres Wirken gegen Ende des Ersten Weltkrieges zur Lösung sozialer Konflikte und vor allem seinen unermüdlichen Einsatz in Stuttgart und Baden-Württemberg zur Einrichtung von Betriebsräten maßgebend geprägt hat:

In dieser für mich schweren Zeit trat nun der Vorstand der Berliner Arbeiterbildungsschule an mich heran mit dem Ersuchen, ich solle in dieser Schule den Unterricht in Geschichte und Redeübungen übernehmen. Mich interessierte zunächst der sozialistische Zusammenhang, in dem die Schule stand, wenig. Ich sah die schöne Aufgabe vor mir, gereifte Männer und Frauen aus dem Arbeiterstande zu belehren. Denn junge Leute waren wenige unter den »Schülern«. Ich erklärte dem Vorstande, wenn ich den Unterricht übernähme, so würde ich ganz nach meiner Meinung von dem Entwicklungsgange der Menschheit Geschichte vortragen, nicht in dem Stil, wie das nach dem Marxismus jetzt in sozialdemokratischen Kreisen üblich sei. Man blieb dabei, meinen Unterricht zu wünschen.

Nachdem ich diesen Vorbehalt gemacht hatte, konnte es mich nicht mehr berühren, dass die Schule eine sozialdemokratische Gründung des alten Liebknecht war. Für mich bestand die Schule aus Männern und Frauen aus dem Proletariat; mit der Tatsache, dass weitaus die meisten Sozialdemokraten waren, hatte ich nichts zu tun. Aber ich hatte selbstverständlich mit der Geistesart der »Schüler« zu tun. Ich musste in Ausdrucksformen sprechen, die mir bis dahin ganz ungewohnt waren. In die Begriffs- und Urteilsformen dieser Leute musste ich mich hineinfinden, um einigermaßen verstanden zu werden.

Von zwei Seiten her kamen diese Begriffs- und Urteilsformen. Zunächst aus dem Leben. Die materielle Arbeit und deren Ergebnisse kannten diese Leute. Die die Menschheit in der Geschichte vorwärts leitenden geistigen Mächte traten nicht vor ihre Seele. Deshalb hatte der Marxismus mit der materialistischen Geschichtsauffassung so leichtes Spiel. Er behauptete, die treibenden Kräfte im geschichtlichen Werden seien nur die wirtschaftlich-materiellen, die in materieller Arbeit erzeugten. Die geistigen Faktoren seien bloß eine Art Nebenprodukt, das aus dem Materiell-Wirtschaftlichen aufsteigt: sie seien eine bloße Ideologie.

Dazu kam, dass sich damals in der Arbeiterschaft ein Eifer nach wissenschaftlicher Bildung seit Langem entwickelt hatte. Aber der konnte nur mit der populären materialistisch-wissenschaftlichen Literatur befriedigt werden. Denn nur diese Literatur traf eben auf die Begriffs- und Urteilsformen der Arbeiter auf. Was nicht materialistisch war, war so geschrieben, dass ein Verständnis für den Arbeiter unmöglich war. So kam die unsäglich tragische Tatsache, dass, als das werdende Proletariat mit höchster Sehnsucht nach Erkenntnis begehrte, ihm diese nur mit dem gröbsten Materialismus befriedigt wurde.

Man muss bedenken, dass in dem wirtschaftlichen Materialismus, den die Arbeiter durch den Marxismus als materialistische Geschichte in sich aufnehmen, Teilwahrheiten stecken. Und dass diese Teilwahrheiten gerade das sind, was sie leicht verstehen. Hätte ich daher mit völligem Außerachtlassen dieser Teilwahrheiten idealistische Geschichte gelehrt, man hätte in den materialistischen Teilwahrheiten ganz unwillkürlich das empfunden, was von meinem Vortrage zurückstieß.

Ich ging deshalb von einer auch für meine Zuhörer zu begreifenden Wahrheit aus. Ich zeigte, wie bis zum sechzehnten Jahrhundert von einer Herrschaft der wirtschaftlichen Kräfte, so wie dies Marx tut, zu sprechen, ein Unding sei. Wie vom sechzehnten Jahrhundert an die Wirtschaft erst in Verhältnisse einrückt, die man marxistisch fassen kann; wie dieser Vorgang dann im 19. Jahrhundert seinen Höhepunkt erlangt. So war es möglich, für die vorangehenden Zeitalter der Geschichte die ideell-geistigen Impulse ganz sachgemäß zu besprechen und zu zeigen, wie diese in der neuesten Zeit schwach geworden sind gegenüber den materiell-wirtschaftlichen. Die Arbeiter bekamen auf diese Art Vorstellungen von den Erkenntnisfähigkeiten, den religiösen, den künstlerischen, den sittlichen Triebkräften in der Geschichte und kamen davon ab, diese nur als Ideologie anzusehen. Dabei polemisch gegen den Materialismus zu werden, hätte gar keinen Sinn gehabt; ich musste aus dem Materialismus heraus den Idealismus erstehen lassen.

In den »Redeübungen« konnte allerdings nur wenig nach der gleichen Richtung getan werden. Nachdem ich immer im Beginne eines Kurses die formalen Regeln des Vortragens und Redens erörtert hatte, sprachen die »Schüler« in Übungsreden. Sie brachten da selbstverständlich das vor, was ihnen nach ihrer materialistischen Art geläufig war. Die Führer der Arbeiterschaft kümmerten sich zunächst gar nicht um die Schule. Und so hatte ich völlig freie Hand.

Schwieriger wurde für mich die Sache, als zu dem geschichtlichen Unterricht der naturwissenschaftliche hinzukam. Da war es besonders schwer, von den in der Wissenschaft, namentlich bei deren Popularisatoren, herrschenden materialistischen Vorstellungen zu sachgemäßen aufzusteigen. Ich tat es, so gut es nur irgend ging.

Nun dehnte sich aber gerade durch die Naturwissenschaft meine Unterrichtstätigkeit innerhalb der Arbeiterschaft aus. Ich wurde von zahlreichen Gewerkschaften aufgefordert, naturwissenschaftliche Vorträge zu halten. Insbesondere wünschte man Belehrung über das damals Aufsehen machende Buch Haeckels ›Welträtsel‹. Ich sah in dem positiv biologischen Drittel dieses Buches eine präzis kurze Zusammenfassung der Verwandtschaft der Lebewesen. Was im Allgemeinen meine Überzeugung war, dass die Menschheit von dieser Seite zur Geistigkeit geführt werden könne, das hielt ich auch für die Arbeiterschaft richtig. Ich knüpfte meine Betrachtungen an dieses Drittel des Buches an und sagte oft genug, dass man die zwei andern Drittel für wertlos halten muss und eigentlich von dem Buche wegschneiden und vernichten solle.

Als das Gutenberg-Jubiläum gefeiert wurde, übertrug man mir die Festrede vor 7000 Setzern und Druckern in einem Berliner Zirkus. Meine Art, zu den Arbeitern zu sprechen, wurde also sympathisch empfunden.

Das Schicksal hatte mich mit dieser Tätigkeit wieder in ein Stück Leben versetzt, in das ich unterzutauchen hatte. Wie die Einzelseele innerhalb dieser Arbeiterschaft schlummerte und träumte und wie eine Art Massenseele diese Menschheit ergriff, die Vorstellung, Urteil, Haltung umschlang, das stellte sich vor mich hin. Man darf sich aber nicht vorstellen, dass die Einzelseelen erstorben gewesen wären. Ich habe nach dieser Richtung tiefe Blicke in die Seelen meiner Schüler und überhaupt der Arbeiterschaft tun können. Das trug mich in der Aufgabe, die ich mir bei dieser ganzen Tätigkeit stellte. Die Stellung zum Marxismus war damals bei den Arbeitern noch nicht so, wie zwei Jahrzehnte später. Damals war ihnen der Marxismus etwas, das sie wie ein ökonomisches Evangelium mit voller Überlegung verarbeiteten. Später ist er etwas geworden, wovon die proletarische Masse wie besessen ist. Das Proletarierbewusstsein bestand damals in Empfindungen, die wie Wirkungen von Massensuggestionen sich ausnahmen. Viele der Einzelseelen sagten immer wieder: es muss eine Zeit kommen, in der die Welt wieder geistige Interessen entwickelt; aber zunächst muss das Proletariat rein wirtschaftlich erlöst werden.

Ich fand, dass meine Vorträge in den Seelen manches Gute wirkten. Es wurde aufgenommen, auch was dem Materialismus und der marxistischen Geschichtsauffassung widersprach. Als später die ›Führer‹ von meiner Art Wirken erfuhren, da wurde es von ihnen angefochten. In einer Versammlung meiner Schüler sprach einer dieser »kleinen Führer«. Er sagte das Wort: »Wir wollen nicht Freiheit in der proletarischen Bewegung; wir wollen vernünftigen Zwang.« Es ging das darauf hinaus, mich gegen den Willen meiner Schüler aus der Schule hinauszutreiben. Mir wurde die Tätigkeit allmählich so erschwert, dass ich sie bald,

›Die Laterne‹, Nr. 9,
3. Jg. vom 2.3.1902
Besprechung des
Unterhaltungsabends

nachdem ich anthroposophisch zu wirken begonnen hatte, fallen ließ.

Ich habe den Eindruck, wenn damals von Seite einer größeren
Anzahl unbefangener Menschen die Arbeiterbewegung mit Interesse verfolgt und das Proletariat mit Verständnis behandelt worden wäre, so hätte sich diese Bewegung ganz anders entfaltet.
Aber man überließ die Leute dem Leben innerhalb ihrer Klasse
und lebte selbst innerhalb der seinigen. Es waren bloß theore-
tische Ansichten, die die eine Klasse der Menschen von der an-

›Die Laterne‹, Nr. 3, 3. Jg. vom 19. 1. 1902 Versammlung mit Rosa Luxemburg

Versammlungen.

Zu einer imposanten Weihefeier gestaltete sich die öffentliche Versammlung, welche aus Anlaß der Gründung einer Bildungsschule zum letzten Sonntag einberufen worden war. Die Versammlung, welche auch von Frauen gut besucht war, lauschte aufmerksam dem fesselnden Vortrage unserer Genossin Dr. Luxemburg, die ein anschauliches Bild davon, wie schwer jede Wissenschaft von jeher gegen stupides Vorurtheil oder die Unterdrückungsversuche der in ihrer Herrschaft bedrohten Gewalthaber hat ankämpfen müssen, wie sie aber trotz alledem, trotz Torturen und Martern aller Art trotz Zuchthausgesetz u. s. w., sich noch stets siegreich durchgerungen. Die Referentin unterzog dann die bürgerliche Wissenschaft einer Prüfung auf ihren geschichtlichen Werth, und kennzeichnete den entschiedensten Gegensatz zwischen dieser und der proletarischen Wissenschaft. Heute, so führte sie aus, steigen bürgerliche Professoren nur deshalb „zu dem Volk hinab“, um aus diesem gefügige Werkzeuge, für **Flotten- und Zollvorlagen** u. s. w. beim Volke Propaganda zu machen. Rednerin schloß unter lautem Beifall mit der Mahnung, die proletarische Wissenschaft jederzeit hoch zu halten und darum auch die neugegründete Bildungsschule lebensfähig zu gestalten. Hierauf machte Herr Dr. Steiner längere, temperamentvolle Ausführungen, indem er seine vollste Uebereinstimmung mit der Referentin kund gab. Genosse Rieger schloß alsdann nach einem kurzen Appell an die Versammelten zu Gunsten der Bildungsschule mit einem dreifachen Hoch auf die moderne, proletarische Wissenschaft. (Bisher haben sich dem neuen Verein bereits einige 60 Mitglieder angeschlossen.)

dern hatte. Man verhandelte in Lohnfragen, wenn Streiks und dergleichen dazu nötigten; man gründete allerlei Wohlfahrtseinrichtungen. Das Letztere war außerordentlich anerkennenswert.

Aber alles Tauchen dieser weltbewegenden Fragen in eine geistige Sphäre fehlte. Und doch hätte nur ein solches der Bewegung ihre zerstörenden Kräfte nehmen können. Es war die Zeit, in der die »höheren Klassen« das Gemeinschaftsgefühl verloren, in der der Egoismus mit dem wilden Konkurrenzkampf sich ausbreitete. Die Zeit, in der sich die Weltkatastrophe des zweiten Jahrzehnts des zwanzigsten Jahrhunderts schon vorbereitete. Daneben entwickelte das Proletariat auf seine Art das Gemeinschaftsgefühl als proletarisches Klassenbewusstsein. Es nahm an der »Kultur«, die sich in den ›oberen Klassen‹ gebildet hatte, nur insofern teil, als diese Material lieferten zur Rechtfertigung des proletarischen Klassenbewusstseins. Es fehlte allmählich jede Brücke zwischen den verschiedenen Klassen.

So stand ich durch das »Magazin« [für Literatur, dessen Herausgeber und Redakteur Steiner damals war, Anm. W. K.] in der Notwendigkeit, in das bürgerliche Wesen unterzutauchen, durch meine Tätigkeit in der Arbeiterschaft in das proletarische. Ein reiches Feld, um die treibenden Kräfte der Zeit erkennend mitzuerleben.[216]

In einem undatierten und namentlich nicht gezeichneten Brief an den Arzt Dr. Otto Palmer schildert ein Teilnehmer seine Eindrücke über die Kursstunden bei Rudolf Steiner mit folgenden Worten: »In meinen jungen Jahren, damals war ich noch mehr bildungshungrig als heute, besuchte ich die Arbeiterbildungsschule. Wir hatten dort einen eigenartigen Lehrer. Ich glaube, er hieß Rudolf Steiner. Das war ein ganz merkwürdiger Mensch. So einen Lehrer habe ich nie wieder gehabt. Eine hagere Gestalt, fast schäbig angezogen. Er trug immer einen alten Gehrock, die Hosen sahen aus wie Korkzieher, viel zu kurz und ebenso abgetragen. Anfangs trug er einen Spitzbart, dann einen Schnurrbart, später ging er bartlos. Sein Bild habe ich noch ganz deutlich vor Augen. Aber alle hingen mit großer Liebe an ihm und ich wäre, wie wohl die meisten, für ihn durchs Feuer gegangen. Was er eigentlich gelehrt hat, ich kann es heute nicht mehr sagen, aber er war von einer Liebe und Güte, wie ich es bei keinem Menschen wieder angetroffen habe. Sonderbar, ich sprach öfters mit meiner Braut darüber, ob er tatsächlich so arm wäre, denn in der Pause zog er immer eine trockene Schrippe aus der Tasche und aß sie, so eigentlich recht vergnügt, auf. Aber wenn ihr denkt, sie hätten ihn in der Pause in Ruhe gelassen, weit gefehlt. Die ganze Bande rückte ihm auf den Leib und des Fragens war kein Ende. Ruhig lächelnd, mit unbeschreiblicher Geduld, antwortete er jedem Frager, während er seine Schrippe aß. Später kam der Richtungsstreit in die Partei und da wurde er so eigentlich abgedrängt, er ging dann von selbst. Wir haben es alle sehr bedauert und nie habe ich wieder etwas von ihm gehört. In der Zeitung stand vor einiger Zeit mal, ich glaube es war in der Schweiz in Dornach, da soll er gestorben sein.«[217]

Folgende Episode mag Steiners Beweggründe und Bemühungen, die Idee der Freiheit auch dem Proletarier zum Erlebnis werden zu lassen, ein wenig mehr noch zu verdeutlichen:[218]

Der Freiheitsgedanke muss in einer Wissenschaft der Freiheit verankert sein. Dass man das der »durchbölschten« Bourgeoisie nicht leicht beibringen kann, wohl aber dem Proletariat, das hat sich mir manchmal gezeigt. So zum Beispiel zeigte es sich, als ich einmal in Spandau vor den Reihen der dort versammelten Arbeiter zunächst nur ein paar Worte sagen wollte, woraus aber dann eine fünf Viertelstunden lange Rede geworden ist, nachdem Rosa Luxemburg – sie ist ja hinlänglich bekannt – ihre große Rede vor dieser Arbeiterschaft gehalten hatte. Diese bestand aber nicht nur aus Arbeitern, sondern man hatte auch Weib und Kind mitgebracht. Wickel- und kleine, schreiende Kinder, Hunde und alles Mögliche waren im Saal. Als ich hinterher, nachdem Rosa Luxemburg ihre Rede über ›die Wissenschaft und die Arbeiter‹ gehalten hatte, gerade daran anknüpfte, dass ein wirkliches Fundament schon daläge, das wäre das, Wissenschaft geistig zu erfassen, das heißt aus dem Geiste heraus nach einer neuen Lebensgestalt zu suchen, da fand ich mit solchen Dingen immerhin einige Zustimmung.

Hatte man sich in den Kreisen der Parteifunktionäre innerhalb der Arbeiterbildungsschule zu Lebzeiten Liebknechts mehr oder weniger tolerant gegenüber Nicht-Genossen verhalten, da Liebknecht selbst diese Toleranz vorbildhaft praktizierte, so begannen doch schon bald nach seinem Tod die Positionskämpfe um die »richtige parteikonforme, sozialistische Einstellung«. Auch Rudolf Steiner bekam diese deutliche Wende verschiedentlich zu spüren. Dass man des »marxistisch nicht stubenreinen Lehrers«, zumal im Fach Geschichte, schon länger überdrüssig war, trat erst deutlicher in Erscheinung, als Rudolf Steiner im Oktober 1902 Generalsekretär der Deutschen Sektion der Theosophischen Gesellschaft wurde. Wie er auf die – wohl zumeist mehr versteckt – gegen ihn geführten Anschuldigungen reagierte, lässt sich seinem Brief an Johanna Mücke vom 2. Oktober 1903[219] entnehmen: »Aber die Polemiken werden jetzt so geführt, dass im Interesse der guten Sache jeder vor allem auf *Klarheit* der Situation halten *muss*. Ich werde der Schule dienen, bis man mich nicht mehr haben will.«

Im darauf folgenden Jahr verschärfte sich die Lage. Die ordentliche Generalversammlung, an der Rudolf Steiner seine Haltung gegenüber dem Historischen Materialismus bzw. seine Geschichtsauffassung darlegen sollte, wurde für den 7. Oktober anberaumt. Obgleich er diese Veranstaltung als überflüssig erachtete – »Dieser Vortrag ist mir aufgedrängt«, schrieb er in sein Notizbuch – bereitete er sich dennoch gründlich vor, wie u. a. seinen handschriftlichen Aufzeichnungen zu entnehmen ist. Den dramatischen Verlauf des Rededuells zwischen Rudolf Steiner und Max Grunwald – Kautsky hatte offensichtlich seine Mitwirkung abgesagt – hat Emil

Unger-Winkelried, damals Schüler der Arbeiterbildungsschule, später Zeitungsredakteur in Bremen, in einer 1934 erschienenen Publikation mit folgenden Worten wiedergegeben:[220]

Es war wohl so um das Jahr 1904, als er sein Lehramt an der Arbeiterbildungsschule niederlegte. Die buchstabengläubigen Zionswächter hatten schon lange gegen den marxistisch nicht stubenreinen Lehrer gebohrt. Er war als Ketzer verdächtig, und nur die große Liebe, mit der die Schüler an ihm hingen, hatte die Gegner gehindert, loszuschlagen. Endlich aber war es doch so weit. Sie schickten den kleinen jüdischen *Max Grunwald*, einen sattelfesten Marxisten, vor. Man setzte einen Abend fest, an dem die beiden Gegner sich messen sollten. Es wurde eine Geisterschlacht von gewaltigem Ausmaß. Steiner war in ganz großer Form. Er sprach mit dramatischer Steigerung, er rückte seinem Gegner mit einem unheimlichen Wissensschatz auf den Leib, er sprach mit Leidenschaft und Feuer und zwang selbst die Feinde in seinen Bann. Der kleine, verkrachte Mediziner Grunwald kam gar nicht erst auf die Beine. Er war durchaus nicht dumm und sonst gefürchtet wegen seines Witzes und seiner Schlagfertigkeit. Aber er hatte schon bei der ersten Runde hoffnungslos verloren. Steiner ging, aber er ging als Sieger, umjubelt von seinen getreuen Schülern.

Im Anschluss an diese Diskussion, an der sich, wie dem Bericht aus dem ›Vorwärts‹[221] zu entnehmen ist, noch weitere Redner zu Wort meldeten, wurde eine Resolution verabschiedet, in der Rudolf Steiner das Vertrauen ausgesprochen wurde, was zugleich beinhaltete, dass er »in den Kursen der Schule weiter als Lehrer fungieren kann«. Das Abstimmungsergebnis war übrigens mehr als deutlich. Die Resolution wurde »mit allen gegen 7 Stimmen angenommen«. Von dem Abstimmungsergebnis der Generalversammlung wenig beeindruckt erwiesen sich die Verlierer. Bereits in einer Vorstandssitzung im Dezember, an der Rudolf Steiner wegen anderwärtiger Verpflichtungen nicht teilnehmen konnte, unternahmen sie den nächsten Vorstoß. Ihr Vorschlag, Rudolf Steiner nur noch das nächste Quartal unterrichten zu lassen und dann einen anderen Lehrer zu beauftragen, stieß auf Zustimmung, da u. a. vorgebracht wurde, dass Rudolf Steiner »ja doch nicht mehr ein rechtes Interesse für die Schule habe«.[222] Angesichts dieses fadenscheinigen Argumentes machte Johanna Mücke – sie gehörte damals dem Vorstand der Schule an – ihrer Empörung Luft, was an der ganzen Situation jedoch nichts änderte. »Es schien mir notwendig«, so Mücke, »zu verhindern, dass man Herrn Doktors Kraft noch gerade so lange benützen wollte, als es ihnen passte, um ihn dann fortzuschicken.«[223] Am Sonntag, den 15. Januar 1905, hielt Rudolf Steiner wiederum die Festansprache aus Anlass des Vierzehnten Stiftungsfestes und teilte anschließend dem Vorstand mit, dass er seinen Unterricht nicht mehr fortsetzen werde. Damit ging eine sich über volle sechs Jahre erstreckende Tätigkeit zu Ende. Eine solche unmittelbare Nähe zur Arbeiterschaft hat sich für Rudolf Steiner erst wieder im Jahre 1919 ergeben.

Neben seiner Lehrtätigkeit an der Arbeiterbildungsschule in Berlin und Spandau wurde er als Redner auf zahlreichen Veranstaltungen damaliger, mit der Arbeiterbewegung zusammenhängender Organisationen eingeladen, doch liegen hiervon keine Mitschriften vor.

Die Zusammenhänge zwischen seiner Tätigkeit an der Arbeiterbildungsschule und seinem späteren Einsatz für die Verwirklichung einer »Dreigliederung des sozialen Organismus« schildert er

in einer Fragenbeantwortung im Anschluss an einen in Zürich gehaltenen Vortrag mit den Worten:[224]

> Nun, da muss gesagt werden, dass die soziale Frage eigentlich
> erst kritisch geworden ist während dieser großen Weltkriegska-
> tastrophe. Ich berühre ja nicht gern Persönliches, aber in solchen
> Dingen ist man nur allzu oft genötigt, das zu tun. Ich habe Ge-
> legenheit gehabt, reichlich genug mitzuerleben den Gang der
> sozialen Frage. Ich war lange Zeit Lehrer an einer Arbeiterbil-
> dungsschule, in der von mir im Umgang mit den nicht nur er-
> wachsenen, sondern oftmals recht alten Schülern die soziale Fra-
> ge sehr gut studiert werden konnte. […] Ich habe gesehen […]
> wie es gerade in dem Zeitpunkt um die Wende des 19. zum
> 20. Jahrhundert möglich gewesen wäre, in die modernen brei-
> teren Massen der arbeitenden Bevölkerung Ideen hineinzutra-
> gen, welche das heutige Chaos und die heutige Zerstörungswut
> auf sozialem Gebiete hätten verhindern können. Wahrhaftig, ich
> konnte deutlich sehen: Für aus dem Geiste heraus geborene Ide-
> en wäre vor zwanzig Jahren, wenn man darauf seine Aufmerk-
> samkeit gewendet hätte, eine breite Masse der Bevölkerung zu-
> gänglich gewesen.

Rudolf Steiner während des Ersten Weltkrieges

Herrschte noch unmittelbar vor Ausbruch des Ersten Weltkrieges
der Glaube an die für unbegrenzte Zeiten sicher gefügten Verhältnisse, so wurde dieser durch den Verlauf des Krieges restlos verbraucht. In zahlreichen Vorträgen weist Rudolf Steiner auf die heute
grotesk anmutende Haltung bedeutender Regierungspersönlich-

keiten, wie etwa Gottlieb von Jagow, Staatssekretär im Auswärtigen Amt, hin: »Im Frühling des Jahres 1914 konnten wir hören, dass zu einer Versammlung, die wenigstens in Bezug auf politische Dinge erleuchtet sein sollte, zu einer Versammlung derjenigen Männer, denen dazumal die Führung des Volkes anvertraut war, der damalige Außenminister sagte, er könne den Herren des Deutschen Reichstages mitteilen, dass die allgemeine Entspannung Europas große Fortschritte mache. Die Beziehungen des Deutschen Reiches zu Russland seien die denkbar befriedigendsten, denn die Petersburger Regierung sei gar nicht geneigt, hinzuhorchen auf die Treibereien der Presse; die freundnachbarlichen Beziehungen zwischen dem Deutschen Reiche und Russland versprächen das Allerbeste. Ferner sagte er, es seien Verhandlungen angeknüpft worden mit England, welche zwar noch nicht zum Abschluss gekommen seien, die aber versprächen, dass das beste Verhältnis mit England eintreten werde. Ja, eben gerade, wenn man offen und ehrlich dasjenige ins Auge fassen will, was Gedankenschlagkraft der führenden Kreise und der aus diesen führenden Kreisen Auserlesenen in jener entscheidungsvollen Zeit war, dann muss man schon auf solche Dinge hinweisen. Das Angedeutete konnte gesagt werden in den Wochen, die unmittelbar vorangingen jener furchtbaren Zeit, in welcher innerhalb Europas, gering gerechnet zehn bis zwölf Millionen Menschen getötet und dreimal so viel zu Krüppeln geschlagen worden sind! Auf diese Dinge muss hingeschaut werden, denn heute kommt es darauf an, von dem, was man in den letzten Zeiten gewöhnlich die Lebenspraxis genannt hat, endlich abzukommen und Vertrauen zu gewinnen zu dem, was wirkliche Einsicht in die Tatsachen vermag.«[225]

Dieses von Illusionen getragene Vorgehen politischer wie auch militärischer Führer aller an dem Krieg beteiligten Nationen ist jedoch, so Rudolf Steiner, nichts anderes als die Fortsetzung der bis dahin verfolgten politisch-wirtschaftlichen und imperialistischen Strategien, deren Ausgangspunkte bis weit in das 19. Jahrhundert zurückreichen.

Dazu zählt die Slawenfrage ebenso wie das deutsch-russische Verhältnis seit dem Krimkrieg (1853–1855), das deutsch-französische Verhältnis seit dem Krieg von 1870/71 wie auch das imperialistische Sendungsbewusstsein, das vom Britischen Empire und später von den Vereinigten Staaten von Amerika ausgehend die politische Landschaft zu Beginn des zwanzigsten Jahrhunderts zu prägen begann.

Von entscheidender Bedeutung war auch die Auswucherung der liberal-kapitalistischen Wirtschaftsweise und ihre Gegenreaktion, die sozialistische, später bolschewistische Bewegung, deren Zielsetzung und Strategien sich immer mehr von den Bedürfnissen und Forderungen, die sich im Proletariat aus der Entwicklung heraus notwendigerweise zu artikulieren suchten, entfernten. Die Wahrnehmung dieser Tatbestände und eine spirituelle Durchdringung ihrer Entwicklungsbedingungen und -tendenzen veranlassten Rudolf Steiner, bereits im April 1914 von einer unmittelbar bevorstehenden sozialen Katastrophe zu sprechen: »Wir stehen in Bezug auf die Entwicklung unserer sozialen und Völkerverhältnisse in etwas darinnen, das sich nur bezeichnen lässt mit einem Karzinom, mit einer Krebskrankheit im Leben der Völker, die in kürzester Zeit in einer furchtbaren Art zum Ausbruch kommen muss.«[226]

Wenig später brach der Erste Weltkrieg aus. Seine Auswirkungen hielten Europa noch über viele Jahre in Atem und sollten Wegbereiter zu einer erneuten Kriegskatastrophe werden.

In seiner im Jahre 1915 verfassten Schrift ›Gedanken während der Zeit des Krieges. Für Deutsche und diejenigen, die nicht glauben, sie hassen zu müssen‹[227] weist Rudolf Steiner darauf hin – und hier spricht aus ihm wieder der intime Beobachter –, dass die Entwicklung, die zu der Kriegskatastrophe von 1914 führte und deren weiteren Verlauf bestimmen sollte, zur Folge haben wird, dass mit dem politischen Untergang Deutschlands auch der Untergang des *geistigen* Deutschland besiegelt sei.

Eine andere Gefahr sah er von Seiten des »Wilsonismus« über Europa hereinbrechen, nämlich einen erbarmungslosen Nationalitätenstreit, der dann auch tatsächlich eintreten sollte. So heißt es in seinem Vortrag vom 14. November 1917 in Zürich: »Ich habe dazumal also vor dem Ausbruch dieser Kriegsereignisse in Helsingfors angedeutet, wie man fehlgehen kann, wenn man aus bloßen naturwissenschaftlichen Vorstellungen heraus die soziale Struktur in Menschengemeinschaften erfassen will, und ich habe als Beispiel eine Persönlichkeit gewählt, welche im eminentesten Sinne diesen Fehler macht: Woodrow Wilson. Und zwar habe ich darauf aufmerksam gemacht, dass Woodrow Wilson – Gelehrsamkeit ist in diesem Falle zur Staatsmannschaft aufgerückt – in sonderbarer Weise sagt: Zu der Zeit des Newtonismus, als man die ganze Welt mehr mechanisch betrachtet hat, da kann man bemerken, wie die Menschen auch in ihren Staatsvorstellungen, in ihren sozialen Vorstellungen, die mechanischen Vorstellungen drinnen haben, die Newton und andere an die Tagesordnung gebracht haben. Aber es ist falsch, das soziale Leben mit solchen engen Begriffen zu erfassen, sagt Woodrow Wilson; heute muss man das anders machen: heute muss man die darwinistischen Vorstellungen auf das soziale Leben anwenden! Also er macht dasselbe, nur macht er es mit den heute geltenden naturwissenschaftlichen Vorstellungen!«[228]

Rudolf Steiners Kritik richtete sich zunächst gegen Wilsons »Sozialdarwinismus«, den dieser im ersten Kapitel ›Was ist Fortschritt?‹

seines Buches ›Die neue Freiheit‹ mit folgenden Worten beschreibt: »Eine Regierung [ist] nicht eine Maschine, sondern ein lebendes Wesen. Sie untersteht nicht der Theorie vom Weltall, sondern der Theorie des organischen Lebens. Sie wird durch Darwin erklärt und nicht durch Newton. [...] Lebendige politische Verfassungen müssen in ihrem Bau und ihrer Handhabung darwinistisch sein.«[229] Später wandte er sich energisch gegen das 14-Punkte-Programm, wie u. a. aus folgender Passage eines Vortrages zu dem Thema ›Die geschichtliche Entwicklung des Imperialismus‹ hervorgeht:[230] »In den letzten vier bis fünf Jahren ist außerordentlich viel über allerlei schöne Dinge gesprochen worden: Selbstbestimmung der Völker und so weiter. Alle diese Dinge waren nicht wahr; denn dasjenige, was dahinter war, das war etwas ganz anderes, das waren selbstverständlich Machtfragen. [...] Und so muss ein solches Wort wie Imperialismus – ›Imperial Federation‹ ist das offizielle Wort seit Beginn des 20. Jahrhunderts in England –, wenn über solche Dinge gesprochen wird, so muss berücksichtigt werden, dass wir in diesen Dingen Ableitungen haben, Spätprodukte der Entwicklung, und dass diese zurückführen in weit vergangene Zeiten.« So wurde für Rudolf Steiner immer deutlicher, dass die Völker Europas den Gefahren, die ihnen durch die Politik Wilsons drohten, nur dadurch begegnen und standhalten können, indem sie selbst ein umfangreiches Programm entwickeln und ihren zukünftigen Handlungen dadurch eine neue Bestimmtheit, eine zeitgemäße Sinngebung verleihen.

Im Juli des Jahres 1917 – im Westen war der Stellungskrieg zu einer unabänderlichen Tatsache geworden, im Osten war nach einer Übergangsregierung Kerenskis Lenin auf dem Weg zur Macht, die Vereinigten Staaten hatten Deutschland den Krieg erklärt – verfasste Rudolf Steiner zwei Memoranden, in denen er zum ersten Mal seine Ideen einer grundlegenden Neugestaltung des sozialen

Lebens zur Darstellung brachte. Veranlasst wurden diese Memoranden durch Otto Graf Lerchenfeld, der als Erbherr des Schlossgutes Köfering Sitz und Stimme im Reichsrat der Krone Bayerns hatte. Dieser schreibt in seinen Erinnerungen: »... war heute drei Stunden bei Dr. Steiner in der Motzstraße. Vor mir steht die Lösung von allem. Weiß, dass es keine andere geben kann. ›Dreigliederung des sozialen Organismus‹ hat er genannt, was er wie das Ei des Columbus vor mich hingestellt hat. In den nächsten Tagen will er die Idee mit mir ausarbeiten. Werden wohl Wochen daraus werden.«[231] Und an anderer Stelle fährt er fort: »Dass Rudolf Steiner meinen Optimismus nicht teilte, wurde mir allerdings sehr bald klar. Mehr als drei Wochen tagtäglicher, stundenlanger Arbeit folgten dieser ersten Unterredung, Wochen höchsten Erlebens, höchster Anspannung, intensivsten Lernens, Lernens was in Wahrheit bedeutet Logik des Lebens, des Werdens und Vergehens, wie Logik hinübergreifen muss ins Künstlerische, soll sie vom wirklichen Leben nicht abgelehnt und zur Unlogik werden. Politik ist Kunst, nicht Wissenschaft allein, und, wo sie nur mehr Wissenschaft ist, da erkrankt der soziale Organismus, weil er behandelt wird wie ein Totes.«[232]

Schon kurz nach seinem Gespräch mit Rudolf Steiner war Graf Lerchenfeld an Ludwig Graf Polzer-Hoditz, den Bruder des österreichischen Kabinettschefs, herangetreten: »Inzwischen war auf ein Telegramm hin Graf Ludwig Polzer-Hoditz aus Wien nach Berlin gekommen, um eine Zeitlang an unseren Gesprächen teilzunehmen und, nach Wien zurückgekehrt, seinen Bruder, den Grafen Arthur, den Kabinettschef des Kaisers, über die Idee Rudolf Steiners unterrichten zu können, der ja dann auch die eine dieser Schriften in seinem außerordentlich wertvollen Buch ›Kaiser Karl‹ abdrucken ließ.«[233]

Otto Graf Lerchenfeld und Polzer-Hoditz begannen nun ihre Beziehungen zu deutschen und österreichischen Regierungskreisen einzusetzen, um Rudolf Steiners Gedanken von einem über die unmittelbaren Kriegsziele hinausgehenden politischen deutschen Beitrag zur »Gesundung der Weltlage« an einflussreiche Persönlichkeiten heranzutragen. Doch konkrete Ergebnisse brachten die Kontakte etwa mit dem deutschen Staatssekretär Kühlmann und Prinz Max von Baden nicht. Im Rahmen eines Diskussionsabends in Dornach berichtet Rudolf Steiner über seine Begegnung mit Prinz Max von Baden: »Ich reiste nach Berlin über Karlsruhe. Es war im Januar. Man wusste dazumal ganz gut, dass, wenn es im ehemaligen Deutschland zum Krache kommen würde, der Prinz Max von Baden Reichskanzler werden würde. Ich sprach auf dieser Reise also mit dem Prinzen Max von Baden schon im Januar [1918] über die Dreigliederung des sozialen Organismus, weil es sich darum gehandelt hätte, dass selbstverständlich in die unmittelbar konkreten, realen Tatsachen hinein gewirkt hätte, was die Kraft der Impulse des dreigliedrigen sozialen Organismus ist.«[234] Und in seinem Vortrag vom 24. November 1921 berichtet er: »Dieses Gespräch führte auch darauf, dass von Seiten dieser Persönlichkeit bemerkt wurde, wie notwendig es eigentlich sei, eine Psychologie, eine Seelenkunde der europäischen Völker zu haben, denn das große Chaos, in das man hineinsegelt, werde fordern, dass diejenigen, die einigermaßen führend sein wollen, sich auskennen in der Wirksamkeit, in den Kräften der europäischen Völkerseelen. Und es wurde von dieser Persönlichkeit sehr bedauert, dass eigentlich keine Möglichkeit sei, bei der Behandlung der öffentlichen Angelegenheiten so etwas wie eine Seelenkunde der Völker zugrunde legen zu können. Ich erwiderte, dass ich über diese Seelenkunde der europäischen Völker hier in Kristiania einen Vortragszyklus gehalten habe, und ich habe dann dieser Persönlichkeit diesen Vortragszyklus mit einer aus der damaligen Situation Januar 1918 heraus geschriebenen Vorrede geschickt. [...] Genützt hat es allerdings nichts.«[235]

Als Prinz Max von Baden im Oktober 1918 Reichskanzler wurde, war jegliches auf eine grundlegende Veränderung gerichtetes Vorhaben von deutscher Seite bereits aussichtslos geworden. Der folgende Auszug aus den Erinnerungen des österreichischen Kabinettschefs Arthur Graf Polzer-Hoditz mag die Schwierigkeiten ein wenig beleuchten, die mit einer Verbreitung der Dreigliederungsidee auf der obersten politischen Ebene verbunden waren:[236]

Es war Ende August 1917, als ich durch meinen Bruder, der mich in Reichenau besuchte, mit dem Gedanken des Gründers der anthroposophischen Gesellschaft, Dr. Rudolf Steiner, über die Dreigliederung des sozialen Organismus bekannt wurde. Ich verhielt mich anfangs zurückhaltend und skeptisch, unterzog aber eine darauf bezügliche Denkschrift Steiners, die mir übergeben worden war, einem eingehenden Studium. Ich wollte den Gedanken, unabhängig von der Quelle, aus der er stammte und der ich ferne stand, und zwar nicht nur auf seinen objektiven Wert, sondern auch auf seine Durchführbarkeit und Anwendbarkeit prüfen. Ich gewann den Eindruck, dass es sich um einen Vorschlag handle, der zum Unterschied von so vielen anderen den praktischen Bedürfnissen der anbrechenden Zeit volle Rechnung trug. [...] Ich glaubte zu erkennen, dass der dem System zugrunde liegende Gedanke im Allgemeinen ein richtiger sei, und so schloss ich daraus, dass seine Realisierung, mag sie auch noch so schwierig sein, objektiv möglich sein müsse. Hierzu hätte es aber der überzeugten Mitarbeit der Völker bedurft. Es wäre also vor allem notwendig gewesen, dem Großteil der Menschheit die Überzeugung von der Richtigkeit des Gedankens zu vermitteln. Es genügt nicht, einen an sich richtigen Gedanken zu fassen, man muss für dessen Verwirklichung die breiten Massen gewinnen und ihn so aus dem Reich des Ideellen auf den festen Boden der Wirklichkeit verpflanzen. […]

Ich hatte aber von vornherein die Empfindung, dass die Idee der Dreigliederung, gerade weil sie aus der Geisteswelt hervorgeholt war und die endgültige Absage an die althergebrachten Zustände, Begriffe und Denkgewohnheiten bedeutete, nahezu allgemein abgelehnt worden wäre, zumal in einer Zeit, zu der man wie dies im Jahr 1917 noch der Fall war meinte, man werde von dem Gewohnten nicht allzu weit abrücken müssen …

Über sein Gespräch mit dem österreichischen Kaiser berichtet er:

Am Abend und am nächsten Tag hatte ich mehrstündige Audienzen, während welcher ich, nunmehr der Rücksichten ledig, die mir mein Amt auferlegt hatte, das System der Dreigliederung auseinandersetzte. Der Kaiser hörte mit gespannter Aufmerksamkeit zu. Er würdigte voll die Bedeutung des Gedankens, meinte aber, dass er doch noch zu wenig durchgearbeitet sei, als dass man sich ein abschließendes Urteil darüber bilden könnte, und darauf müsse es schließlich ankommen, wenn man der Sache näher treten wollte. Ich machte mich erbötig, die Sache weiter zu studieren und zunächst die Grundgedanken des Systems der Dreigliederung in einer Denkschrift[237] niederzulegen. […]

Ich hatte mich während meines Urlaubs mit dem Gedanken der Dreigliederung des sozialen Organismus befasst und die Art der Durchführung überdacht, sodass ich in der Lage war, dem Ministerpräsidenten diesfalls sehr konkrete Vorschläge zu machen. Seidler hörte aufmerksam zu und besprach die Sache sehr eingehend mit mir.

Ich konnte nicht recht daran glauben, dass aus der Sache etwas werde; denn schließlich mochte es selbst jenen, die von der gründlichen Reformbedürftigkeit der Formen des staatlichen Lebens voll überzeugt waren, bedenklich erscheinen, einen so vollständig neuen Gedanken, *für dessen Aufnahme die Welt noch in keiner Weise vorbereitet war, zum Inhalt eines Regierungsprogramms zu machen.* Man erzählte mir, dass auch Kühlmann mit dem Gedanken vertraut gemacht wurde und dass der nachmalige deutsche Reichskanzler Prinz Max von Baden sich dafür interessierte und mit Dr. Steiner darüber persönlich verhandelte. Weder der eine noch der andere ist damit hervorgetreten. Ich kann dies gut verstehen. *Ich, persönlich, war allerdings der Meinung, dass die Zeit gerade damals für große Gedanken, nur für große Gedanken aufnahmefähig war und dass es nicht von Nachteil gewesen wäre, einen solchen, wenn auch unvermittelt in die Welt zu werfen. Man wäre vielleicht über ihn hergefallen und hätte ihn zerzaust und arg zugerichtet. Aber er wäre da gewesen.* Die Welt hätte sich mit ihm auseinandersetzen müssen, und war er gut, so hätte er sich schließlich behauptet. Es wäre eines Versuchs wert gewesen. Aber auch ich habe zu einem solchen Versuch erst zu raten vermocht, als ich die Gewissheit hatte, dass der bisherige Weg uns in den Abgrund führe und dass nur eine vollständige Wandlung Rettung bringen könnte. Dem unehrlichen Programm der ›Selbstbestimmung und Völkerbefreiung‹, welches vom Westen revolutionierend in die Welt geschleudert wurde und dessen Saaten in Russland bereits aufgegangen waren, *hätte eine geistige Offensive von ebenso großer Wucht entgegengesetzt werden müssen.*

Auch während jener Phase intensivster Gespräche mit Persönlichkeiten des öffentlichen politischen Lebens setzte Rudolf Steiner seine Vortragstätigkeit vor einem immer größer werdenden Kreis von Zuhörern, der sich zusammengefunden hatte, um von den geistigen Zusammenhängen menschlichen Seins, den spirituellen Hintergründen der *äußeren* Welt und der sozialen Frage zu erfahren, fort. Immer wieder versuchte er an Beispielen bedeutender Denker aus dem Westen, Osten und der Mitte, das Ringen um eine geistgemäße Anschauung zu verdeutlichen und so die geistigen Hintergründe der Menschheitsentwicklung und die in ihnen verborgenen Zukunftskeime aufzuzeigen.

Um jedoch in die Zukunft hinein die brennenden sozialen Fragen fundamental neu angehen zu können, schien ihm eine Klärung der Ursachen, die zum Ersten Weltkrieg geführt haben, unabdingbar. Aus seinen persönlichen Begegnungen mit dem damaligen Chef des deutschen Generalstabes, Helmuth von Moltke, und dem damit verbundenen Wissen um die tatsächlichen Begebenheiten im Sommer 1914 sah er sich verpflichtet, dies einer breiteren Öffentlichkeit zugänglich zu machen, in der Hoffnung, dass die bevorstehenden Friedensverhandlungen in Versailles dadurch eine sachbezogenere Richtung einschlügen.

Nach Rücksprachen mit Frau Eliza von Moltke, der Witwe des im Jahre 1916 verstorbenen deutschen Generalstabschefs, bereitete Rudolf Steiner die Veröffentlichung der Erinnerungen Helmuth von Moltkes vor, denen er eine längere Einleitung voranstellte. Durch das Eingreifen einflussreicher politischer Persönlichkeiten wurde jedoch die Auslieferung der bereits gedruckten Schrift verhindert. Nachfolgend ein Auszug aus den ›Vorbemerkungen‹ Rudolf Steiners:[238]

Vorbemerkungen zu
»Die ›Schuld‹ am Kriege«
Betrachtungen und Erinnerungen des Generalstabschefs
H. von Moltke über die Vorgänge vom Juli 1914
bis November 1914 (Mai 1919)

Das deutsche Volk muss sich der Wahrheit über den Kriegsausbruch gegenübergestellt sehen. Kraft zu dem Handeln, das ihm jetzt notwendig ist, kann es aus dieser Wahrheit schöpfen. Der Ernst der gegenwärtigen Lage gebietet, alle Bedenken zu unterdrücken, die von der einen oder andern Seite erhoben werden gegen die Enthüllung der Ereignisse, die in Deutschland dem Beginn des Krieges vorangegangen sind.

Mit dieser Veröffentlichung soll ein Beitrag zur Darstellung der Wahrheit über diese Ereignisse gegeben werden. Er rührt von dem Manne her, der Ende Juli und Anfang August 1914 im Mittelpunkt dessen gestanden hat, was in Berlin damals geschehen ist, dem Chef des Generalstabes, dem Generalobersten Helmuth von Moltke. Man wird aus dem Beitrag ersehen, wie stark von diesem Manne behauptet werden darf, dass er im Mittelpunkt dieser Ereignisse gestanden hat.

Die Witwe des Herrn von Moltke, Frau Eliza von Moltke, erfüllt eine ihr von der Geschichte auferlegte Pflicht, indem sie diese Aufzeichnungen der Öffentlichkeit nicht vorenthält. Wer sie liest, wird wohl die Meinung gewinnen können, dass sie das wichtigste historische Dokument sind, das in Deutschland über den Beginn des Krieges gefunden werden kann.

Die Stimmung kennzeichnen sie, aus der in militärischen Kreisen der Krieg für unvermeidlich gehalten worden ist. Die militärischen Gründe legen sie dar, aus denen heraus er diejenige Entfaltung in seinem Anfange genommen hat, die dem deutschen Volke die Verurteilung der ganzen Welt gebracht hat.

Die Welt will ein ehrliches Wahrheitsbekenntnis des deutschen Volkes. Hier hat sie eines, niedergeschrieben von dem Manne, dessen Aufzeichnungen in jedem Satze das Gepräge der Ehrlichkeit tragen, der – man wird es aus den Aufzeichnungen ersehen – in dem Augenblicke, als er schrieb, gar nichts anderes wollen konnte, als die lauterste subjektive Wahrheit seiner Feder entströmen lassen. Und diese Wahrheit: sie ergibt, recht gelesen, die restlose Verurteilung der deutschen Politik. Eine Verurteilung, die schärfer nicht sein könnte. Eine Verurteilung, die auf noch ganz andere Dinge hinweist, als diejenigen sind, die bei Freund und Feind angenommen werden.

Nicht die eigentliche Ursache des Krieges wird man in diesen Aufzeichnungen geschildert finden. Diese sind in Ereignissen zu suchen, welche natürlich weit zurückreichen. Aber zur rechten Beleuchtung dieser Ereignisse führt, was Ende Juli 1914 geschehen ist. Das Zusammenbrechen des Kartenhauses, das deutsche Politik genannt worden ist, zeigt sich in dieser Beleuchtung. Personen sieht man an dieser Politik beteiligt, bei denen jeder Beweis, dass sie den Krieg haben vermeiden wollen, überflüssig ist. Man kann ihnen ruhig glauben, dass sie den Krieg haben vermeiden wollen. Er hätte nur vermieden werden können, wenn *sie* niemals hätten auf ihre Posten kommen können. Nicht, was sie getan haben, hat zur Herbeiführung des Unheils beigetragen, sondern das ganze Wesen ihrer Persönlichkeiten.

Es ist erschütternd, in diesen Aufzeichnungen zu lesen, wie deutsches militärisches Urteil deutschem politischem Urteil im entscheidenden Augenblicke gegenübersteht. Das politische Urteil steht ganz außerhalb jeder Beurteilungsmöglichkeit der Lage, steht im Nullpunkte seiner Betätigung, und es ergibt sich eine Situation, über welche der Generalstabschef schreibt: ›Die Stimmung wurde immer erregter und *ich stand ganz allein da.*‹

Man bedenke doch, was in diesen Aufzeichnungen steht von diesem Satze an bis zu dem andern: ›*Nun können Sie machen, was Sie wollen.*‹

Ja, so war es: Der Chef des Generalstabes stand ganz allein da. Weil die deutsche Politik im Nullpunkte ihrer Betätigung angekommen war, lag Europas Schicksal am 31. Juli und am 1. August 1914 in der Hand des Mannes, der seine militärische Pflicht tun musste. Der sie tat mit blutendem Herzen.

Wer beurteilen will, was da geschehen ist, der muss sachgemäß, ohne Voreingenommenheit die Frage sich vorlegen: wodurch ist es gekommen, dass Ende Juli 1914 in Deutschland keine andere Macht da war, über das Schicksal des deutschen Volkes zu entscheiden, als allein die militärische? War es einmal so, dann war der Krieg für Deutschland eine Notwendigkeit. Dann war er eine europäische Notwendigkeit. Der Generalstabschef, der ›allein dastand‹, konnte ihn nicht vermeiden.

Wie auf die Spitze des militärischen Urteiles in den Zeiten, die dem Kriegsausbruch vorausgingen, alles in Deutschland gestellt war, das zeigt der unglückselige Einfall in Belgien, der eine militärische Notwendigkeit und eine politische Unmöglichkeit war. Der Schreiber dieser Zeilen hat Herrn von Moltke, mit dem er jahrelang befreundet war, im November 1914 gefragt: Wie hat der Kaiser über diesen Einfall gedacht? Und es wurde geantwortet: Der hat vor den Tagen, die dem Kriegsausbruch vorangingen, nichts davon gewusst. Denn bei seiner Eigenart hätte man befürchten müssen, dass er die Sache aller Welt ausgeschwätzt hätte. Das durfte nicht geschehen, denn der Einfall konnte nur

Erfolg haben, wenn die Gegner unvorbereitet waren. Und wusste der Reichskanzler davon? Ja, der wusste davon.

Diese Dinge *darf* heute nicht verschweigen, wer sie weiß, auch wenn er sie noch so ungerne mitteilt. Nur zum Überflusse will ich bemerken, dass ich, nach der ganzen Art meiner Aussprachen mit Herrn von Moltke, nicht die geringste Verpflichtung habe, diese Dinge zu verschweigen, und dass ich weiß, ich handle in seinem Sinne, wenn ich sie mitteile. Sie zeigen, wie die deutsche Politik in den Nullpunkt ihrer Betätigung hineintrieb.

Man muss auf diese Dinge weisen, wenn man von der ›Schuld‹ des deutschen Volkes sprechen will. Diese ›Schuld‹ ist doch von ganz besonderer Art. Es ist die Schuld eines gänzlich unpolitisch denkenden Volkes, dem die Absichten seiner ›Obrigkeit‹ durch undurchdringliche Schleier verhüllt worden sind. Und das aus seiner unpolitischen Veranlagung heraus gar nicht ahnte, wie die Fortsetzung seiner Politik der Krieg werden musste.

Unbegreiflich muss es ja auch erscheinen, dass an offizieller Stelle sogar einige Zeit vor dem Krieg von einer Persönlichkeit Worte gesprochen worden sind, aus denen man schließen musste, dass in Deutschland nicht die Absicht bestehe, die belgische Neutralität jemals zu verletzen, während Herr von Moltke mir ebenfalls im November 1914 sagte, dass diese Persönlichkeit von der Absicht, durch Belgien zu marschieren, gewusst haben müsste.

Die Frage, ob das deutsche Volk im Jahre 1914 in den Kriegsausbruch hätte verhindernd eingreifen können: sie beantworten diese Aufzeichnungen restlos. Weit zurück hätten die Taten liegen müssen, durch die bewirkt hätte werden können, dass die Ereignisse dieses Jahres Deutschland in einem anderen Zustande angetroffen hätten, als er da gewesen ist. Nachdem dieser Zustand einmal da war, konnte anderes nicht geschehen, als geschehen ist. So muss das deutsche Volk heute sein Schicksal ansehen. Und aus der Kraft, die ihm diese Einsicht gibt, muss es seinen weiteren Weg finden. Die Ereignisse *während* der furchtbaren Kriegskatastrophe beweisen dies nicht minder, als die in diesen Aufzeichnungen über den Kriegsanfang enthaltenen. Doch ich habe hier nicht darüber zu sprechen; denn mir obliegt es hier nur, diese Aufzeichnungen einzuleiten.

Man sieht aus den Aufzeichnungen, dass nicht die Annahme, Frankreich oder England werde die belgische Neutralität verletzen, wenn dies nicht Deutschland tun werde, das Maßgebende war, sondern die andere, dass Frankreich hinter seiner starken Ostfront einen Defensivkrieg führen werde, der vermieden werden sollte. Dieser Ausgangspunkt bestimmte für Deutschland die ganze Gestaltung des Krieges schon seit vielen Jahren. Und dieser Ausgangspunkt musste die Entscheidung auf die Spitze des militärischen Urteiles stellen, wenn nicht seit ebenso langer Zeit von einer Politik daran gearbeitet wurde, für eine solche Entscheidung andere Kräfte ins Feld führen zu können. Das ist nicht geschehen. Man hatte einer Entwicklung entgegengetrieben, die im entscheidenden Augenblicke notwendig machte, jedes politische Urteil vor dem militärischen zurücktreten zu lassen. Hinter dem, worauf die Aufzeichnungen an diesem Punkte weisen, liegt das eigentlich Maßgebende.

Dreigliederungsidee und Dreigliederungsbewegung

Wie bereits den beiden Memoranden, die Rudolf Steiner im Jahre 1917 verschiedenen führenden Persönlichkeiten des politischen Lebens vorlegte, zu entnehmen ist, resultierte die Notwendigkeit einer Dreigliederung des sozialen Organismus aus der unmittelbaren Wahrnehmung der damaligen sozialen Verhältnisse. Die großen politischen Konflikte und das Versagen hinsichtlich grundlegender sozialer Erneuerungen führte er darauf zurück, dass das wirtschaftliche, politische und geistig-kulturelle Leben derart ineinander verflochten und letztlich auch verfilzt waren und z. B. das geistig-kulturelle Leben mal unter dem Primat der Wirtschaft, mal unter dem der Politik stand, sodass ein sachgerechtes Vorgehen unmöglich gemacht wurde.

Daher stellte er in den Mittelpunkt seiner Memoranden die Forderung, in »Gesetzgebung, Verwaltung und sozialer Struktur die Trennung des Politischen, Wirtschaftlichen und Allgemeinmenschlichen«[239] vorzunehmen. Die erste Stufe zur Verwirklichung sah er angesichts der sozialen Wirrnisse des Ersten Weltkrieges darin, diese Anschauungen an führende Persönlichkeiten des politischen Lebens heranzutragen. Nachdem auf dieser Ebene jedoch keine offenkundige Bereitschaft und schon bald auch, aufgrund des äußeren politischen Druckes, keine reale Möglichkeit zur Konkretisierung gegeben war, begann er sich in zahlreichen Vorträgen an eine breite Öffentlichkeit zu wenden.

Einen weiteren Schritt unternahm Steiner mit seinem ›Aufruf an das Deutsche Volk und an die Kulturwelt‹, der von bedeutenden Persönlichkeiten des politischen und kulturellen Lebens, u. a. von Hermann Hesse, unterzeichnet worden war. Ende April 1919 erschien seine viel beachtete, programmatische Schrift ›Die Kernpunkte der sozialen Frage‹. Ausgehend von der Ideologisierung allen geistig-kulturellen Lebens von Seiten sozialistischer Strömungen und deren Auswirkungen auf das Proletariat, versucht er im zweiten Kapitel am Beispiel des menschlichen Organismus, dem Nerven-Sinnes-System, Atmungs- und Blutzirkulationssystem sowie

EINLADUNG

zum

Oeffentl. Vortrag

im großen Volkshaussaal

Samstag, den 8. März 1919, abends 8 Uhr

Dr. **Rudolf Steiner** (Dornach)

spricht über:

Welchen Sinn hat die Arbeit des modernen Proletariers?

Worin liegt das Menschenunwürdige in der Stellung des heutigen Proletariers?

In vier öffentlichen Vorträgen in Zürich, im Hirschengrabenschulhaus, im Februar dieses Jahres hat Rudolf Steiner zu *diesem* Punkte der sozialen Frage dem Sinne nach ungefähr das Folgende ausgeführt: Darin, daß heute die menschliche Arbeitskraft als *Ware* gewertet wird, liegt der Grundimpuls zu der modernen proletarischen Bewegung. Nicht allein dadurch, daß die Stellung des Arbeiters nach rein *wirtschaftlichen* Gesichtspunkten betrachtet wird, sondern erst dadurch, daß die Arbeit des Besitzlosen des Warencharakters entkleidet wird, entsteht die Möglichkeit und die Hoffnung, den Arbeiter im modernen sozialen Organismus als *Menschen* zu würdigen. Die Frage „Ware — Arbeitskraft" kann und darf gar nicht auf rein wirtschaftlichem Boden gelöst werden. Diese Frage berührt die menschliche Freiheit des Einzelnen, und diese Freiheit betrachtet Steiner als den *geistigen* Kern des Menschenwesens betreffend. Nur mit einer vertieften geistigen Lebensauffassung im Sinne des von Dr. Steiner vertretenen „Götheanismus" (Geisteswissenschaft) darf an diese Frage herangetreten werden. Die sozialistische Wissenschaft hat die wissenschaftlichen Denkformen und Denkgewohnheiten vom Bürgertum übernommen und trägt heute diese bürgerlich-materialistische wissenschaftliche Denkart als bedrückendes Erbe. Nach Steiner *lebt* zwar der Proletarier proletarisch, aber er *denkt* noch heute bürgerlich. Dieses bedrückende Vermächtnis der bürgerlichen Wissenschaft an das Proletariat ist nichts anderes als: die Furcht vor einer wahrhaft geistigen Weltbetrachtung.

Eine Anzahl jüngerer, unabhängiger Hörer der Steinerschen Vorträge vom Februar empfinden es als Pflicht, die Gedanken Dr. Steiners den *Arbeitenden* zugänglich zu machen. Aus diesem Grunde haben sie Herrn Dr. Steiner gebeten, den angekündigten Vortrag zu halten. Sie werden in dieser Absicht bestärkt durch ein Erlebnis: nach einem der Vorträge im Hirschengrabenschulhaus trat eine schlichte Arbeitersfrau auf den Vortragenden zu und stellte fast vorwurfsvoll die Frage: „Warum sprechen Sie in dieser Weise nicht zu *uns!*"

Der Eintritt zum Vortrag ist frei!

Einladung zu dem öffentlichen Vortrag ›Welchen Sinn hat die Arbeit des modernen Proletariers?‹

Stoffwechsel-Gliedmaßen-System, darzustellen, wie dort die einzelnen Systeme unter Wahrung ihrer eigenen Gesetzmäßigkeiten ohne absolute Zentralisation so ineinandergreifen, dass sie einen geschlossenen Funktionszusammenhang bilden. In ähnlicher Weise, so fährt er fort, muss man auch hinblicken auf den sozialen Organismus. Dabei wehrt er sich gegen jegliches bloße Analogiespiel: »Hier wird nicht angestrebt, irgendeine für naturwissenschaftliche Tatsachen passende Wahrheit herüberzuverpflanzen auf den sozialen Organismus; sondern das völlig andere, dass das menschliche Denken, das menschliche Empfinden lerne, das Lebensmögliche an der Betrachtung des naturgemäßen Organismus zu empfinden und dann diese Empfindungsweise anwenden könne auf den sozialen Organismus.«[240] Im dritten Kapitel konzentriert sich Steiner dann auf Probleme der Kapitalbildung und das Verhältnis von Arbeit und Kapital, dem dann im vierten Teil eine Darstellung über die internationalen Beziehungen folgt. Ein Brief Rudolf Steiners an Eliza von Moltke, die Witwe des ehemaligen Generalstabschefs Helmuth von Moltke, gibt ein anschauliches Bild jener Zeit kurz nach der Veröffentlichung des ›Aufrufes‹ und der ›Kernpunkte‹:[241]

Stuttgart, 3. Mai 1919
Meine verehrte, liebe Frau von Moltke!

[…] Es haben sich hier bereits nach Tausenden zählende Menschen zu dem Aufrufe und meinem Buche ›Die Kernpunkte der sozialen Frage‹ bekannt und die Verwirklichung in der Form gefordert, daß die Regierung mich rufe. Nun, das hat zunächst nur einen ideellen Wert, denn erstens wird es bei dieser Regierung nicht dazu kommen, zweitens wäre auch mit dieser Regierung nichts zu machen. Aber wenn diese Regierung nur wenigstens

meine Kreise und die Kreise meines Komitees[242] nicht stört, dann wird es allerehestens sicher sein, dass der neue Ausgangspunkt Stuttgart vor den Schrecknissen Münchens*[243]* *ganz bewahrt bleibt und bei völliger Besonnenheit auch der radikalsten Arbeiterelemente einer gedeihlichen Keimlegung für die Zukunft entgegenschreitet. Aber, aber: letzten Mittwoch sagte ich dem hiesigen Arbeitsminister: Geben Sie mir 4 Wochen Zeit, aber arbeiten Sie mir nicht entgegen, dann werden Sie sehen, was mit den Arbeitern, die dann verstehen werden, wie in gesunder Weise an dem Herankommen der Zukunft gearbeitet werden muss, in aller Ruhe verhandelt werden kann. Da sagte er: ›Sie sind auf dem Holzwege, mit diesen Leuten ist nichts zu machen. Die hören in Ihren Vorträgen die Rosinen, die für sie gebraucht werden können, und überhören dasjenige, was ihnen entgegen ist.‹ Ich antwortete: nun ja, diese Leute nehmen sich ihre Rosinen aus meinen Vorschlägen. Aber sind denn in diesen Vorschlägen nicht auch Rosinen für Sie und Ihre Anhänger? Sie und diese Anhänger nehmen aber nichts von diesen Rosinen. […]*

Das Echo auf Steiners Buch, das 1919 / 1920 mehrere Auflagen erfuhr – gut 80 000 Exemplare waren damals verkauft worden –, war beachtlich, wie z. B. die Besprechung zeigt anlässlich des Erscheinens der englischen Übersetzung. So schreibt der Journalist Wilson Harris in den ›Daily News‹ vom 16. 9. 1920 unter der Überschrift ›Wie Kapital behandelt werden soll, ein Buch über das in Europa diskutiert wird‹:[244]

Von jedem Denkenden des Kontinents wird ein auffallendes Buch besprochen, das von einem bemerkenswerten Manne im

An die deutsche Arbeiterschaft.

Die deutschen Arbeitervereine (3. H. ihrer Mitglieder) will der unterzeichnete Bund hiermit auf ein außerordentlich bedeutsames Werk hinweisen, das eine Lösung der im Mittelpunkte der heutigen sozialen Bewegung stehenden Fragen gibt:

Dr. Rudolf Steiner: Die Kernpunkte der sozialen Frage
in den Lebensnotwendigkeiten der Gegenwart und Zukunft.

(Der Kommende Tag, A.-G., Verlag, Stuttgart, Champignystraße 17. Preis der Neuauflage ca. Mk. 10.—.)

Heute, wo die Arbeiterschaft sich selbst die Aufgabe gesetzt hat, mitzutun an der Neuentwicklung der sozialen Ordnung, da tritt an sie die positive Forderung heran, sich mit allen denjenigen Gedanken und Vorschlägen auseinanderzusetzen, die eine Bemeisterung der sozialen Schwierigkeiten zu ermöglichen geeignet sind. Die Lehre von Karl Marx stellte zwar von einer wissenschaftlich fundierten Gedankengrundlage ausgehend die Bekämpfung schädlicher Krebsbildungen des sozialen Organismus als Forderung auf, brachte jedoch keine Lösung, die dem sozialen Organismus unserer Zeit mit seinen wirtschaftlichen, rechtlich-politischen und geistigen Anforderungen gerecht würde und ihn auf die Dauer lebensfähig erhalten könnte. Die Resultate in Rußland und auch anderwärts beweisen dies für jede wirklich objektive Betrachtung, denn diese enttäuschenden Resultate sind keine zufälligen Mißerfolge, sondern von vornherein im System begründet. Das Werk Dr. Rudolf Steiners geht nun auch von einer solchen wissenschaftlich fundierten Gedankengrundlage aus, es erstreckt seine Erkenntnisse aber nicht ausschließlich auf die bloß wirtschaftliche Seite der sozialen Frage, es verspricht sich nicht aus einer nur einseitigen Änderung der wirtschaftlichen Struktur des sozialen Organismus eine Lösung, wie es der Marxismus will, sondern indem es die soziale Frage als eine dreifache, als eine

Geistes-, Rechts- und Wirtschaftsfrage

aufzeigt, will es durch die

„Dreigliederung des sozialen Organismus"

einem jeden dieser Gebiete die Möglichkeit geben, sich nach den ihm eigenen Gesetzmäßigkeiten und Notwendigkeiten zu entwickeln. Es will aber nicht nur dem sozialen Organismus die einzige ihn lebensfähig erhaltende Form geben, sondern es will auch dadurch, daß die menschliche Arbeitskraft im dreigliedrigen sozialen Organismus nicht mehr Ware sein kann, insbesondere denjenigen Anforderungen an Menschenwürde gerecht werden, die als Grundtendenz den sozialen Kämpfen der letzten Jahrzehnte das Gepräge gaben. Das Werk Rudolf Steiners löst schließlich alle diejenigen Probleme, die in dem unentwirrbaren Knäuel des modernen Staatswesens unlösbar geworden zu sein schienen. Und es zeigt hierzu einen Weg, der sofort beschritten werden kann, ohne die für uns alle so notwendige Fortdauer eines geregelten Wirtschaftskreislaufes zu gefährden, ohne aber auch die nicht mehr aufschiebbaren gerechten Forderungen der Arbeiterschaft bis in eine ungewisse Zukunft zu verschieben. Die sich aus einer solchen Dreigliederung des sozialen Organismus ergebenden Wirkungen, die bis in die praktischen Einzelfragen, insbesondere des Wirtschaftslebens, hineingreifen, sind in diesem Werke eingehendst besprochen.

Das Buch Dr. Rudolf Steiners, dem bereits viele führende ausländische Zeitungen wie Times, Daily News, Nya Dagligt Allehanda, Narodni Listi, Corriere della Sera, Avanti usw. usw. ausführliche Hinweise und Besprechungen widmeten, und das Daily News bezeichnet als „ein Buch, über das in Europa diskutiert wird" und „das von jedem Denkenden des Kontinents besprochen wird" ist aber gerade in den Kreisen der deutschen Arbeiterschaft noch nicht in dem Umfange bekannt und zur Grundlage einer Bemeisterung der sozialen Probleme gemacht worden, wie es die Bedeutung dieses Werkes gerade im jetzigen Zeitpunkte dringendst erfordert.

Der Bund für Dreigliederung des sozialen Organismus, Stuttgart, Champignystr. 17, ist zu eingehenderen Auskünften etc. gern bereit. Außerdem befinden sich bereits in fast allen größeren Städten Deutschlands Ortsgruppen des Bundes, sowie in nahezu allen übrigen europäischen Staaten gleichgerichtete Organisationen, durch die ebenfalls ausführlichere Auskunft gegeben werden kann.

Bund für Dreigliederung des sozialen Organismus
Stuttgart, Champignystraße 17.

Flugblatt des Bundes für Dreigliederung ›An die deutsche Arbeiterschaft‹

Zürich, im gross. Saal des

Konservatorium

Florhofgasse

**am 24., 25., 26., 28., 29., 30. Oktober 1919,
je abends 8 Uhr:**

Oeffentlicher

Vortrags-Zyklus

über

„soziale Zukunft"

gehalten durch

Dr. Rudolf Steiner

aus Dornach

—

Vortrag=Themas:

Erster Vortrag:	Freitag den 24. Okt., **je abends 8 Uhr:** „Die soziale Frage als Geistes-, Rechts- und Wirtschaftsfrage."
Zweiter Vortrag:	Samstag den 25. Oktober: Das **Wirtschaften** auf assoziativer Grundlage. „Die Umwandlung des Marktes Preisgestaltung. Geld- u. Steuerwesen. Kredit."
Dritter Vortrag:	Sonntag den 26. Oktober: **Rechtsfragen.** „Aufgabe und Grenze der Demokratie. Oeffentliche Rechtsverhältnisse und Strafrechtspflege."
Vierter Vortrag:	Dienstag den 28. Oktober: **Geistesfragen.** „Geisteswissenschaft (Kunst, Wissenschaft, Religion). Erziehungswesen. Soziale Kunst."
Fünfter Vortrag:	Mittwoch den 29. Oktober: „Die **Zusammenwirkung** des Geistes-, Rechts- und Wirtschaftslebens zum einheitlichen dreigegliederten. sozial. Organismus."
Sechster Vortrag:	Donnerstag den 30. Oktober: „Das nationale u. internationale Leben im dreigegliederten sozialen Organismus."

Eintrittspreise:

Fr. 1.— und Fr. 2.— (Abonnements für alle 6 Vorträge
à Fr. 5.— und Fr. 10.—), Studierende halber Preis.

Billet=Verkauf (und Abonnements) abends halb acht
Uhr **an der Kasse** im „Konservatorium".   (17458

Schweizer Bund für Dreigliederung des sozialen Organismus Zürich.
Anthroposophische Gesellschaft Zürich.

Ankündigung des
Vortragszyklus
›Soziale Zukunft‹

Frühjahr dieses Jahres veröffentlicht wurde. Dr. Simons, Minister der Auswärtigen Angelegenheiten, hat den sich aus dem Inhalt dieses Buches ergebenden Plan als die einzige Abwehr gegen den Bolschewismus bezeichnet. Dr. Benesch, Minister der Auswärtigen Geschäfte in der Tschechoslowakei, einer der erfolgreichsten und fähigsten Organisatoren der kleinen Staaten, hatte dieses Buch in Spa[245] vor sich auf dem Tische liegen. Venizelos hat es gelesen. Jeder, der irgendetwas ist, hat es gelesen. Hier, seltsam genug, ist es im Allgemeinen unbeachtet geblieben. Es wurde übersetzt unter dem Titel ›The Threefold State‹. Mit Ausnahme einiger englischer oberflächlicher Kritiker scheint es das englische Volk kalt gelassen zu haben.

Wenn dieses Buch durchaus unbeachtet während der verflossenen letzten zwei Monate blieb, wäre wohl jetzt ein ernstes Studium keine schlechte Sache, denn je gewaltsamer die Zeichen des Umsturzes der alten Gesellschaftsordnung drohen, umso bedeutungsvoller werden die fesselnden Vorschläge von Dr. Rudolf Steiner. Dr. Steiner ist in diesem Lande nicht unbekannt. Zunächst ist er Geistesforscher und eine Reihe von Werken über die Geisteswissenschaft erregten im Westen schon mehrere Jahre vor dem Kriege beträchtliche Aufmerksamkeit. [...] Seine Art und Weise zu trennen und zu verbinden ist oft verblüffend und unvollständig, aber eine lebende fesselnde Idee bleibt dieses Buch. Es muss besprochen, erörtert, klassifiziert und sorgfältig durchgearbeitet werden. Ich persönlich möchte viel mehr darüber sprechen, ich kann es nicht, da ich niemand in diesem Lande gefunden habe, der dieses Buch gelesen hat. Daher dieser Artikel.

Titelseite des Mittei-
lungsblattes des Bundes
für Dreigliederung

Mit der Gründung eines »Bundes für Dreigliederung« wurde eine
Stärkung und vor allem effiziente Verbreitung des Dreigliederungsgedankens angestrebt. In der von diesem Bund herausgegebenen,
wöchentlich erscheinenden Zeitung heißt es hierzu:[246] »Der Bund
zählt zu seinen Mitgliedern Menschen aus allen Berufen, Lebens-
kreisen und Parteien, und betrachtet die durch seinen Namen aus-
gedrückten Ideen als einen Weg zur wirklichen Einigung aller
Menschen, welche mit gutem Willen unser Volk aus seiner tiefsten
Not zu einer lebensmöglichen Zukunft führen wollen. Wo alle Par-

Offener Brief
an die württembergische Industrie,

vertreten durch die Vereinigung württembergischer Arbeitgeberverbände!

Die Vereinigung württembergischer Arbeitgeberverbände befasst sich in einem Rundschreiben an ihre Unterverbände mit unserem Flugblatt über die Betriebsräte. Wir erwidern darauf öffentlich folgendes:

1.) Unser Flugblatt richtet sich nicht nur an die Hand- und Kopfarbeiter, sondern an die Fabrikanten selbst, um auch sie zur Initiative aufzurufen. In der Landesversammlung sowohl, wie in seiner Erwiderung im Tagblatt vom 3. Juni weist Herr Fabrikant Bruckmann mit Recht darauf hin, unsere Industrie sei schwer krank und könne nur lebensfähig gestaltet werden durch die baldige Einführung von Betriebsräten. Also nicht um „Aufreizung" der Arbeiter handelt es sich, sondern um die sehr ernste Mahnung, rasch in die Tat umzusetzen, was von der Industrie selbst als notwendig erachtet wurde, damit das Gesagte eben gerade nicht „Phrase" bleibe.

2.) Gerade um uns angeführten Funktionen eines Betriebsrats, wie die „Möglichkeit des genauesten Einblickes in die Verhältnisse der Betriebe, Schaffung eines Mitbestimmungsrechtes, Durchnahme der Frage der Rohstoffe, Bilanzierung, Preisbildung," sind von einem Führer wie Bruckmann selbst aufgestellt und, wie angenommen werden darf, „nach reiflicher Prüfung der Verhältnisse". Auch neuerdings spricht er davon „die Betriebe müssen sich neue Verfassungen schaffen, die, den Verhältnissen der heutigen Zeit gerecht werden". Damit empfiehlt ein namhafter Industrieller aus Ihren Kreisen selbst das, was auch wir verlangen, wir wünschen nur, daß er sich nicht in Widerspruch setze mit seinen eigenen Worten, wenn er jetzt auf den Inhalt des Gesetzes warten will. Nach dem vorliegenden Entwurf wird dieses Gesetz niemals das bringen, was Fabrikant und Arbeiter mit Recht verlangen müssen, denn es führt nicht zur Einigung, sondern zur Vertiefung der Kluft und des Misstrauens. Gerade weil unsere Industrie und unser ganzes Wirtschaftsleben schwer krank sind, muss **rasch** und **ganz** gearbeitet werden, damit diesen getötet werde, **ehe** sie gestorben sind. Darin liegt der Unterschied: **Sie** wollen durch Predigen heilen, **wir** durch die Medizin der sofortigen Einführung des Notwendigen.

3.) Gerade um die Gefahr zu vermeiden, von der Herr Bruckmann spricht: „Betriebsräte könnten am Ende nur dem Einzelvorteile des Arbeiters dienen, oder zur einseitigen Ausschlachtung der Betriebe durch die Arbeiter führen," fordern wir den Zusammenschluss sämtlicher Betriebsräte in eine grosse Betriebsrätschaft, welche als eine zentrale Wirtschaftsverwaltung das Gesamtwirtschaftsleben mit allen arbeitenden Menschen regeln und seine Interessen selbst vertritt. Wie in Parlamenten die Ausschüsse, so ist der **Zentralrat** die ausführende Instanz. Klar und deutlich haben wir immer vertreten die Abtrennung des Wirtschaftskörpers und des geistigen Organismus vom politischen, wenn soziales Heil entstehen soll. Einer objektiven Verleumdung kommt es gleich, wenn Sie jetzt „von einer Maske werfen" sprechen und

4.) unseren Hinweis auf Russland als „unverblümte Orientierung nach dem Osten" politisch und im bolschewistischen Sinne ausdeuten. Klipp und klar sprachen wir in unserem Flugblatt von einer **gesunden** Verbindung mit Russland. Sie bezieht sich nicht auf das heutige politische Russland, oder dessen Regierung, sondern auf die Verbindung mit dem russischen Volk und dem ehemaligen russischen Gebiet als Wirtschaftsgebiet. **Eindeutig** sprechen wir also nur in wirtschaftlichem und nicht im politischen Sinn. Vom Westen ist für den Deutschen nichts zu erwarten, weder der Kapitalist noch der Arbeiter; wenn er aber mit einer mustergültigen sozialen Gliederung an den Westen herantreten und sich selbst angewiesen ist. Einfaches, kaufmännische Erwägung ist es, im Osten das zu suchen, was uns der Westen vorderhand noch verweigert. Sie aber verschließen sich der klaren Einsicht und suchen unter Bestreben durch das Gespenst des Bolschewismus zu diskreditieren!

5.) In ähnlicher Weise verfahren Sie bei Ihrem Hinweis auf die „Literatenwirtschaft in München", indem Sie gleichzeitig eine klare Stellungnahme gegen Dr. Steiner fordern. Wer Dr. Steiner, hinter dem wir uns mit allen Kräften stellen, versteht, weiß, daß gerade **er** es ist, welcher zur Ueberbrückung der Gegensätze das **Menschenmögliche** leistet. Unserem Bunde gehören Menschen der verschiedensten Parteischattierung an. Nur zum **Heile** kann eine derartige gemeinschaftliche Zusammenfassung aller arbeitenden Kräfte gereichen. Durch Ihr Scharfmachertum vermehren Sie nur die bestehenden Gefahren. **Wir** arbeiten demselben bewußt entgegen, indem wir gerade die **fähigsten** Köpfe und selbst die **Leiter**, soweit sie Herz und Sinn dafür haben, in die Betriebsräte mit herein genommen wissen wollen. Die **Tüchtigkeit** soll herrschen, nicht die rohe **Gewalt!** Letztere aber wird kommen **müssen**, wenn bei dem bevorstehenden Zusammenbruche nicht schon Kräfte vorhanden und geschult sind, welche zielbewußt am Neu-Aufbau arbeiten können. Im Chaos selbst **kann** dies nicht mehr geschehen, dann ist es zu spät, zu lernen und zu handeln. Indem Sie sich den Notwendigkeiten verschließen, versündigen Sie sich an der gesamten deutschen Wirtschaft, und indem Sie sich der Initiative begeben, vermehren **Sie** die Gefahr des Umsturzes. Durch klares Verständnis der Lage und nicht durch Pochen auf eine **nicht mehr vorhandene Macht** werden die Maßnahmen entstehen, welche zu dem notwendigen Vertrauen führen, das man aber untergräbt, indem man einen Kreis von ernst und aufrichtig strebenden Menschen aller Berufe und aller Stände, wie vielfach unser Bund, mit vergiftenen Pfeilen dadurch bekämpft, daß man sie einfach als Kommunisten und Spartakisten im **Üblen** Sinne des Wortes abtut.

Wir fordern Sie auf, Ihre Anklagen in einer demnächst stattfindenden Versammlung unseres Bundes öffentlich vorzubringen, damit Sie und wir weitesten Kreisen Rede und Antwort stehen.

Bund für Dreigliederung des sozialen Organismus.

Geschäftsstelle: Champignystrasse 17.

Offener Brief an die württembergische Industrie, hg. vom Bund für Dreigliederung

267

teiprogramme versagt haben in dieser tragischen Zeit, werden es unsere Forderungen sein, welche in Innen- und Außenpolitik die neuen Wege vorzeichnen. Die Träger der Idee vom dreigliedrigen sozialen Organismus lehnen es entschieden ab, mit dieser Idee auf irgendeinen Parteiboden gestellt zu werden.«

Sein Aufgabenfeld wird in einem Informationsschreiben des »Arbeitsausschusses des Bundes für Dreigliederung« wie folgt beschrieben: »Der Bund setzt sich die Aufgabe, den Impuls, der mit der Dreigliederung des sozialen Organismus gegeben ist, in allen Kreisen der Bevölkerung bekannt zu machen. Er rechnet mit dem Verständnis und der Selbstbesinnung all derer, die aus den Erfahrungen der Gegenwart fühlen, dass Gesundung und Wiederaufbau nur möglich ist, wenn das alte soziale Leben einem ganz neuen Platz macht.«

Die Betriebsrätebewegung in Stuttgart 1919

Die gesamte erste Hälfte des Jahres 1919 war geprägt durch eine äußerst vielfältige Vortragstätigkeit Rudolf Steiners. Zielgruppe waren Arbeiter und Angestellte der Waldorf Astoria Zigarettenfabrik (23. April), der Daimler-Werke (26. April), ein anderes Mal Lehrer, zu denen er über ›Die Aufgaben der Schulen und des dreigliedrigen sozialen Organismus‹ (19. Juni) sprach. Hinzu kamen Versammlungen mit den Unterzeichnern des ›Aufrufs‹ (22. April) und Mitgliedern des Stuttgarter Industrierates sowie sieben Sitzungen mit den Arbeiterausschüssen Stuttgarter Großbetriebe mit dem Ziel der Gründung einer Betriebsräteschaft.

Steiners engagiertes Eintreten für die Begründung von Betriebsräten fiel in jene Zeit, in der der Betriebsräte-Gesetzentwurf bereits vorlag. Klassenkämpferische Parolen einerseits und die konservativ-reaktionäre Haltung vieler Unternehmer andererseits prägten die Atmosphäre in den Arbeiterversammlungen jener Tage und drohten immer wieder die notwendige sachliche Auseinandersetzung bereits im Keim zu ersticken. Die Lage der Industriearbeiter in Württemberg war mit Kriegsende und dem dadurch bedingten Wegfall der Rüstungsaufträge ähnlich prekär wie in den anderen großen deutschen Industriezentren, und so ist es auch nicht verwunderlich, dass der Rätegedanke auch hier auf große Sympathien innerhalb der Arbeiterschaft stieß und sich schon recht bald vielerorts Arbeiter-, Bauern- und Soldatenräte bildeten.

Um den Forderungen der Arbeiterschaft mehr Nachdruck zu verleihen, wurde an der Versammlung des »Arbeiterrates Groß-Stuttgart« vom 26. November ein »Vollzugsausschuss des Arbeiterrates Groß-Stuttgart« gewählt, zu dessen Aufgaben es u. a. gehörte, als Kontrollorgan »neben der Regierung, aber nicht gegen sie« zu wirken sowie Vorschläge für eine neue württembergische Verfassung auszuarbeiten. Höhepunkt der Versammlung war die Verabschiedung des ›Satzungsentwurfs für die Arbeiterräte der Republik Württemberg‹, auf dessen Grundlage in den folgenden Wochen und Monaten die Wahl von Arbeiterausschüssen forciert und die von Betriebsräten eingeleitet wurde.

Aber auch von Seiten der Regierung war man nicht untätig. So hatte das Arbeitsministerium im Dezember 1918 eine Kommission einberufen, die prüfen sollte, ob und welche Zweige der württembergischen Industrie bzw. ob und welche Einzelbetriebe vergesellschaftet werden könnten. Im Gegensatz zur Berliner Sozialisierungskommission, die vorwiegend eine Angelegenheit von Theoretikern war, verfolgte die Stuttgarter Sozialisierungskommission eine mehr praxisorientierte Strategie, indem sie einerseits den Arbeiterrat, andererseits aber auch Unternehmer wie z. B. Robert Bosch und Emil Molt, Direktor der Waldorf Astoria Zigarettenfabrik und mit den Dreigliederungsgedanken Rudolf Steiners eng vertraut, zu den Beratungen hinzuzog.

Doch ein wirklich sozialer Friede lag noch in weiter Ferne. Der Unmut und die Unzufriedenheit innerhalb der Arbeiterschaft wuchsen von Tag zu Tag, und während der Arbeiterrat in seiner Sitzung am 10. Januar 1919 über Erwerbslosenfürsorge und die Kontrollrechte der Arbeiter- und Bauernräte diskutierte, lieferten sich die Regierungstruppen und aufgebrachte Demonstranten erbitterte Straßenschlachten. Die Lage verschärfte sich zusehends. So kam es in den folgenden Wochen in vielen Betrieben zu wilden Streiks und in zahlreichen Städten zu immer heftiger werdenden Massendemonstrationen. Gleichwohl, die Verhandlungen über Sozialisierungsfragen gingen weiter, und die Wahl von Arbeiter- bzw. Betriebsräten wurde intensiv vorangetrieben.

Als Rudolf Steiner am 20. April in Stuttgart eintraf, war zwar die Richtung seiner Tätigkeit für die nächsten Wochen deutlich vorgezeichnet, doch dass er schon bald in die Auseinandersetzungen um die Betriebsrätefrage in einem solchen Maße einbezogen sein würde, wie dies dann der Fall sein sollte, war zu diesem Zeitpunkt noch nicht abzusehen.

Die erste Einladung von Seiten eines der Arbeiter- und Angestelltenausschüsse führte Rudolf Steiner in eine Betriebsversammlung der Waldorf Astoria Zigarettenfabrik, in deren Verlauf eine Resolution an die württembergische Regierung verabschiedet wurde, die einstimmig die Berufung Rudolf Steiners in die Regierung »zwecks sofortiger Inangriffnahme der Dreigliederung forderte«.[247] Einem Bericht des Unternehmers Carl Unger zufolge wurde diese Resolution »in über 20 großen Arbeiterversammlungen und in mehreren

Veranstaltungen im überfüllten Gustav-Siegle-Haus vorgelegt und im ganzen von 10 000 bis 12 000 Menschen angenommen«.[248]

In den folgenden Tagen sprach Rudolf Steiner – wiederum auf Einladung der jeweiligen Arbeiter- und Angestelltenausschüsse – vor der versammelten Belegschaft der Firma Robert Bosch (24. April), der Daimler-Werke in Stuttgart-Untertürkheim (25. April), der Delmonte-Kartonagefabrik (26. April) und am folgenden Tag vor Arbeitern der Esslinger Großbetriebe. Mit Schreiben vom 28. April 1919 wandte sich die Württembergische Sozialisierungskommission an Rudolf Steiner mit der Bitte, an der Sitzung des Unterausschusses IV, der sich mit Fragen der Gewinnbeteiligung der Arbeiter beschäftigte, am 30. April im Sitzungssaal des Innenministeriums teilzunehmen. Über den Verlauf dieser Sitzung ist nichts Näheres bekannt, doch muss das Ergebnis recht enttäuschend gewesen sein, denn Emil Molt, der an ihr teilgenommen hatte, notierte nachträglich: »Einmal gelang es, Dr. Steiner selbst in eine Sitzung zu bringen, allerdings nur im kleinsten Kreise. Es kam aber nichts dabei heraus.«[249]

Am 29. April wurde von einem namentlich nicht mehr festzustellenden Kreis von Arbeitern an die »Vollversammlung des Arbeiterrats Groß-Stuttgarts« der Antrag gerichtet, Rudolf Steiner darum zu bitten, an einer nächsten Versammlung über Fragen der Sozialisierung zu sprechen. Dem Antrag wurde stattgegeben, denn an der nächsten Vollversammlung, am 7. Mai, konnte Rudolf Steiner seinen Vortrag halten, an den sich eine längere Diskussion anschloss.

Die am darauf folgenden Tag (8. Mai) einberufene Versammlung der »Arbeiterausschüsse der großen Betriebe Stuttgarts«, an der Rudolf Steiner den einleitenden Vortrag über die Begründung von Betriebsräten aus der Sicht der Dreigliederungsidee hielt und

Rudolf Steiner, 1919

der mit großer Begeisterung aufgenommen wurde, war der Auftakt zu sieben sich anschließenden Diskussionsabenden und einer Betriebsräteversammlung zur »Bildung der vorbereitenden württembergischen Betriebsräteschaft«.

Entgegen den Vorstellungen des Gesetzgebers trat Rudolf Steiner in diesen Versammlungen u. a. für die Einbeziehung der »geistigen Arbeiter« und damit auch der Betriebsleiter und Unternehmer in die Betriebsratswahlen ein. Ein weiterer Schwerpunkt seines Wirkens galt der Begründung einer Betriebsräteschaft als eigenständiges Wirtschaftsorgan, d. h., dass sich die in den einzelnen Betrieben gewählten Betriebsräte zusammenschließen und aus ihren Reihen heraus einen wirtschaftlichen Zentralrat bilden sollten, der von nun an die Geschicke des Wirtschaftslebens lenken sollte. Vor allem Letzteres wurde von der Arbeiterschaft mit großem Interesse aufgenommen, doch rief dieser Gedanke schon bald auch die Gegner auf den Plan. Aus den Reihen linksgerichteter Parteien und der Gewerkschaften, aber auch von Seiten der Arbeitgeberverbände begann man immer lautstärker die Aktivitäten des »Bundes für Dreigliederung«, der in der von ihm geführten Propaganda nicht gerade sehr zurückhaltend war und eine »reichlich radikale Sprache führte« (Hans Kühn), zu kritisieren und schließlich zu diffamieren. Ganz offensichtlich empfanden sie die Ideen Rudolf Steiners und das positive Echo, das sie innerhalb der Arbeiterschaft gefunden hatten, als eine Gefährdung der eigenen Interessen und Strategien, denn immer häufiger sprach man nun von einer ideologischen Verführung durch Rudolf Steiner bzw. durch den »Bund für Dreigliederung« und appellierte an die Parteidisziplin. Das so entstandene Klima ließ eine Fortsetzung der Tätigkeit Rudolf Steiners innerhalb der Arbeiterausschüsse nicht mehr zu. Es zeigte sich damals aber auch, dass die Zahl der aktiv in der Dreigliederungsbewegung Tätigen zu gering war, um angesichts der Macht der Parteien und der Gewerkschaften eine größere Breitenwirkung zu erzielen.

In der Folgezeit wurde die Wahl von Betriebsräten immer mehr zur Angelegenheit der Parteien und Gewerkschaften und erhielt damit eine sehr einseitige Prägung. Sowohl die Impulse, die ursprünglich innerhalb der Räte-Bewegung lebten, als auch die Anregungen zu einer umfassenden Sozialisierung, wie sie von Rudolf Steiner und seinen Mitarbeitern an die Arbeiterschaft herangetragen wurden, vermochten sich nicht durchzusetzen. Das im Januar 1920 verabschiedete Betriebsrätegesetz war letztlich das Ergebnis von Kompromissen, die tendenziell das Alte bestätigten, wenn sie auch für kurze Zeit zu einer Normalisierung der Lage innerhalb der Arbei-

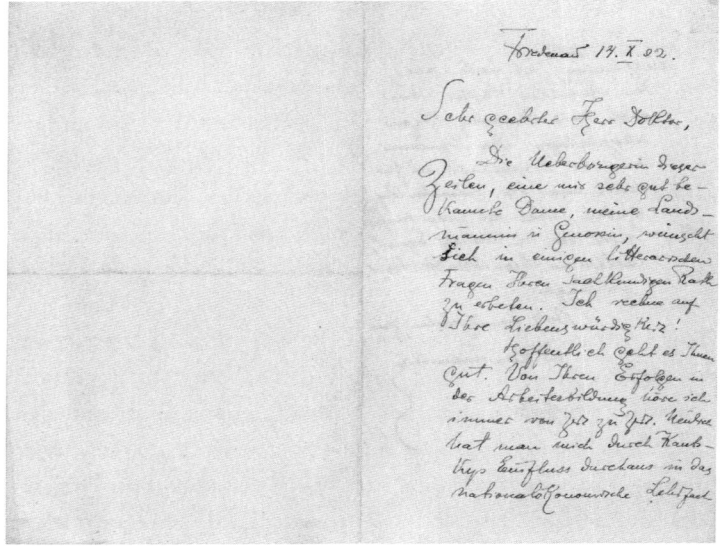

Brief von Rosa Luxemburg an Rudolf Steiner, 1902

terschaft beizutragen vermochten. Die Chance, eine umfassende Sozialisierung einzuleiten und sich damit auch vom Ballast liberal-ka-
pitalistischer Mentalitäten zu befreien, blieb fürs Erste ungenutzt.
Die Versäumnisse sollten schon wenig später Deutschland in die
nächste Krise hineinführen, deren Ausmaße diejenigen, unter denen man dazumal litt, noch bei Weitem übertreffen sollten.

Nachfolgend ein Auszug aus einem Diskussionsabend mit den
Arbeiter- und Angestellten-Ausschüssen der Stuttgarter Großbetriebe im Gewerkschaftshaus in Stuttgart am 14. Juni 1919:[250]

Sehen Sie, Parteien haben immer die Eigentümlichkeiten, dass
sie nach und nach eigentlich abkommen von dem, was in ihnen
ursprünglich gelegen hat. Parteien haben überhaupt ein merk-

auspannen *wollen*; ich habe aber
den Ausschlag getroffen, wenn
auch mit blutendem Herzen
abgeschlagen. Die Popularisie-
rung der Wissenschaft ist für
mich eine der schönsten Aufgaben, aber ich ziehe immer
noch vor, ich *...* *...*,
selbst *...*
zu saugen!

Mit freundlichsten Grüßen
Dr. Rosa Luxemburg

würdiges Schicksal. Da ich ja den Impuls zum dreigliedrigen sozialen Organismus nicht aus der Luft geschöpft, sondern ihn gefasst habe auf Grundlage eines wirklichen vollen Miterlebens der sozialen Bewegung seit Jahrzehnten, habe ich doch so manches erlebt. Ich habe z. B. erlebt den Aufgang noch der sogenannten liberalen Partei in Österreich. Diese liberale Partei war eine liberale, stand aber auf dem Boden des Monarchismus, wie das selbstverständlich war in den 60er, 70er Jahren des vorigen Jahrhunderts. Sie war eine liberale Partei, aber wenn sie sich geltend machen wollte innerhalb des bestehenden Staatswesens in Österreich, da legte sich diese liberale Partei eine merkwürdige Bezeichnung bei: »Euer Majestät allergetreueste Opposition«. Das war ein offizielles Beiwort für die Opposition im monarchischen österreichischen Staat. Ich will dieses Beispiel aus dem Grunde anführen, weil ich erstens daran zeigen möchte, wie manchmal der Partei ihre Stoßkraft, die letzte Stoßfähigkeit genommen wird in dem [eigenen] Zusammenhang.

Aber wir haben ja heute schon viel deutlicher noch sprechende Beispiele. Sehen Sie, in Nordamerika gibt es zwei Hauptparteien, die demokratische und die republikanische. Diese zwei Parteien hatten vor längerer Zeit, es ist schon Jahrzehnte her, ihre gute Parteibezeichnung. Die einen nannten sich republikanisch, weil sie Republikaner waren, die anderen nannten sich demokratisch, weil sie Demokraten waren. Heute ist die Sache so, dass die republikanische Partei durchaus nicht mehr republikanisch ist, und die demokratische alles eher als demokratisch, sondern die beiden Parteien unterscheiden sich nur dadurch, dass sie von verschiedenen Konsortien aus verschiedenen Wahlfonds gespeist werden, wenn Wahlen sind. Es ist nur der Ursprung des Wahlgeldes von verschiedenen Konsortien her ein verschiedener, aber die Bezeichnung Republikanische Partei, Demokratische Partei ist, wenn man den Wortsinn nimmt, ein absoluter Unsinn, denn die demokratische Partei ist nicht demokratisch und die republikanische Partei ist nicht republikanisch. Parteien stehen auf, haben eine gewisse Lebenszeit, die verhältnismäßig kurz ist, dann sterben sie. Aber sie bleiben gewissermaßen, wenn sie schon Leichname sind, noch lebendig als Leichnam, sie mögen nicht gern sterben. Aber das schadet nichts; wenn sie ihre ursprüngliche Bedeutung verloren haben, dann sind sie noch Sammelbecken für die Menschen und es ist trotzdem noch gut, wenn sie da sind, damit die Menschen eben nicht auseinanderlaufen. Deshalb hat man, wenn man nicht theoretisierender Politiker ist, wie es die Parteimänner sind, denn sie sind ja die eigentlichen Utopisten und Ideologen, wenn man nicht ideologischer oder utopistischer Politiker sein will, sondern sich auf praktischen Boden stellen will und man ja weiß, dass im politischen Leben nur etwas zu machen ist mit geschlossenen Menschenreihen, dann hat man gar kein Interesse daran, die Parteien zu zersplittern. Wir würden das Dümmste machen, wenn wir darauf ausgehen würden, die Parteien zu zersplittern und etwa gar eine neue Partei begründen wollten. Also darum kann es sich wirklich ganz und gar nicht handeln. Man fragt sich daher: aus welcher Ecke kommt denn dann eigentlich der Widerstand?

Sehen Sie, er kommt von dem konservativen Sinn der Menschen. Ich erlebe ja immer wieder und wiederum in der großen Reihe von Vorträgen, die ich gehalten habe, dass Diskussionsredner auftreten. So wie diese Diskussionsredner sprechen, erfährt man das ganz Merkwürdige: sie haben alles das gehört, was sie gewöhnt sind zu denken schon seit Jahrzehnten. Vieles daran ist ja richtig, die alten Sachen sind ja nicht falsch, aber es muss doch heute Neues zu den alten Sachen dazukommen, und da stellt sich das Merkwürdige heraus, dass man bei den Diskussionsrednern oftmals konstatieren kann, sie haben nicht einmal mit dem physischen Ohr die neue Sache gehört, sondern nur das, woran sie seit Jahrzehnten gewohnt sind. Ja, das beruht schon auf einer gewissen inneren Trägheit des gegenwärtigen menschlichen Verstandes. Man muss sich schon mit dieser inneren Trägheit des gegenwärtigen menschlichen Verstandes bekanntmachen und muss sie bekämpfen. […]

Wir stehen jetzt vor der Einrichtung der Betriebsräteschaft. Ja, diese Betriebsräteschaft ist eine ungeheuer wichtige Sache und zwar aus folgendem Grund. Es können heute die Betriebsräte so eingerichtet werden, dass sie nichts weiter sind als eine Dekoration für eine geheimnisvolle Fortsetzung des alten kapitalistischen Systems. So kann man sie einsetzen, aber sie werden gewiss nichts anderes werden, wenn sie im Sinne des Gesetzentwurfes, der Ihnen ja hinlänglich bekannt ist, eingesetzt werden. Ganz gewiss werden sie auch nichts anderes als eine solche Dekoration werden, wenn sie auch auf Grundlage eines anderen Gesetzentwurfes eingesetzt werden. Das einzige Heil besteht darin, dass man die Betriebsräte, wie ich hier schon oftmals gesagt habe, auf die Beine stellt aus dem lebendigen Wirtschaftsleben selber heraus, dass sie also aus dem Wirtschaftsleben selber heraus gewählt werden, sich zusammenschließen zu einem geschlossenen Wirtschaftskörper – das würde also hier, weil man die alten Landesgrenzen beibehalten muss, Württemberg sein – und eine Betriebsräteschaft bilden. Das muss eine konstituierende Versammlung sein, die aus sich selbst heraus dasjenige schafft, was die anderen als Gesetz machen wollen. Die Rechte, die Befugnisse, das, was die Betriebsräte zu tun haben, das muss alles aus der Betriebsräteschaft herauskommen. Und man darf nicht den Mut verlieren, aus dem Wirtschaftsleben selber heraus diese Betriebsräteschaft zu schaffen.

Aber sehen Sie, sobald man anfängt an einem Ende, sobald man wirklich ernst damit macht, das eine Glied des dreigliederigen sozialen Organismus so zu nehmen, wie es zu nehmen ist im Wirtschaftskreislauf, dann muss man sich auf den Boden des dreigliederigen sozialen Organismus stellen. Dann müssen die beiden anderen Glieder irgendwie wenigstens mitarbeiten und parallel damit eingerichtet werden, sonst kommt man nicht vorwärts. Es ist heute schon leicht der Beweis zu liefern, einfach durch die Tatsachen, dass man das, was der dreigliederige Organismus will, braucht. Denn, was auch immer geschwätzt wird über jenes Sozialisierungsexperiment, das im Osten gemacht worden ist – das, worauf es ankommt, wird ja immer nicht hervorgehoben. Sie haben in diesen Tagen, wenn Sie aufmerksam die Berichte verfolgt haben, im hiesigen Landtag von ministerieller Seite hören können, dass Lenin nun auch wieder angekommen wäre dabei, beim Kapitalismus seine Hilfe zu suchen, weil er verzweifelt daran, dass in der Jetztzeit eine Sozialisierung, so wie er sie gewollt hat, durchgeführt werden könne. Solche Dinge werden ja heute auch von sozialistischen Regierungen mit einer gewissen Befriedigung registriert. Mögen sie die Befriedigung haben. Aber, sehen Sie, worauf es ankommt, ist dieses: Man muss sich fragen: woran liegt es denn, dass dieses östliche Experiment gescheitert ist? Es liegt daran – es gibt wirklich die Möglichkeit das einzusehen, man muss nur den Mut haben, sein eigenes Vorurteil zu bekämpfen –, dass vor allen Dingen innerhalb dieses russischen, östlichen sozialistischen Experimentes keine Rücksicht darauf genommen worden ist, eine selbstständige Sozialisierung des Geisteslebens mit einzurichten. Dieses Glied hat gefehlt, und an dem Fehlen dieses Gliedes liegt es. Und wird man das einsehen, dann wird man wissen, wie man es anders machen soll. Man muss von den Tatsachen lernen und nicht von seinen seit Jahrzehnten im Kopfe herumspukenden Gespenstern der Parteiprogramme.

Das ist es, worauf es ankommt. Und ich kann Ihnen sagen: Entweder werden die Betriebsräte so eingerichtet, dass sie die erste Einrichtung sind von dem, was im großen Stile gedacht ist im Sinne einer sozialen Gestaltung des menschlichen Gemeinwesens, damit dann aus der Einrichtung der Betriebsräte etwas hervorgehen kann, was einer wirklichen Sozialisierung gleichkommt, oder wenn das nicht gemacht wird, dann erreicht man keine richtige Sozialisierung. Wenn man abwartet, bis die Fortsetzung des alten Regierungssystems aus einem Gesetz heraus Betriebsräte einrichtet, wenn man immerfort von der Idee ausgeht: derjenige, der praktisch handeln will, zersplittert die Partei, wird man auf keinen grünen Zweig kommen.

Ich möchte sagen, eine Frage ist immer und immer wieder notwendig zu stellen. Sehen Sie, wie wir hier angefangen haben im Sinne des dreigliederigen sozialen Organismus über die Dinge zu reden, da erwarben wir uns und unsere Freunde aus den Parteien verhältnismäßig rasch das Vertrauen der Arbeiterschaft, eines großen Teiles der Arbeiterschaft. Dem sah man offenbar zunächst zu, weil man sich gedacht hat: Nun, solange die so ein paar Spielereien treiben, genügt es ja, wenn man sagt: Bekümmert euch nicht um diese Utopien. Das mag so dahingehen. Dann sah man aber, dass es sich gar nicht um Utopien handelte, sondern dass man anfing, wirklich etwas Praktisches einmal in Szene zu setzen. Da zog nicht mehr recht die Geschichte mit den Utopien und Ideologien. Denn schließlich, wie wir versuchten für die Betriebsräte zu wirken, da ließ sich das doch nicht recht als eine Utopie mehr bezeichnen. Da kommt man nun damit, dass man sagt: Es wird Zersplitterung hineingetragen. Wir haben sie nämlich nicht hineingetragen, sondern die, die das sagen, tragen sie selbst hinein. [...] Nun, die Sache der Betriebsräteschaft ist eben doch zu ernst, als dass man nicht solche Dinge heute wirklich zur Sprache bringen müsste. Und ich hoffe, dass von diesen Gesichtspunkten aus dem einen oder anderen von Ihnen in dieser leider wenig besuchten Versammlung heute noch sehr viel über die verschiedenen Dinge gesprochen wird, die da notwendig sind.

Sozialisierung
durch Betriebsräte!

Als im Spätherbst 1918 der kapitalistische Imperialismus Mitteleuropas in sich zusammenbrach, glaubte das deutsche Proletariat die Zeit gekommen, in der es seine Forderung nach Sozialisierung des Wirtschaftslebens werde verwirklichen können. **Heute sieht es sich um die Früchte der Revolution betrogen.**

Wodurch ist dies möglich geworden? Diese Frage muss sich der denkende Proletarier vorlegen. Zu ihrer Beantwortung genügt es nicht, den einstigen Führern die Schuld zuzuschieben. Die Gründe dafür liegen tiefer:

Die Gedanken der sozialistischen Parteiprogramme, die genügt hatten zur Kritik am Privatkapitalismus, erwiesen sich als unzureichend in dem Augenblick, wo mit ihrer Hilfe eine neue Gesellschaftsordnung aufgebaut werden sollte. Infolgedessen sehen wir heute die durch das Proletariat zur Macht emporgetragenen Persönlichkeiten Anlehnung suchend bei demselben Kapitalismus, den sie früher bekämpften.

Demgegenüber erblickt das deutsche Proletariat in dem Betriebsrätesystem **ein geeignetes Organ zur Sozialisierung** des Wirtschaftslebens. Die Regierung sieht sich genötigt, dem Verlangen nach Schaffung von Betriebsräten endlich etwas entgegen zu kommen. Was aber bietet sie durch den **Gesetzentwurf über Betriebsräte?**

Eine recht bescheidene formelle, praktisch aber ganz unwirksame Erweiterung der Rechte der Arbeiter und Angestellten innerhalb von Betrieben, die selbst aber auch in Zukunft ganz im Dienste des Privatkapitals bleiben sollen. „Lohnarbeiter" und „Unternehmer" sollen gleiche Rechte haben. **Das ist das Ideal einer sozialistischen Regierung!** Es scheint, dass die Revolution nicht gemacht worden ist, um den Sozialismus zu verwirklichen, sondern um ihn gleichberechtigt neben den Kapitalismus zu stellen!! Wie die sich wohl auf die Dauer vertragen werden?! —

Nach dem Gesetzentwurf haben die Betriebsräte auch die Aufgabe, „den (NB. kapitalistischen) Betrieb vor Erschütterungen zu bewahren". — Diese Bestimmung dürfte sich zweifellos in ihren Folgen (Streikverbot usw.) als sehr segensreich erweisen — für den Kapitalismus.

In diesem Gesetzentwurf spricht sich **nicht** der Geist der „Sozialisierung" aus, sondern derjenige der „**Sozialpolitik**" mit ihren Wohlfahrts- und Fürsorge-Gesetzen. **Diese** Betriebsräte würden nichts anderes sein als neu aufgewärmte Arbeiter- und Angestellten-Ausschüsse und könnten gerade dadurch **nicht** sein **ein Organ zur Umgestaltung der privatkapitalistischen Ordnung in eine sozialistische.** Sie würden durchaus **geeignet** sein, die Sozialisierung zu verhindern und dem Privatkapitalismus (mit Hilfe der Entente) zu neuer Blüte zu verhelfen.

Wie kann eine Sozialisierung unseres Wirtschaftslebens bewirkt werden?

Nicht durch das Gesetz eines **politischen** Parlamentes, sondern nur durch Massnahmen von Körperschaften, die sich aus den im Wirtschaftsleben selbst tätigen und daher sachverständigen Menschen bilden.

Nicht durch Bestimmungen, die sich auf das Verhältnis zwischen „Unternehmer" und „Arbeiter" beziehen, sondern durch Vorschläge, die zeigen, wie der Gegensatz zwischen „Unternehmern" und „Arbeitern" aufgehoben und die Produktionsmittel aus dem Besitz der Privatkapitalisten übergeführt werden können in die Verwaltung der Allgemeinheit.

Flugblatt des Bundes für Dreigliederung ›Sozialisierung durch Betriebsräte‹

Im Rahmen dieses 4. Diskussionsabends der Arbeiterausschüsse der großen Betriebe Stuttgarts wurde die folgende Resolution verlesen und einstimmig angenommen:[251]

Resolution

Die am 14. Juni stattgefundene Versammlung vieler Arbeiter- und Angestelltenausschüsse Groß-Stuttgarts erblickt trotz aller Anfeindungen seitens der Unternehmerverbände, Gewerkschaften und Parteiführer in der Dreigliederung des sozialen Organismus den richtig praktischen Weg zur Gesundung unseres gesamten Volkslebens. Die Versammlung erkennt in den gesetzlich vorgesehenen Betriebsräten lediglich ein Schattengebilde derselben, welche niemals in der Lage sein werden, einen Einfluss auf die Sozialisierung zu gewinnen, und hat deshalb kein Interesse an der Wahl und Einrichtung solcher Schattenbetriebsräte.

Zur Oberschlesienfrage 1921 und der West-Ost-Kongress 1922

Die Stabilisierung der sozialen und wirtschaftlichen Verhältnisse und das Wiederaufleben konservativ-reaktionärer Kräfte unterdrückten viele der Reformen schon im Keim. Doch Rudolf Steiner zeigte sich trotz der schwierigen Lage immer wieder dazu bereit, einzelne Initiativen zu unterstützen, da er nichts unversucht lassen wollte, um zukünftigen Katastrophen entgegenzuwirken oder diesen zuvorzukommen. Als eine Gruppe Oberschlesier an ihn mit der Frage herantrat, wie man sich bezüglich der bevorstehenden

Abstimmung über das weitere Schicksal Oberschlesiens verhalten solle, hielt er im Januar 1921 zwei Vorträge über die Oberschlesienfrage[252] und gab entsprechende Instruktionen. Zunächst wies er angesichts der historischen Entwicklung Polens, insbesondere der verschiedenen Teilungen, die dieses Land in seiner bisherigen Geschichte erfahren hat, auf die Bedeutung des durch diese Ereignisse geprägten Volkscharakters hin und betonte, dass dieser Aspekt auch bei zukünftigen Entscheidungen über das Schicksal Polens unbedingt berücksichtigt werden müsse. In seinem zweiten Vortrag legte er noch einmal ausführlich die Ursachen dar, die zum Ausbruch des Ersten Weltkrieges geführt hatten und Ausgangspunkt auch für spätere, möglicherweise große kriegerische Auseinandersetzungen sein können, wie es sich ja auch bewahrheiten sollte.

Gegen Ende seiner Ausführungen machte er die Zuhörer darauf aufmerksam, dass eine Abstimmung, wie auch immer sie ausfallen würde, keine wirklichkeitsgemäße Lösung herbeiführen könne. Daraufhin entschloss sich der dortige ›Dreigliederungskreis‹, gegen die Abstimmung in der Öffentlichkeit zu wirken. Doch auch diese Aktion wurde durch massive, nationalistisch geprägte Agitationen und eine Hetzkampagne in der Presse bereits im Keime erstickt.

Schwerpunkt der sich an diese Vorträge und Aktionen anschließenden Aktivitäten Rudolf Steiners wurde in den nun folgenden Monaten eine Vertiefung der geistigen Grundlagen des Dreigliederungsgedankens. Eine Reihe von Hochschulkursen, Fachveranstaltungen, wie etwa der ›Nationalökonomische Kurs‹ vor Studenten der Nationalökonomie im Sommer 1922 sowie eine Fülle von Studienabenden, gaben Rudolf Steiner die Gelegenheit, Probleme der Preisbildung, Kapitalverwaltung, des Strafrechtes etc. umfassend darzustellen.

Einen Höhepunkt seiner damaligen Vortragstätigkeit in der Öffentlichkeit bildete der Ost-West-Kongress in Wien, an dem trotz der schwierigen wirtschaftlichen Lage etwa 2000 Teilnehmer gezählt wurden. Über die Motive und Zielsetzung dieser Veranstaltung heißt es in dem Bericht von Rudolf Steiner:[253]

Es ist in der letzten Zeit sehr viel geredet worden von den besonderen Kultureigentümlichkeiten des Ostens, von denen des Westens. Daraus versuchte man zu erkennen, wie sich gegenüber den heute so tätigen Niedergangskräften Aufgangskräfte ergeben werden. Das führte dazu, dass in Wien diese Betrachtungsweise in den Mittelpunkt der Kongressverhandlungen gerückt worden ist. Der Kongress trug ja den Namen West-Ost-Kongress aus der Überzeugung, dass heute, und zwar vorzüglich aus geistigen Untergründen heraus, eine Verständigung über die ganze Kulturwelt der Erde kommen muss. [...]

Früher war eben Europa und die Verbindung Europas mit Amerika dasjenige, worauf es ankam, worauf es doch eigentlich schon seit dem 15. Jahrhundert ankam, seit Asien mehr oder weniger für Europa abgeschnitten wurde durch den Türkeneinbruch. Damals fand ja eine große Kulturumwälzung statt, und was dann im Wesentlichen das Kulturleben der neueren Zeit wurde, war ein westlich orientiertes Kulturleben. Nunmehr, indem sich der Gesichtspunkt des äußeren Kulturlebens nach dem Stillen Ozean hinüberschiebt, ist der Anfang damit gemacht, dass die ganze Erde ein großes Gebiet werden muss, das einheitlich in Bezug auf alle Kulturfragen zu behandeln ist. Dem aber muss, da zwischen Menschen, die überhaupt irgendetwas miteinander zu tun haben wollen [...], eine Verständigung auf geistigem Gebiete vorangehen. [...]

Herrn Dr. Rudolf Steiner
Dreigliederung des sozialen Organismus
S T U T T G A R T
- - - - - - - - - -

Sehr geehrter Herr Dr!

          Die Zeitschrift Arbeitsrecht will in den nächsten
Heften unter dem gemeinsamen Thema "die künftige Arbeitsverfassung"
eine Übersicht über die verschiedenen Vorschläge bringen, die von
Theoretikern und Praktikern über die rechtliche Regelung des Arbeits
verhältnisses gemacht worden sind. Darin möchte ich auch gern Ihre
Ideen vertreten wissen, und erlaube mir daher die Bitte, ob Sie nicht
in einer kurzen Abhandlung die Grundgedanken über die rechtliche
Regelung des Verhältnisses der Arbeiter und Angestellten zum Betrie=
be zusammenfassen wollen. Für baldige Übersendung des Beitrages wäre
ich besonders verbunden.

                              Hochachtend!

Brief an Rudolf Steiner von der Schriftleitung für das ›Jahrbuch für das Dienst-
recht der Arbeiter‹, 1920

Alles hängt davon ab, dass man im Westen lerne, wiederum
mit einem größeren Verständnis hinzuschauen auf das, was der
Osten, wenn auch heute durchaus in Niedergangsprodukten und
sogar in Niedergangsempfindungen, enthält, und dass man im

Aufruf
zur Rettung Oberschlesiens.

Oberschlesier!

Soll in Oberschlesien zur Qual seiner Bevölkerung, zum Schaden der Wirtschaft, zur Vernichtung aller kulturellen Güter, der Unfrieden, der versteckte und offene innere Kampf Dauerzustand werden? Darf Oberschlesien der Herd ständiger Bedrohung des Friedens für Europa bleiben?

Nein! Wie aber ist dies zu verhindern?

Die oberschlesische Frage ist eine europäische Frage. Auf das wirtschaftliche Gedeihen der Industrie, insbesondere auf die Kohlenschätze Oberschlesiens richtet ganz Europa seine besorgten Gedanken und Wünsche. Für den europäischen Wirtschaftskreislauf ist Oberschlesien von entscheidender Bedeutung. Die geistig-kulturellen Probleme und Aufgaben dieses Gebietes, als einer Mitte zwischen Ost- und Mitteleuropa, liegen schwer in der Wagschale. Die Geistigkeit der oberschlesischen Völker kann nur dann in der rechten Weise sich auswirken, wenn hier eine wirkliche Lösung der Nationalitätenfrage gefunden wird. Damit wäre auch Entscheidendes gewonnen für die Heraufführung eines neuen Zeitalters der Völkerbeziehungen überhaupt.

Auch eine Gesundung der politisch-staatlichen Verhältnisse ist im europäischen Interesse ein unbedingtes Erfordernis, soll nicht Oberschlesien ein politischer Unruheherd werden, der den europäischen Frieden dauernd in Frage stellt.

So ist das Problem der Gestaltung Oberschlesiens eine Frage der wirtschaftlichen, rechtlich-politischen und kulturell-geistigen Gesundung ganz Europas. Versailles, St. Germain und Spaa brachten nichts weniger als eine Lösung der europäischen Probleme und sozialen Fragen. Da aber die oberschlesische Frage nur aus dem ganzen großen Zusammenhang einer wahrhaft zeitgemäßen Neugestaltung der europäischen Verhältnisse gelöst werden kann, wird heute gegenwärtige Lösung dieser Fragen, die auf dem Boden der Wirklichkeit steht, etwas anderes sein können, als ein vorübergehender Zustand. Man muß daher bewußt einen solchen Übergangszustand in Oberschlesien schaffen. Weder die berühmten weltfremden 14 Punkte Wilsons, deren Anwendung auf das wirkliche Leben besonders im Osten eine Unmöglichkeit bedeutet, noch die Gewaltmethoden einer abgelaufenen Epoche können zu einem Neuaufbau

Völker Europas!

des europäischen Lebens führen. Zu diesem Neuaufbau kann man nur kommen, wenn man sich klar darüber ist, daß es sich im Grunde um drei verschiedene Gebiete handelt:

Das Wirtschaftsleben,
Das rechtlich-politische Leben,
Das geistig-kulturelle Leben.

In dem bisherigen Staate waren diese drei Gebiete verquickt, und aus diesem Durcheinander sind letzten Endes die chaotischen Zustände der Gegenwart hervorgegangen. Die einzige wirklichkeitsgemäße Gestaltung des sozialen Lebens kann daher nur in einer Verselbständigung dieser drei Gebiete bestehen. Den Weg dazu weist

die Dreigliederung
des sozialen Organismus.

Sie verlangt, daß der Staat auf der einen Seite die Wirtschaft, auf der andern Seite das Geistesleben aus seinem Machtbereich entlasse.

In das Wirtschaftsleben gehört dann nur noch Warenerzeugung, Warenverteilung und Warenverbrauch, die auf „assoziativer Grundlage" *) von Sachverständigen zu verwalten sind. Ungehindert von staatlichen und politischen Machtverhältnissen werden die Produzenten und Konsumenten der verschiedenen Länder in gemeinsamer Arbeit die Befriedigung aller Bedürfnisse regeln.

Das geistige Glied im dreigliedrigen sozialen Organismus umfaßt Wissenschaft, Kunst, Religion, das gesamte Erziehungswesen und die richterliche Rechtsprechung. Alle diese geistig-kulturellen Faktoren können nur in vollkommener Freiheit von staatlichen Eingriffen ihre Aufgabe erfüllen und in rechter Weise das soziale Leben befruchten. Das Geistesleben, die Kultur, muß aus dem freien Zusammenwirken aller geistig-schöpferischen Einzelpersönlichkeiten sich herausgestalten und sich selbst eigene Verwaltungskörper geben.

*) Einzelheiten über die „assoziative Wirtschaft" finden sich in den umstehend angeführten Schriften.

Flugblatt des Bundes für Dreigliederung ›Aufruf zur Rettung Oberschlesiens‹, 1922

Dem mittleren Glied, dem rechtlich-politischen Teil des sozialen Organismus, verbleibt dann in erster Linie die Polizei- und Verwaltungstätigkeit auf rechtlicher Grundlage; es wird geregelt durch ein in demokratischer Weise gewähltes Parlament. Da dieses Parlament sich nur mit rein staatlich-politischen Fragen befaßt, kann es weder das Wirtschafts- noch das Geistesleben stören.

(Alles Nähere über die Dreigliederung des sozialen Organismus ist zu ersehen aus dem Buch „Die Kernpunkte der sozialen Frage" von Dr. Rud. Steiner, „Der Kommende Tag" A.-G. Verlag, Stuttgart, Champignystr. 17, sowie aus der im gleichen Verlag erscheinenden Wochenzeitung „Dreigliederung des sozialen Organismus" und der übrigen einschlägigen Literatur.)

Nur durch eine solche Gliederung der sozialen Organismen in Europa würde der wirtschaftliche Kreislauf sich unabhängig von politischen Staatsgrenzen, über diese hinweg, nach seiner eigenen Gesetzmäßigkeit sich abspielen können. – Ebenso ist der geistige Austausch zwischen Volksteilen, die durch politische Grenzen getrennt sind, über diese Grenzen hinweg in freier, von staatlicher Machtpolitik ungehemmter Weise möglich.

Bevor nicht in ganz Europa eine solche gesunde Dreigliederung des sozialen Organismus in den verschiedenen Staatsgebieten durchgeführt ist, kann auch die oberschlesische Frage nicht wirklichkeitsgemäß einer endgültigen Lösung zugeführt werden.

Gerade in Oberschlesien schreien die Verhältnisse ganz besonders nach einer solchen Dreigliederung.

Hier kämpfen zwei Kulturen, zwei Volksindividualitäten, die einander durchdringen, um die Möglichkeit, sich auszuleben. Schulwesen und richterliche Rechtsprechung sind die wichtigsten Punkte, die zu Reibungen Anlaß

geben. Nur durch die Befreiung des Geisteslebens können gerade in Oberschlesien diese brennenden Fragen gelöst werden. Nebeneinander werden sich dann die zwei Kulturen, die deutsche und die polnische, entsprechend ihren Lebenskräften entwickeln können, ohne daß die eine eine Vergewaltigung durch die andere zu befürchten hat, und ohne daß der politische Staat für die eine oder andere Partei ergreift. Nicht nur eigene Bildungsanstalten, sondern eigene Verwaltungskörperschaften für das Kulturleben wird jede Nationalität errichten, sodaß Reibungen ausgeschlossen sind. – Und würde auch der Wirtschaftskreislauf in Oberschlesien vom Staatlich-Politischen losgelöst, so ließen sich die oberschlesischen Wirtschaftsfragen in die europäische Gesamtwirtschaft eingliedern und nur durch Abkommen zwischen den Wirtschaftsfachleuten der beteiligten Länder lösen.

Innerhalb der Gegenwart ist daher das Folgende das einzig Wirklichkeitsgemäße, Lebensmögliche:

Das oberschlesische Gebiet lehnt die Angliederung an einen angrenzenden Staat vorläufig ab, bis dort selbst ein Verständnis für die Dreigliederung erweckt ist. Es konstituiert sich so, daß seine Wirtschaftsfaktoren sich selbst verwalten — ebenso seine geistigen Faktoren. Es schafft ein Zusammenstimmen der beiden durch einen provisorischen, nur über sein Gebiet sich erstreckenden rechtlich-polizeilichen Organismus und bleibt in diesem Zustand bis zur Klärung der gesamten europäischen Verhältnisse.

Trotzdem dieser Zustand ein vorläufiger ist, erscheint er, wenn er durchgeführt wird, als ein Musterbeispiel für die Maßnahmen, die ganz Europa treffen muß, zur Gesundung seiner Verhältnisse.

Nur Kurzsichtigkeit kann diesen Aufruf als nicht im deutschen Geiste gelegen, auffassen. Wahrhaft deutsche Gesinnung hat immer so gedacht.

Also, Einwohner Oberschlesiens,

fasset alle Zweige Eures Wirtschaftslebens in freien, vom Staate unabhängigen Assoziationen zusammen! Erklärt Euer Erziehungs- und Unterrichtswesen vom Staate unabhängig und stellt es unter seine eigene Verwaltung! Richtet ein polizeilich-administrativ-parlamentarisches Staatsleben provisorisch ein, bis die europäischen Verhältnisse eine gesündere Grundlage annehmen! Helfen wird Euch nur, was Ihr von diesen Forderungen bei der Entente-Kommission durchsetzen könnt. Alles andere ist für Euch wertlos.

Bund für Dreigliederung des sozialen Organismus
Ortsgruppe Breslau.

Redner über Dreigliederung und Oberschlesien bei der Ortsgruppe Breslau des Bundes für Dreigliederung des sozialen Organismus, Breslau, Kaiser-Wilhelm-Strasse 16, 2 Tr., anfordern.

„Der Kommende Tag A.-G.", Verlag, Abt. Druckerei, Stuttgart

287

Osten lerne, den Westen so anzuschauen, dass man ihn bejaht, nicht bloß verneint, wie das bisher der Fall ist. Nun, es wird natürlich sehr vieles noch notwendig sein, um diejenigen geistigen Grundlagen zu schaffen, die zu einer solchen Verständigung notwendig sind. Heute, wo die wirtschaftlichen Verhältnisse so außerordentlich zu einem Zusammenwirken drängen, dürfen wir gar nicht hoffen, dass die Ordnung dieser wirtschaftlichen Verhältnisse, auch wenn es zuweilen so ausschaut, etwas anderes bewirken könne als ein Surrogat, das so lange auf ein Definitivum warten wird, bis ins Innerste des Menschenwesens hinein die geistigen Verhältnisse eine Verständigung herbeigeführt haben.

Neue Unternehmensformen

Dass Veränderungen im Sinne Steiners bis in höchste politische Ebenen hinein nicht in so kurzer Zeit möglich waren, wurde bereits im Jahre 1919 deutlich. Doch in zunehmendem Maße wurde der Dreigliederungsimpuls von Menschen aufgegriffen, die eine grundlegende Erneuerung einzelner Institutionen, in denen sie zumeist selbst tätig waren, herbeiführen wollten. Besonders hier wird deutlich, wie unmittelbar Rudolf Steiner auf Fragen, die sich angesichts der konkreten Lebenspraxis stellten, einzugehen und zu antworten vermochte.

Schon wenige Monate, nachdem Emil Molt, Direktor der Waldorf Astoria Zigarettenfabrik, an Steiner herangetreten war mit der Bitte, die Gründung einer Schule für die Kinder der Arbeiter seiner Fabrik vorzubereiten, begann Rudolf Steiner mit der Schulung der dafür in Frage kommenden Lehrer. Dabei spielte die Suche nach einer zeitgemäßen, auf kollegialer Zusammenarbeit basierenden schulischen Organisation ebenso eine Rolle wie die nach einer sich an der Entwicklung des Kindes orientierenden Methodik und Didaktik.

Die in den folgenden Jahren gegründeten Freien Waldorfschulen, heilpädagogischen Heime, künstlerischen Ausbildungsstätten, die Freie Hochschule für Geisteswissenschaften in Dornach sowie medizinische Laboratorien repräsentierten einerseits ein Stück »Freies Geistesleben«, andererseits aber auch eine Art Freies Unternehmertum, über deren Aufgaben, Strukturen und Bedeutung für eine Zukunftsgesellschaft Rudolf Steiner in vielen seiner Vorträge ausführlich gesprochen hat.

Eine weitere Initiative, die aus dem Dreigliederungsimpuls hervorging, war die Gründung einer Aktiengesellschaft zur Förderung wirtschaftlicher und geistiger Werte, die den Namen »Der Kommende Tag AG« trug. Mit dieser Unternehmung beabsichtigte man, verschiedene wirtschaftliche Betriebe sowie Einrichtungen des Geistes- und Kulturlebens, wie Schulen, Forschungsinstitute etc., zusammenzuschließen, um u. a. die Erträge aus rein wirtschaftlichen Unternehmungen unmittelbar an solche weiterzuleiten, die selbst keine Gewinne erwirtschaften können. Man hoffte auch durch die finanzielle Förderung von Forschungsvorhaben die Entwicklung neuer Arbeitsmethoden und Arbeitstechniken zu beschleunigen, um diese dem sozialen Ganzen verfügbar machen zu können. Damit nahm die Aktiengesellschaft zusehends den Charakter einer Assoziationsbank ein, wie auch den folgenden »Leitgedanken« zu entnehmen ist:[254]

Leitgedanken für eine zu gründende Unternehmung

Notwendig ist die Gründung eines bankähnlichen Instituts, das in seinen finanziellen Maßnahmen wirtschaftlichen und geistigen Unternehmungen dient, die im Sinne der anthroposophisch orientierten Weltanschauung sowohl nach ihren Zielen, wie nach ihrer Haltung orientiert sind. Unterschieden von den gewöhnlichen Bankunternehmungen soll dieses dadurch sein, dass es nicht nur den finanziellen Gesichtspunkten dient, sondern den realen Operationen, die durch das Finanzielle getragen werden. Es wird daher vor allem darauf ankommen, dass die Kredite etc. nicht auf dem Wege zustande kommen, wie dies im gewöhnlichen Bankwesen geschieht, sondern aus den sachlichen Gesichtspunkten, die für eine Operation in Betracht kommen, die unternommen werden soll. Der Bankier soll also weniger den Charakter des Leihers, als vielmehr den des in der Sache drinnenstehenden Kaufmanns haben, der mit gesundem Sinne die Tragweite einer zu finanzierenden Operation ermessen und mit Wirklichkeitssinn die Einrichtungen zu ihrer Ausführung treffen kann.

Es wird sich dabei hauptsächlich um die Finanzierung solcher Unternehmungen handeln, die geeignet sind, das wirtschaftliche Leben auf einen gesunden assoziativen Boden zu stellen und das geistige Leben so zu gestalten, dass berechtigte Begabungen in eine Position gebracht werden, durch die ihre Begabung in einer sozial fruchtbaren Art sich ausleben können. Worauf es besonders ankommt, ist, dass zum Beispiel Unternehmungen entriert werden, die augenblicklich gut rentieren, um mit ihrer Hilfe andere Unternehmungen zu tragen, die erst in späterer Zeit und vor allem durch die jetzt in sie zu gießende Geistessaat, die erst nach einiger Zeit aufgehen kann, wirtschaftliche Frucht bringen können.

Für die Beamten des Bankunternehmens ist es notwendig, dass sie eine Einsicht darin haben, wie die Lebensansicht, die mit der Anthroposophie gegeben ist, sich in wirtschaftlich fruchtbare Wirksamkeit umsetzt. Dazu ist notwendig, dass ein streng assoziatives Verhältnis hergestellt wird zwischen den Bankverwaltern und denen, die durch ihre ideelle Wirksamkeit das Verständnis für eine ins Leben zu setzende Unternehmung fördern können. Ein Beispiel: eine Persönlichkeit hat eine Idee, die eine wirtschaftliche Fruchtbarkeit verspricht. Die Vertreter des Ideellen der Weltanschauung können Verständnis hervorrufen für die sozialen Folgen. Ihre Tätigkeit wird finanziell mitgetragen aus den aufzunehmenden Beträgen, die zugleich wirtschaftlich und technisch die Verwirklichung der Idee tragen sollen.

Im Mittelpunkt muss stehen, die Zentralen der anthroposophisch orientierten Geistesbewegung selbst zu tragen. Der Bau in Dornach kann zum Beispiel zunächst nichts tragen; dennoch wird er einen mächtigen auch wirtschaftlichen Ertrag in späterer Zeit bewirken. Es muss Verständnis dafür hervorgerufen werden, dass ihn jeder auch bei Achtung seines finanziellen Gewissens fördern kann, wenn er nur mit der materiellen Fruchtbarkeit in einer längeren Zeit rechnet.

Die Unternehmung muss auf der Erkenntnis ruhen, dass die technische, finanzielle etc. Tätigkeit Zweige entfalten kann, die zwar für den einzelnen Unternehmer zeitweilig günstige Resultate liefern, die aber im Zusammenhange der sozialen Ordnung zerstörend wirken. In dieser Art waren viele Unternehmungen der neuesten Art orientiert. Man fruktifizierte sie, und gerade durch ihre Fruktifizierung untergrub man die soziale Ordnung. Dieser Art von Unternehmungen müssen solche gegenübertreten, die aus einem gesunden Denken und Empfinden heraus stammen. Sie können sich in wirklich fruchtbarer Art der sozialen Ordnung einfügen. Sie können aber nur aus der durch die anthroposophisch orientierte Geisteswissenschaft angeregten sozialen Denkweise getragen sein.

Es ist richtig, dass auch eine Unternehmung wie die hier charakterisierte zunächst nur die sozial-technischen und finanziellen Krisenmöglichkeiten überwinden kann, und dass ihr die sozialen Schwierigkeiten so lange gegenüberstehen werden, als diese als eigentliche Arbeiterfrage noch die Gestalt an sich tragen, die aus der zu Krisen verurteilten alten Produktionsweise stammen. Die an den neuen Unternehmungen beteiligten Arbeiter werden zum Beispiel in Lohndifferenzen sich gerade so verhalten, wie sie sich den Unternehmungen alten Stils gegenüber verhalten. Allein man darf bei solchen Dingen nicht unterschätzen, wie bald bei richtiger Führung ein Unternehmen der hier charakterisierten Art auch sozial günstige Folgen haben muss. Das wird man sehen. Und das Beispiel wird überzeugend wirken. Wenn eine Unternehmung dieser Art stocken wird, dann wird man die Arbeiter, die daran beteiligt sind, schon mit ihren Überzeugungen bei dem Wieder-in-Fluss-Bringen haben. Denn nur dadurch, dass man durch eine auf alle Menschenklassen wirkende Denkungsart die Handarbeiter mit den geistigen Führern von Unternehmungen zu einem Interesse bringt, kann den sozialen Zerstörungskräften entgegengearbeitet werden.

Grundbedingung ist, dass die geistigen Bestrebungen mit allen materiellen innig verbunden werden. Wir können eine solche Orientierung mit den jetzt in der anthroposophischen Bewegung verfügbaren Kräften deshalb nicht erreichen, weil wir eben in ihrem Schoße keine praktische Unternehmung haben, die aus ihren eigenen Kräften hervorgewachsen ist, außer dem Berliner anthroposophischen Verlag. Doch genügt dieser allein nicht, um vorbildlich zu wirken. Denn seine ökonomische Orientierung ist nur der äußere Ausdruck der Schlagkraft der Geisteswissenschaft als solcher. Richtig vorbildlich können erst solche Unternehmungen wirken, die nicht die Geisteswissenschaft als solche zu ihrem Inhalte haben, sondern die einen von der geisteswissenschaftlichen Denkungsart getragenen Inhalt haben. Eine Schule als solche kommt vorbildlich zunächst nach dieser Richtung erst dann in Betracht, wenn sie finanziell von nur solchen Unternehmungen getragen wird, deren ganze Einrichtung schon aus geisteswissenschaftlichen Kreisen hervorgegangen ist. Und der Dornacher Bau wird seine soziale Bedeutung erst erweisen können, wenn durch die mit ihm verbundenen Persönlichkeiten solche Unternehmungen ins Leben gerufen worden sind, die sich selbst tragen, den sie haltenden Menschen gehörigen Unterhalt geben und dann noch so viel übrig lassen, dass das von einer geistigen Unternehmung immer geforderte Defizit gedeckt werden kann. Dieses Defizit ist ja in Wirklichkeit gar keines. Denn eben dadurch, dass es entsteht, wird die Fruktifizierung der materiellen Unternehmungen hervorgerufen.

Man muss nur die Dinge wirklich praktisch nehmen. Das tut derjenige nicht, der fragt: wie soll man also im Sinne der anthroposophisch orientierten Geisteswissenschaft ein finanzielles oder ökonomisches Unternehmen machen? Das ist einfach ein Unsinn. Es kommt darauf an, dass die in der anthroposophisch orientierten Geistesbewegung selbst organisierten Mächte die Unternehmungen machen, das heißt dass Bankiers, Fabrikanten etc. sich mit dieser Bewegung zusammenschließen, dass der Dornacher Bau der reale Mittelpunkt eines neuen Unternehmungsgeistes werde. Deshalb sollen auch in Dornach nicht »soziale«, »technische« etc. »Programme« aufgestellt werden, sondern es soll mit dem Bau der Mittelpunkt einer Arbeitsweise geschaffen werden, welche die Arbeitsweise der Zukunft werden soll.

Wer sich dazu entschließen wird, zu den Dornacher Unternehmungen finanzielle Beihilfe zu gewähren, der wird verstehen müssen, dass wir heute schon so weit sind, dass Unternehmungen im alten Sinne unterstützen heißt, sein Geld in Unfruchtbares stecken, und dass für sein Geld sorgen heute heißt, zukunftversprechende Unternehmungen zu tragen, die allein geeignet sind, den verwüstenden Kräften standzuhalten. Kurzsichtige Leute, die heute noch glauben: so etwas hat noch nie finanzielle Früchte getragen, werden sicher den Dornacher Bestrebungen sich nicht anschließen. Die sich anschließen, müssen weitsichtige, finanziell und ökonomisch wirklich urteilsfähige Leute sein, die einsehen, dass Fortfahren-Wollen in den alten Bahnen weiterzuwursteln, heißt: sich ein sicheres Grab graben. Diese Menschen werden es allein sein, die den zerstörenden Existenzen der letzten vier bis fünf Jahre nicht nachfolgen werden. Mit Unternehmungen des bisherigen Stils arbeiten, heißt weiter nichts, als die finanziellen

WELTWIRTSCHAFTS-KONGRESS

AUFRUF
AN MITARBEITER UND INTERESSENTEN
zur Initiative für die Einberufung eines Weltwirtschafts-Kongresses
in das Gœtheanum „Freie Hochschule für Geisteswissenschaft"
in DORNACH bei Basel

卐

Während des Sommerkurses am Gœtheanum in Dornach, der freien Hochschule für anthroposophisch orientierte Geisteswissenschaft, wurde neben naturwissenschaftlichen, philosophischen, pædagogischen, künstlerischen und andern Kulturproblemen die wirtschaftliche Weltlage besprochen. In Referaten praktisch tätiger Wirtschafter wurden behandelt:

> Schweizerische Wirtschaftsfragen im Lichte der assoziativen Wirtschaft;
> Assoziation und Konkurrenz;
> Das Problem der Weltwirtschaft;
> Die Instrumente der Güterverteilung;
> Die Lösung der sozialen Frage vom Gesichtspunkte des Unternehmers.

In wiederholter freier Aussprache zur wirtschaftlichen Weltlage wurden die vielfachen Erscheinungen des ungesunden Wirtschaftslebens der heutigen Zeit und die Mittel zur Hebung der Weltwirtschaftskrise eingehend besprochen. Weil die Teilnehmer am Kurse die Ueberzeugung gewannen, dass im Werke von Dr. Rudolf Steiner «Die Kernpunkte der sozialen Frage in den Lebensnotwendigkeiten der Gegenwart und Zukunft» (1919, Verlag des Gœtheanum Dornach) und in den darauf fussenden Studien und praktischen Auswirkungen **der Weg vorgezeichnet sei, welcher aus dem heutigen Chaos hinausführt,** wurde der Entschluss gefasst, einen **internationalen Kongress** zur Besprechung der wirtschaftlichen Weltlage in das Gœtheanum nach Dornach einzuberufen.

Der eingesetzte Arbeits-Ausschuss wendet sich durch die Mitglieder seines Initiativ-Ausschusses in den verschiedenen Ländern der ganzen Erde hiermit an Persönlichkeiten, welche für die beabsichtigte Veranstaltung Verständnis besitzen und initiativ mitzuwirken sich entschliessen können. Wir sind uns der Schwierigkeiten und Hemmnisse wohl bewusst, welche einem solchen Werke entgegenstehen. Wir glauben aber, im Hinblick auf die Lage vor ihnen nicht zurückschrecken zu dürfen, denn die Bewegung, aus welcher die zur Anregung führenden Ideen kommen, ist auf praktische Tätigkeit gerichtet. In so schwerer Zeit wie der gegenwärtigen, in der auch diejenigen, welche den Neuaufbau der Wirtschaft übernommen haben, die Lage als verzweifelt ansehen, muss jeder Beitrag zur Sanierung willkommen sein.

Die Welt braucht vor allem dringend eine Gesundung des Wirtschaftslebens. Das bisherige Staatsleben hat nicht vermocht, eine solche herbeizuführen und was

Auszug aus der Einladung des Initiativ-Ausschusses für den Weltwirtschaftskongress 1922 am Goetheanum in Dornach und ökonomischen Reserven aufbrauchen. Denn auch die Reserven der Rohstoff- und Landwirtschaftsproduktion, die am längsten halten, werden aufgebraucht. Ihre finanzielle und ökonomische Fruktifikation liegt nämlich doch nicht darinnen, dass sie da sind, sondern dass die Arbeit möglich ist, durch die sie dem sozialen Organismus zugeführt werden. Diese Arbeit gehört aber durchaus zu den Reserven. Alles für die Zukunft hängt davon ab, dass auch für die Einzelunternehmung ein neuer Geist die führende Stellung bekomme.

Die Aktiengesellschaft »Der Kommende Tag« umfasste bald siebzehn Unternehmungen, zu denen neben der Waldorf Astoria Zigarettenfabrik eine Werkzeugmaschinen-, eine Kartonagenfabrik, ein Bankhaus, aber auch Einrichtungen wie die Freie Waldorfschule in Stuttgart und ein klinisch-therapeutisches Institut mit Laboratorien zählten.

Noch im selben Jahr 1920 wurde in der Schweiz die »Futurum AG, ökonomische Gesellschaft zur internationalen Förderung wirtschaftlicher und geistiger Werte«, als assoziativer Unternehmensverbund auf derselben Grundlage stehend wie »Der Kommende Tag«, gegründet. Bis 1922 war hier Rudolf Steiner der Präsident des Verwaltungsrates und im »Kommenden Tag« Vorsitzender des Aufsichtsrates bis 1923. Beide Aktiengesellschaften mussten infolge der allgemeinen Wirtschaftskrise 1924 bzw. 1925 liquidiert werden. Hinzu kam aber auch, dass den neuen Unternehmungen aufgrund der passiven Haltung der *Außenwelt* unüberwindbare Widerstände entgegengebracht wurden, wodurch auch die Arbeit der einzelnen Mitarbeiter erheblich erschwert wurde.

Der Grundgedanke dieser beiden Vorhaben, einen Keim zu einem neuen, auf assoziativer Grundlage sich entwickelnden Wirtschaftsleben zu bilden, und der zeitlich begrenzte Versuch seiner Verwirklichung hatten jedoch bewirkt, dass Einrichtungen wie die Freie Waldorfschule und die Weleda AG Heilmittelbetriebe sich finanziell tragen konnten und dadurch auch in die Lage versetzt wurden, ihre Aktivitäten auszuweiten.

Besonders auf institutioneller Ebene wurden in den vergangenen Jahrzehnten zahlreiche Impulse Rudolf Steiners aufgegriffen, wie etwa in anthroposophisch orientierten heilpädagogischen Heimen, Freien Schulen und Hochschulen, landwirtschaftlichen und industriellen Unternehmen. In der schrittweisen Verwirklichung einer auf der »Dreigliederung« aufbauenden Gesellschaft, der Verwirklichung des Assoziationsprinzipes als Gegenbild zum Konkurrenzprinzip und der Trennung von Arbeit und Einkommen sowie einem neuen Umgang mit Geldprozessen liegt eine Fülle von Ansätzen für eine in die Zukunft hinein zu gestaltende menschenwürdige Gesellschaft.

Gleich einer Würdigung der Persönlichkeit Rudolf Steiners, mit der ich dieses Buch abschließen möchte, sei nochmals ein Zeitgenosse Rudolf Steiners zitiert. Der bedeutende französische Journalist Jules Sauerwein, der zeitweilig auch das Sprachrohr der französischen Regierungspolitik war und der in der ganzen Welt Gespräche mit einflussreichen Persönlichkeiten des politischen, wirtschaftlichen und kulturellen Lebens geführt hat, antwortete einmal auf die Frage, welches die interessanteste Begegnung seiner langjährigen journalistischen Laufbahn gewesen sei, mit den Worten: »Ich habe fast alle Monarchen der Erde gekannt, fast alle Premierminister und Marschälle. Aber niemand vermochte auf mich einen so nachhaltigen Eindruck auszuüben wie der österreichische Philosoph und Okkultist Rudolf Steiner. Dies war der interessanteste Mann, dem ich in meinem Leben begegnet bin. [...] Die Staatsmänner – und waren sie noch so mächtig – hatten auf mich immer den Eindruck von Schauspielern gemacht, die ihrer Rolle nicht ganz sicher sind. Aber welch ein Genuss, mit Steiner über Politik zu sprechen! Und nur ein so großer und reicher Verstand vermag auch mit solcher Richtigkeit die einzelnen Probleme zu erfassen.«[255]

CHRONOLOGISCHE LEBENSÜBERSICHT
RUDOLF STEINER 1861–1925

1861–1879 Kindheit und Jugend in Österreich

Am 27. Februar 1861 wird Rudolf Steiner als erstes Kind der aus Niederösterreich stammenden Eheleute Franziska und Johann Steiner in Kraljevec (damals Ungarn, heute Kroatien) geboren. Bedingt durch den Beruf des Vaters als Telegraphist und später als Stationsvorsteher bei der österreichischen Südbahn verbringt er seine Kindheit an verschiedenen Orten Österreichs.

Fasziniert von der Technik, beschäftigt er sich schon als Schüler intensiv mit Mathematik und Geometrie, gilt als begabter Zeichner und entdeckt als Sechzehnjähriger seine Leidenschaft für die Philosophie.

Abitur mit Auszeichnung 1879.

1879–1890

Student, Goethe-Herausgeber, Hauslehrer und Redakteur in Wien.

Studium an der Technischen Hochschule 1879–1883. Hauptfächer: Mathematik, Physik und Chemie, daneben Vorlesungen in Philosophie an der Universität u. a. bei Franz Brentano.

Auf Empfehlung des Literaturhistorikers und Goetheforschers Prof. Karl Julius Schröer Berufung als wissenschaftlicher Mitarbeiter für die Herausgabe von Goethes Naturwissenschaftlichen Schriften im Rahmen der Kürschner-Ausgabe.

Hauslehrer in einer Wiener Kaufmannsfamilie 1884–1890.

Freundschaft mit der Dichterin und Frauenrechtlerin Rosa Mayreder und Friedrich Eckstein, dem Sekretär und Biografen Anton Bruckners.

Erste Buchveröffentlichung: ›Grundlinien einer Erkenntnistheorie der Goetheschen Weltanschauung‹ 1886.

Redakteur bei der Wiener ›Deutschen Wochenschrift‹ 1888.

Vortrag im Wiener Goethe-Verein ›Goethe als Vater einer neuen Ästhetik‹ 1888.

1890–1897 Goethe-Herausgeber und Nietzsche-Forscher in Weimar

Mitarbeiter am Goethe-Schiller-Archiv. Bearbeitung einiger Abteilungen der Naturwissenschaftlichen Schriften Goethes im Rahmen der Sophien-Ausgabe.

Begegnungen mit Herman Grimm, Ernst Haeckel und Eduard von Hartmann. Freundschaft mit der Dichterin Gabriele Reuter, dem Liszt-Schüler Conrad Ansorge, dem Stirner-Biografen John Henry Mackay und dem Nietzsche-Herausgeber Fritz Koegel.

Für die ›Cotta'sche Bibliothek der Weltliteratur‹ besorgte er eine Schopenhauer- sowie eine Jean-Paul Ausgabe und für die Reihe ›Berliner Klassiker Ausgaben‹ Werk-Ausgaben von Wieland und Uhland.

Promotion zum Dr. phil. an der Universität Rostock bei Prof. Heinrich von Stein mit einer Arbeit über ›Die Grundfrage der Erkenntnistheorie mit besonderer Rücksicht auf Fichtes Wissenschaftslehre. Prolegomena zur Verständigung des philosophierenden Bewusstseins mit sich selbst‹, erschienen 1892 unter dem Titel ›Wahrheit und Wissenschaft‹.

1894 erscheint sein philosophisches Hauptwerk ›Die Philosophie der Freiheit‹.

Besuche und Arbeitsaufenthalte in Naumburg bei Elisabeth Foerster-Nietzsche. Dort auch Begegnung mit dem kranken Nietzsche. 1895 erscheint Steiners Monografie ›Friedrich Nietzsche, ein Kämpfer gegen seine Zeit‹, ein Jahr später ›Goethes Weltanschauung‹.

1897–1905 Redakteur, Lehrer, Vortragender und Publizist in Berlin

Herausgeber und Redakteur des ›Magazins für Literatur‹ und der ›Dramaturgischen Blätter‹ 1897–1900. Zahlreiche Aufsätze zu literarischen und wissenschaftlichen Fragen sowie Theaterkritiken.

Vorträge in der »Freien Literarischen Gesellschaft«, im »Giordano Bruno Bund« und im Literatenkreis »Die Kommenden«. Begegnungen mit Else Lasker-Schüler, Peter Hille, Stefan Zweig, Käthe Kollwitz, Paul Scheerbart, Frank Wedekind sowie mit den »Friedrichshagenern«.

Eheschließung mit Anna Eunike 1899; sie stirbt 1911.

Lehrtätigkeit an der von Wilhelm Liebknecht begründeten Arbeiterbildungsschule 1899–1904. Begegnungen mit Kurt Eisner und Rosa Luxemburg.

Im Herbst 1900 Vorträge in der »Theosophischen Bibliothek« über Nietzsche, Goethes Märchen‹ und ›Die Mystik im Aufgange des neuzeitlichen Geisteslebens und ihr Verhältnis zur Gegenwart‹. Im Frühjahr 1902 Mitglied der Theosophischen Gesellschaft und ab Oktober Generalsekretär der Deutschen Sektion. Seine engste Mitarbeiterin wird Marie von Sivers, Tochter eines russischen Generals und Schauspielerin, ausgebildet in Petersburg und am Pariser Konservatorium.

1902–1912 Von der Theosophie zur Anthroposophie. Vortragsreisen im In- und Ausland

Zahlreiche Vorträge im In- und Ausland sowie diverse Publikationen, u. a. ›Das Christentum als mystische Tatsache und die Mysterien des Altertums‹ (1902), ›Theosophie‹ (1904), ›Wie erlangt man Erkenntnisse der höheren Welten‹ (1904/05), ›Die Geheimwissenschaft im Umriss‹ (1910).

Begegnung mit Kandinsky und Kafka. Freundschaft mit Edouard Schuré und Christian Morgenstern.

Uraufführung von Steiners vier Mysteriendramen unter seiner Leitung in München (1910–1913).

Erste Pläne für einen Theaterbau in München-Schwabing, dessen Realisierung am Widerstand der Anlieger und Behörden scheiterte.

Beginn der Entwicklung der neuen Bewegungskunst »Eurythmie« 1911.

1913–1918 Gründung der Anthroposophischen Gesellschaft. Architekt, Künstler und Vortragender

Trennung von der Theosophischen Gesellschaft und Gründung der Anthroposophischen Gesellschaft

1912/13. Vorträge im In- und Ausland über volutionsgeschichte/Reinkarnation und Karma/Das Mysterium von Golgatha/Leben zwischen Tod und neuer Geburt/Mysteriengeschichte/Kosmologie/Die zwölf Sinne/Zeitgeschichte sowie über Kunst.

Unter seiner Leitung und der Mitarbeit zahlreicher Künstler aus verschiedenen Ländern Errichtung eines von Steiner entworfenen Festspiel- und Hochschulgebäudes (Goetheanum) sowie mehrerer Wohn- und Zweckbauten in Dornach b. Basel.

Eheschließung mit Marie von Sivers 1914.

Veröffentlichungen: ›Die Rätsel der Philosophie‹ (1914), ›Von Seelenrätseln‹ (1917).

1919–1923 Sozialreformer und Schulgründer

Vortragsreihe über ›Die soziale Frage‹ erscheint überarbeitet als Buch im April 1919 unter dem Titel ›Die Kernpunkte der sozialen Frage in den Lebensnotwendigkeiten der Gegenwart und Zukunft‹.

In Vorträgen und zahlreichen Besprechungen mit Vertretern der Arbeiterschaft wie auch mit Industriellen im Großraum Stuttgart engagiert sich Steiner für die Begründung von Betriebsräten.

Im Herbst 1919 Eröffnung der Waldorfschule in Stuttgart für die Kinder der Arbeiter der Waldorf Astoria Zigarettenfabrik. Die Leitung hat Rudolf Steiner bis zu seinem Tod inne. Schulung der Lehrkräfte in Fachkursen und zahlreiche Vorträge über Erziehung in Stuttgart, Basel und Oxford.

Am 24. Februar 1919 erste Eurythmieaufführung unter der Leitung von Marie Steiner im Pfauentheater Zürich.

Ab Herbst 1920 künstlerische sowie Vortragsveranstaltungen im Goetheanum.

1920–1925 Vortragender, Künstler und Reformer

Steigerung der Vortragstätigkeit im In- und Ausland. Fachkurse über Medizin, Theologie, Nationalökonomie, Physik, Landwirtschaft und Schauspielkunst.

Malerische, plastische und grafische Arbeiten.

Unter seiner Mitwirkung im Herbst 1922 Gründung der »Bewegung für religiöse Erneuerung« (Die Christengemeinschaft). Es entstehen weitere Waldorfschulen sowie Forschungsinstitute und Kliniken. Gründung der Weleda AG, ein heute weltweit tätiges Unternehmen zur Herstellung von Heilmitteln und Kosmetika.

In der Silvesternacht 1922/23 fällt das in Holz errichtete Goetheanum einer Brandstiftung zum Opfer. Für ein zweites, in Beton gestaltetes Gebäude (Fertigstellung 1928) kann Rudolf Steiner infolge seiner Erkrankung im Herbst 1924 nur noch ein Außenmodell schaffen.

Angesichts des Wachstums der anthroposophischen Bewegung zu Weihnachten 1923 in Dornach Neukonstituierung der Anthroposophischen Gesellschaft, deren Vorsitz Rudolf Steiner übernimmt. Gründung der »Freien Hochschule für Geisteswissenschaft« mit Sektionen für Medizin, Schöne Wissenschaften, Anthroposophie, Mathematik und Astronomie, Kunst sowie Naturwissenschaften.

Im Herbst 1924 Beginn des Krankenlagers. In den folgenden Monaten Fortsetzung der Niederschrift seiner autobiografischen Aufzeichnungen ›Mein Lebensgang‹ und in Zusammenarbeit mit der Ärztin Ita Wegman des posthum erschienenen Buches ›Grundlegendes für eine Erweiterung der Heilkunst‹.

Am 30. März 1925 stirbt Rudolf Steiner in Dornach. Sein Grab befindet sich auf dem Goetheanum-Gelände in Dornach, wo auch die Urne von Christian Morgenstern beigesetzt ist.

LITERATUR

Rudolf Steiner

Sämtliche Werke sind im Rudolf
Steiner Verlag, Dornach / Schweiz,
erschienen.www.steinerverlag.com.
GA = Rudolf Steiner Gesamtausgabe

Die ›Rudolf Steiner Gesamtausgabe‹
mit einem Umfang von derzeit 350
Bänden (ca. 90 000 Seiten) ist auch
als Ganzes in elektronischer Form
(HDD) erhältlich. Mit Hilfe dieser
HDD ist eine Volltextsuche (nach
Begriffen, Wortstämmen, Namen,
Daten usw.) möglich.

Wissenschaft
›Einleitungen zu Goethes Natur-
   wissenschaftlichen Schriften‹
   (1884–1897), GA 1
›Grundlinien einer Erkenntnis-
   theorie der Goetheschen Welt-
   anschauung‹ (1886), GA 2
›Wahrheit und Wissenschaft‹ (1892),
   GA 3
›Die Philosophie der Freiheit‹
   (1893 / 94), GA 4
›Die Rätsel der Philosophie‹ (1914),
   GA 18
›Methodische Grundlagen der
   Anthroposophie. Gesammelte

Aufsätze zur Philosophie, Naturwissenschaft, Ästhetik und Seelenkunde 1884–1901‹, GA 31
›Philosophie und Anthroposophie‹
   (Aufsätze 1904–1923), GA 35
›Damit der Mensch ganz Mensch
   werde‹ (Vorträge 1922), GA 82
›Grenzen der Naturerkenntnis‹ (Vorträge 1920), GA 322

Kunst
Werner Blaser, ›Natur im Gebau-
   ten. Rudolf Steiner in Dornach‹,
   Birkhäuser Verlag, Basel 2006
›Kunst und Kunsterkenntnis‹ (Auf-
   sätze und Vorträge 1880–1921),
   GA 271
›Das Künstlerische in seiner Welt-
   mission‹ (Vorträge 1923),
   GA 276
›Eurythmie – Die neue Bewegungs-
   kunst der Gegenwart‹ (Vorträge
   1918–1924), Sonderausgabe, Ta-
   schenbuch tb 642
›Sprachgestaltung und Dramati-
   sche Kunst‹ (Vorträge 1924),
   GA 282
›Das Wesen des Musikalischen‹ (Vor-
   träge 1906–1923), GA 283
›Wege zu einem neuen Baustil‹ (Vor-
   träge 1911–1914)

›Die Goetheanum-Fenster. Sprache
des Lichtes. Entwürfe und Stu-
dien‹, K 12
›Das Wesen der Farben‹ (Vorträge
1914–1924), GA 291
›Das Grafische Werk‹ (Bild- und
Textband), GA-K 45
›Das Malerische Werk‹ (Bildband
mit Erläuterungen), GA-K 13-
16 / 52-56
›Das Plastische Werk‹ (Bildband mit
Erläuterungen), GA-K 11
›Kleinodienkunst als goetheanis-
tische Formensprache‹ (Bildband
mit Erläuterungen), GA-K 51
›Wandtafelzeichnungen zum Vor-
tragswerk‹ (30 Bände in großem
Querformat), GA-K 58, 1-30

Soziales Leben
›Die Kernpunkte der Sozialen Frage‹
(1919), GA 23
›Aufsätze über die Dreigliederung
des sozialen Organismus und zur
Zeitlage‹ (1915–1921), GA 24
›Betriebsräte und Sozialisierung‹
(Vorträge 1919), GA 331
›Soziale Zukunft‹ (Vorträge 1919),
GA 332a
›Vom Einheitsstaat zum dreiglied-
rigen sozialen Organismus‹
(Vorträge 1920), GA 334
›Nationalökonomischer Kurs‹
(Vorträge 1922), GA 340

Andere Autoren

Wissenschaft
Mateo Kries (Hg.), ›Rudolf Steiner –
Die Alchemie des Alltags‹ (Katalog zur gleichnamigen Ausstellung im Kunstmuseum Wolfsburg
2010, Kunstmuseum Stuttgart
und Vitra Design Museum Weil
2011), Verlag Vitra Design Museum, Weil 2010
Walter Kugler, ›Rudolf Steiner –
wie manche ihn sehen und andere
wahrnehmen‹, Verlag Freies Geistesleben, Stuttgart 2008
Jaap Sijmons, ›Phänomenologie und
Idealismus. Struktur und Methode
der Philosophie Rudolf Steiners‹,
Schwabe Verlag, Basel 2008

Kunst
Markus Brüderlin / Ulrike Groos
(Hg.), ›Rudolf Steiner und die
Kunst der Gegenwart‹ (Katalog
zur gleichnamigen Ausstellung im
Kunstmuseum Wolfsburg 2010
und Kunstmuseum Stuttgart 2011),
DuMont Buchverlag, Köln 2010
Walter Kugler / Simon Baur (Hg.),
›Rudolf Steiner in Kunst und Ar-
chitektur‹, mit Beiträgen von Eu-
gen Blume, Bazon Brock, Hubertus
Gassner, Dieter Koepplin, Donald
Kuspit, Wolfgang Pehnt u. a.,
DuMont Buchverlag, Köln 2007

Walter Kugler (Hg.), ›Rudolf Steiner – Wie ein Atmen im Lichte. Wandtafelzeichnungen‹, Rudolf Steiner Verlag, Dornach 2003

Veit Loers (Hg.), ›Okkultismus und Avantgarde‹, Katalog zur gleichnamigen Ausstellung in der Schirn-Kunsthalle Frankfurt 1995, mit Beiträgen über Rudolf Steiner von Walter Kugler und Konrad Oberhuber, edition tertium, Ostfildern 1995

Wolfgang Pehnt / Thomas Dix, ›Rudolf Steiner – Goetheanum, Dornach‹, Verlag Ernst & Sohn, o. O. 1991

Erich Zimmer, ›Rudolf Steiner als Architekt von Wohn- und Zweckbauten‹, Verlag Freies Geistesleben, Stuttgart 1971

Wolfgang Zumdick (Hg.), ›Joseph Beuys – Rudolf Steiner. Zeichnungen – Entwürfe – Skizzen‹, Pforte Verlag, Dornach 2007

Wolfgang Zumdick, ›Der Tod hält mich wach. Joseph Beuys und

Rudolf Steiner. Grundzüge ihres Denkens‹, Pforte Verlag, Dornach 2006

Wolfgang Zumdick, ›Rudolf Steiner und die Künstler‹ (Kafka, Kandinsky, Klee u. a.), Pforte Verlag, Dornach 2005

Soziales Leben

Walter Kugler / Ulrich Rösch (Hg.), ›Barometer des Fortschritts. Gesetze des sozialen Lebens‹, Rudolf Steiner Verlag, Dornach 2006

Hans Kühn, ›Dreigliederungs-Zeit. Rudolf Steiners Kampf für die Gesellschaftsordnung der Zukunft‹, Verlag am Goetheanum, Dornach 1978

Paul Mackay / Ulrich Rösch (Hg.), ›Grundeinkommen für den Menschen. Eine Herausforderung für Europa?‹, mit Beiträgen von B. Hardorp, G. Rehn, M. Spielkamp und G. Werner, Verlag am Goetheanum, Dornach 2007

ANMERKUNGEN

[1] Ludwig Wittgenstein (1924), in ›Vermischte Bemerkungen. Eine Auswahl aus dem Nachlass‹, Frankfurt 1977, S. 143.

[2] Katalog ›Rudolf Steiner – Die Alchemie des Alltags‹, herausgegeben von Mateo Kries, Vitra Design-Museum, Weil 2010 (zur Zeit noch in Vorbereitung). Zusammen mit Ulrike Groos ist Markus Brüderlin Herausgeber des im DuMont Verlag erschienenen Katalogs ›Rudolf Steiner und die Kunst der Gegenwart‹ mit Werken von Jan Albers, Tony Cragg, Helmut Federle, Olafur Eliasson, Anish Kapoor u. a., Köln 2010.

[3] In ›Die Kernpunkte der Sozialen Frage‹ (1919), GA 23, S. 25.

[4] Vortrag, Dornach, 25. 11. 1923, in ›Mysteriengestaltungen‹, GA 232, S. 43 f.

[5] Vortrag, Dornach, 26. 10. 1923, in ›Der Mensch als Zusammenklang des schaffenden, bildenden und gestaltenden Weltenwortes‹, GA 230, S. 73.

[6] In Van der Grinten / Barbara Strieder (Hg.), ›Joseph Beuys, Plastische Bilder 1947 – 1970‹, Stuttgart 1990, S. 31, Anm. 23 zum Aufsatz von Dieter Koepplin.

[7] Vortrag, Dornach, 3. 3. 1923, in ›Vom Leben des Menschen und der Erde‹, GA 349, S. 59.

[8] Vortrag, Dornach, 14. 4. 1919, in ›Vergangenheits- und Zukunftsimpulse im sozialen Geschehen‹, GA 190, S. 217.

[9] Peter Sloterdijk, Hans Jürgen Heinrichs, ›Die Sonne und der Tod‹, Frankfurt 2006, S. 8.

[10] H. G. Gadamer / P. Vogler, ›Neue Anthropologie‹, Bd. 1, Stuttgart 1972, S. XXXVI.

[11] I. H. Fichte, ›Anthropologie‹, 2. Aufl. 1860, S. 608; vgl. Rudolf Steiner, ›Philosophie und Anthroposophie, Gesammelte Aufsätze 1904 – 1918‹, GA 35, S. 217.

[12] Fichte, ebenda.

[13] Siehe Renatus Ziegler, ›Anthroposophie – Quellentexte zur Wortgeschichte‹, in Schriftenreihe ›Beiträge zur Rudolf Steiner Gesamtausgabe‹, Heft 121, Dornach 1999. Siehe auch den Aufsatz von Rudolf Rißmann ›Anthroposophie des 16. Jahrhunderts‹, in ›Die Drei‹, Monatszeitschrift, hg. von der Anthroposophischen Gesellschaft in Deutschland, 1964, Heft 1; vgl. auch ›Mitteilungen aus der

Anthroposophischen Arbeit in Deutschland‹, Nr. 46, Weihnachten 1958; in einem dort auszugsweise veröffentlichten Brief von Hermann Pundt heißt es u. a., dass bereits im Jahre 1650 Thomas Vaughan, ein Zeitgenosse des großen englischen Rosenkreuzers Robert Flood, in Oxford ein Buch mit dem Titel ›Anthroposophia Theomagica‹ veröffentlicht hat.

[14] I. P. V. Troxler, ›Vorlesungen über Philosophie‹, hg. von P. Eymann, Bern 1942, S. 88; siehe auch Rudolf Steiner, ›Philosophie und Anthroposophie‹, ebenda, S. 216.

[15] Vortrag, Dornach, 10. 6. 91923, in ›Die Geschichte und die Bedingungen der anthroposophischen Bewegung im Verhältnis zur Anthroposophischen Gesellschaft‹, GA 258, S. 39.

[16] Max Brod, in ›Pan‹ vom 16. Juni 1911.

[17] Andrej Belyj, Brief an Margarita Kyrillowa Morosowa [Januar 1913], in ›Geheime Aufzeichnungen. Erinnerungen an das Leben im Umkreis Rudolf Steiners‹, Dornach 1992, S. 255.

[18] So in seinen ›Einleitungen zu Goethes Naturwissenschaftlichen Schriften‹ (1884–1897), GA 1; ferner in ›Grundlinien einer Erkenntnistheorie der Goetheschen Weltanschauung‹ (1886), GA 2, in ›Wahrheit und Wissenschaft‹ (1892) und in ›Die Philosophie der Freiheit‹ (1893/1894), GA 4.

[19] Jürgen Habermas, ›Erkenntnis und Interesse‹, Frankfurt 1968, S. 13.

[20] Ebenda, S. 12.

[21] ›Einleitungen zu Goethes Naturwissenschaftlichen Schriften‹, GA 1, S. 127.

[22] Ansprache, Koberwitz, 17. 6. 1924, in ›Die Erkenntnis-Aufgabe der Jugend‹, GA 217, S. 170.

[23] Carl Friedrich von Weizsäcker, ›Zum Weltbild der Physik‹, Stuttgart 1976, S. 113.

[24] ›Seelenübungen mit Wort- und Sinnbild-Meditationen‹, GA 267, S. 56.

[25] Ebenda.

[26] Siehe ›Aus der Akasha-Chronik‹ (1904–1908), GA 12 und ›Die Geheimwissenschaft im Umriss‹, insbesondere das Kapitel ›Die Weltentwicklung und der Mensch‹ (1910), GA 13.

[27] ›Anthroposophie. Ein Fragment aus dem Jahre 1910‹, GA 45, S. 23.

[28] Vortrag, Den Haag, 7. 4. 1922, in ›Damit der Mensch ganz Mensch werde‹, GA 82, S. 28.

[29] Vortrag, Wien, 3. 6. 1922, in ›Westliche und östliche Weltgegensätzlichkeit‹, GA 83, S. 107.

[30] ›Mein Lebensgang‹, Kap. II, GA 28, S. 39.

[31] J. G. Fichte, ›Briefe an Niethammer‹, Nr. 2, Zürich, den 6. Okt. 1793, 2. Bd. IX; S. 431, hg. von I. H. Fichte; siehe auch: Rudolf Steiner, ›Die Rätsel der Philosophie in ihrer Geschichte als Umriss dargestellt‹, GA 18, S. 173 f.

[32] ›Mein Lebensgang‹, ebenda, S. 51.

[33] Ebenda, S. 59.

[34] Ebenda, S. 62.

[35] Ebenda, S. 64.

[36] Vortrag, Den Haag, 8. 4. 1922, in ›Damit der Mensch ganz Mensch werde‹, GA 82, S. 66.

[37] In Schriftenreihe ›Beiträge zur Rudolf Steiner Gesamtausgabe‹, Nr. 63, 1978, S. 5–11.

[38] Siehe Josef Hupfer, ›Rudolf Steiner / Werner Heisenberg‹, in ›Abhandlungen zur Philosophie und Psychologie‹, Dornach 1961, S. 32 f.

[39] Siehe Anmerkung 30, ebenda, S. 7 f.

[40] Ebenda S. 9 f.

[41] Noch nicht in der Gesamtausgabe veröffentlicht. Siehe ›Beiträge zur Rudolf Steiner Gesamtausgabe‹, Nr. 49 / 50, Dornach 1975, S. 25.

[42] ›Mein Lebensgang‹, GA 28, S. 95.

[43] Ebenda, S. 97 f.

[44] Ebenda, S. 97.

[45] In ›Methodische Grundlagen der Anthroposophie. Gesammelte Aufsätze 1884–1901‹, GA 30, S. 237 ff.

[46] ›Mein Lebensgang‹, GA 28, S. 142.

[47] Ebenda, S. 247 f.

[48] ›Die Philosophie der Freiheit‹ (1893 / 94), GA 4, S. 194.

[49] Vortrag, Dornach, 27. 10. 1918, in ›Geschichtliche Symptomatologie‹, GA 185, S. 131 f.

[50] ›Briefe II, 1890–1925‹, GA 39, S. 222 ff.

[51] ›Die Rätsel der Philosophie‹ (1914), GA 18, S. 605.

[52] Carl Friedrich von Weizsäcker, ›Der Garten des Menschlichen‹, München / Wien 1978, S. 165 f.

[53] ›Die psychologischen Grundlagen und die erkenntnistheoretische Stellung der Anthroposophie‹, Autorreferat eines in Bologna am 8. 4. 1911 gehaltenen Vortrages, in ›Philosophie und Anthroposophie. Gesammelte Aufsätze 1904–1923‹, GA 35, S. 112.

[54] Ebenda, S. 113 f.

[55] Ebenda, S. 114 ff.

[56] Ebenda, S. 135 ff.

[57] Jorge Luis Borges / Margarita Guerro, ›Einhorn, Sphinx und Salamander. Ein Handbuch der fantastischen Zoologie‹, München 1964, S. 132.

[58] Aus einem Gespräch Ernst Blochs mit dem Kanadischen Rundfunk aus dem Jahre 1975, abgedruckt in: ›Die Zeit‹ vom 29. 7. 1977; siehe auch ›Das Prinzip Hoffnung‹, Frankfurt / M. 1959.

[59] ›Mein Lebensgang‹, GA 28, S. 403.

[60] Ebenda, S. 177.

[61] Vortrag, Den Haag, 12. 4. 1922, in ›Damit der Mensch ganz Mensch werde. Die Bedeutung der Anthroposophie im Geistesleben der Gegenwart‹, GA 82, S. 217 f.

[62] ›Theosophie. Einführung in übersinnliche Welterkenntnis und Menschenbestimmung‹, GA 9, S. 62.

[63] Ebenda, S. 28.

[64] Ebenda, S. 68.

[65] Ebenda, S. 68 f.

[66] Ebenda, S. 69.

[67] Ebenda, S. 71.

[68] Ebenda, S. 73.

[69] Ebenda, S. 78.

[70] Ebenda.

[71] Ebenda, S. 81.

[72] Ebenda, S. 88.

[73] ›Mein Lebensgang‹, GA 28, S. 434.

[74] ›Reinkarnation und Karma, vom Standpunkte der modernen Naturwissenschaft notwendige Vorstellungen‹, Aufsatz 1903, in ›Lucifer-Gnosis. Grundlegende Aufsätze zur Anthroposophie 1903–1908‹, GA 34, S. 85.

[75] ›Wie Karma wirkt‹, Aufsatz 1903, in ›Lucifer-Gnosis. Grundlegende Aufsätze zur Anthroposophie 1903–1908‹, GA 34, S. 92 ff.

[76] Vortrag, Berlin, 5. 3. 1912, in ›Wiederverkörperung und Karma und ihre Bedeutung für die Kultur der Gegenwart‹, GA 135, S. 53.

[77] Vortrag, Dornach, 25. 1. 1920, in ›Architektur, Plastik und Malerei des Ersten Goetheanum‹, Dornach 1982, S. 46.

[78] [W.] Kandinsky, ›Über das Geistige in der Kunst‹, Kap. VIII, 2. Aufl., München 1912, S. 119.

[79] Ebenda, S. 120.

[80] Franz Marc, Manuskript für einen Vortrag ›Zur Kritik der Vergangenheit‹ (1914), in ›Okkultismus und Avantgarde‹, Katalog zur gleichnamigen Ausstellung in der Schirn-Kunsthalle Frankfurt 1995, hg. von Veit Loers, Ostfildern 1995, S. 274.

[81] Franz Marc, ›Die Wilden Deutschlands‹, im Almanach ›Der Blaue Reiter‹, München 1979, S. 30.

[82] Vortrag, Dornach, 15. 1. 1918, in ›Das Grafische Werk‹, GA-K 45, S. 43.

[83] G. Mazzini (1805–1872), zitiert nach Mario Verdone, ›Abstraktion, Futurismus und Okkultismus – Ginna, Corra und Rosà‹, in ›Okkultismus und Avantgarde‹, ebenda, S. 479.

[84] L. Sabanejew, ›Prometheus von Skrjabin‹ im Almanach ›Der Blaue Reiter‹, München 1979, S. 110.

[85] Hubertus Gassner, ›Das Geistige in der Kunst und die Suprematie kosmischer Erregung‹, in U. Schneede (Hg.), ›Chagall, Kandinsky, Malewitsch und die Russische Avant-

garde‹, Katalog zur gleichnamigen Ausstellung in der Kunsthalle Hamburg (1998) und im Kunsthaus Zürich (1999), Ostfildern-Ruit 1998, S. 47.

[86] Wassily Kandinsky, ›Essays über Kunst und Künstler‹, Bern (3. Aufl.) 1973, S. 212 ff.

[87] Vortrag, Dornach, 26.7.1914, in ›Das Wesen der Farben‹, GA 291, S. 93.

[88] Vortrag, Den Haag, 9.4.1922, in ›Damit der Mensch ganz Mensch werde‹, GA 82, S. 89.

[89] Linda D. Henderson, ›Die moderne Kunst und das Unsichtbare‹, in ›Okkultismus und Avantgarde‹, siehe oben Anm. 4, ebenda, S. 14.

[90] Umberto Boccioni u. a., ›Technical Manifesto of Futurist Painting‹, zitiert nach L. D. Henderson, ›Die moderne Kunst und das Unsichtbare‹, in ›Okkultismus und Avantgarde‹, siehe oben Anm. 5, ebenda, S. 14.

[91] Umberto Boccioni, Notizen für eine Vorlesung über Futuristische Malerei, etwa 1911, zitiert nach L. D. Henderson, ebenda, S. 13.

[92] Vortrag, München, 15.2.1918, in ›Kunst und Kunsterkenntnis‹, GA 271, S. 103.

[93] Huberts Gassner, siehe oben Anm. 9, ebenda, S. 47.

[94] Kandinsky, siehe oben Anm. 3, ebenda, S. 25.

[95] Ebenda, S. 26.

[96] Sixten Ringbom, ›Kandinsky und das Okkulte‹ und ›Die Steiner-Annotationen Kandinskys‹, in ›Kandinsky und München. Begegnungen und Wandlungen 1896–1914‹, hg. von Armin Zweite, München 1982, S. 102. Bei den von Kandinsky studierten Texten Steiners handelt es sich um ›Wie erlangt man Erkenntnisse der höheren Welten?‹, ›Die Stufen der Höheren Erkenntnis‹ sowie ›Von der Aura des Menschen‹, in ›Lucifer-Gnosis. Grundlegende Aufsätze zur Anthroposophie 1903–1908‹, GA 34.

[97] Siehe Gisela Kleine, ›Gabriele Münter und Wassily Kandinsky‹, Frankfurt 1990, S. 296.

[98] Vortrag vom 26.3.1908 ›Sonne, Mond und Sterne‹, in ›Die Erkenntnis der Seele und des Geistes‹, GA 56, S. 262.

[99] In ›Rudolf Steiner in Kunst und Architektur‹, hg. von Walter Kugler und Simon Baur, mit Beiträgen von Bazon Brock, Eugen Blume, Christa Lichtenstern u. a., Köln 2007, S. 43.

[100] Den Hinweis auf Clemens Weiler sowie die folgenden Äußerungen Jawlensky betreffend verdanke ich dem Maler und Architekten Frank Rüdiger Hildebrandt. Zitiert nach seinem bisher unveröffentlichten

Manuskript: ›Werkmetamorphosen und Anthroposophie Jawlenskys‹, Alfter 1993. Siehe auch den Aufsatz von Dorothea Rapp: Ikonen an der Zeitmauer, in Monatszeitschrift ›Die Drei‹, Nr. 6, 1983.

[101] Siehe die Vorträge vom 15. und 17. Februar ›Das Sinnlich-Übersinnliche in seiner Verwirklichung durch die Kunst‹ sowie vom 5. und 6. Mai 1918 ›Die Quellen der künstlerischen Fantasie und die Quellen der übersinnlichen Erkenntnis‹, in ›Kunst und Kunsterkenntnis‹, GA 271.

[102] Ebenda, S. 141.

[103] Der Brief ist in französischer Sprache verfasst. Die Übersetzung (R. Friedenthal) ist abgedruckt in ›Rudolf Steiner Gesamtausgabe – Eine Dokumentation‹, hg. von Walter Kugler, Dornach 1988, S. 39. – Über Mondrian und Rudolf Steiner siehe auch Konrad Oberhuber, ›Das Geistige in der Kunst und das Wirken Rudolf Steiners‹, in ›Das Geistige in der Kunst. Abstrakte Malerei 1890 – 1985‹, hg. von M. Tuchman u. J. Freeman, Stuttgart 1988.

[104] Vortrag, Den Haag, 9. 4. 1922, ›Die bildende Kunst‹, in ›Damit der Mensch ganz Mensch werde. Die Bedeutung der Anthroposophie im Geistesleben der Gegenwart‹, GA 82, S. 87.

[105] Ebenda, S. 89.

[106] Nähere Angaben zu dem sehr umfangreichen Katalog siehe unter Anm. 4.

[107] Christoph Wagner, ›Das Bauhaus und die Esoterik‹, Bielefeld / Leipzig 2005 und Mark Alizart (Hg.), ›Traces du Sacré‹, Centre Pompidou 2008.

[108] Vortrag, München, 15. 2. 1918, in ›Kunst und Kunsterkenntnis‹, GA 271, S. 84 ff.

[109] Ebenda, S. 100 f.

[110] G. W. F. Hegel, ›Ästhetik‹, Bd. I, Einleitung, Berlin-Weimar 1965, S. 15 f.

[111] Daniel Bell, ›Die Zukunft der westlichen Welt. Kultur und Technologie im Widerstreit‹, Frankfurt 1976, S. 43.

[112] Vortrag, Zürich, 28. 10. 1919, in ›Soziale Zukunft‹, GA 332 a, S. 116 f.

[113] Vortrag, Stuttgart, 1. 6. 1919, in ›Geisteswissenschaftliche Behandlung sozialer und pädagogischer Fragen‹, GA 192, S. 137 f.

[114] Siehe Anm. 36, ebenda, S. 130 f.

[115] Vortrag, Ilkley, England, 16. 8. 1923, in ›Gegenwärtiges Geistesleben und Erziehung‹, GA 307, S. 223 f.

[116] Siehe Anm. 32, ebenda, S. 101 ff.

[117] ›Grundlinien einer Erkenntnistheorie der Goetheschen Weltanschauung‹, GA 2, S. 131.

[118] Ebenda, S. 133.

[119] Brief an Josef Köck in ›Briefe I 1881 – 1890‹, GA 38, S. 58.

120 Ders. in ›Kunst und Kunsterkenntnis‹, GA 271, S. 33.

121 Ebenda, S. 36.

122 ›Mein Lebensgang‹, GA 28, S. 23.

123 Ebenda, S. 37.

124 Vortrag, Dornach, 7. 6. 1914, in
›Wege zu einem neuen Baustil‹, GA
286, S. 48.

125 ›Mein Lebensgang‹, GA 28, S. 156.

126 Ebenda, S. 269 f.

127 Ebenda, S. 273.

128 Ebenda, S. 279.

129 Ebenda, S. 353 f.

130 Ebenda, S. 411.

131 Ebenda, S. 70.

132 Ebenda, S. 67.

133 Ebenda, S. 70.

134 Gez. C. Sch., ›Europa 1907‹,
in ›Neue Zürcher Zeitung‹ vom
22. 9. 1957.

135 In ›Vier Mysteriendramen‹, GA 14.

136 In ›Das Malerische Werk‹, GA-K
13-16 / 52 – 56, S. 45 ff.

137 Vortrag, Stuttgart, 22. 11. 1920, in
›Gegensätze in der Menschheitsentwicklung‹, GA 197, S. 198 f.

138 Christian Morgenstern, Brief vom
14. 8. 1913, in ›Briefe‹, München 1973,
S. 371.

139 ›Die Goetheanum-Fenster. Sprache des Lichtes. Entwürfe und Studien‹, K 12.

140 Vortrag, Dornach, 17. 6. 1914, in
›Wege zu einem neuen Baustil‹, GA
286, S. 72.

141 ›Rudolf Steiner – Die Alchemie des
Alltags‹, konzipiert vom Vitra Design
Museum, Weil a. Rhein, und ›Rudolf
Steiner und die Kunst der Gegenwart‹
mit Werken von Tony Cragg, Olafur
Eliasson, Helmut Federle, Katharina
Große, Anish Kapoor, Rudolf Steiner
u. a., konzipiert vom Kunstmuseum
Wolfsburg in Zusammenarbeit mit
dem Kunstmuseum Stuttgart. Beide
Ausstellungen werden von Februar
bis Mai 2011 im Kunstmuseum Stutt-
gart zu sehen sein.

142 Assja Turenieff in ›Die Gothea-
num Fenster. Sprache des Lichtes.
Entwürfe und Studien‹, K 12, Textband S. 30.

143 Vortrag, Penmaenmawr, England,
24. 8. 1923, in ›Bilder okkulter Siegel
und Säulen‹, GA 284, S. 17 f.

144 Vortrag, Dornach, 29. 7. 1916, in
›Das Rätsel des Menschen. Die
geistigen Hintergründe der menschlichen Geschichte‹, GA 170, S. 10.

145 In Rex Raab, Arne Klingborg, Åke
Fant, ›Sprechender Beton. Wie Rudolf Steiner den Stahlbeton verwendete‹, Dornach 1972, S. 18.

146 Wolfgang Pehnt / Thomas Dix,
›Rudolf Steiner – Goetheanum,
Dornach‹, Ernst & Sohn Verlag, o.
Ort 1991 sowie ›Das Ganze wie be-
seelt. Rudolf Steiner und die anthro-
posophische Architektur‹, in Walter
Kugler / Simon Baur (Hg.), ›Rudolf

Steiner in Kunst und Architektur‹, mit weiteren Beiträgen zur Architektur von Ernst Fiechter, Willy Rotzler, Dennis Sharp und Beat Wyss, Köln 2007.

[147] Wiederabdruck in Walter Kugler / Simon Baur (Hg.), ›Rudolf Steiner in Kunst und Architektur‹, Köln 2007.

[148] Vortrag, München, 15. 2. 1918, in ›Kunst und Kunsterkenntnis‹, GA 271, S. 91 ff.

[149] GA 1, S. 296 f.

[150] Ebenda.

[151] Vortrag, München, 15. Februar 1918, in ›Kunst und Kunsterkenntnis‹, GA 271, S. 94.

[152] Robert Delaunay, zitiert nach Gladys Fabre, ›Der literarische Zirkel der Abbaye – Der Okkultismus und die Avantgarde-Kunst in Frankreich 1906 – 1915‹, in ›Okkultismus und Avantgarde‹, siehe oben Anm. 4, ebenda, S. 360.

[153] ›Vier Mysteriendramen‹, GA 14, S. 177.

[154] Hella Wiesberger, Einleitung zu Rudolf Steiner ›Das Wesen der Farben‹, GA 291, S. 15.

[155] Sämtliche Skizzen, Aquarelle und Pastelle sowie die Deckenmalereien sind in der Rudolf Steiner Gesamtausgabe dokumentiert in ›Das Malerische Werk‹, GA – K 13-16 / 52-56.

[156] Siehe Anm. 70, ebenda, S. 18.

[157] Vortrag, Dornach, 3. 12. 1917, in ›Das Grafische Werk‹, GA-K 45, S. 13.

[158] Ebenda.

[159] Ebenda, S. 24.

[160] ›Einleitende Worte zu einer Eurythmie-Vorstellung‹, in ›Der Goetheanumgedanke. Gesammelte Aufsätze 1921 – 1925‹, GA 36, S. 300 f.

[161] Ansprache, Dornach, 14. 12. 1919, in ›Die Entstehung und Entwicklung der Eurythmie‹, GA 277a, S. 119. Faksimilewiedergaben der Eurythmieformen siehe ›Eurythmieformen‹, Bd. III, ›Eurythmieformen zu Dichtungen von Johann Wolfgang von Goethe‹, GA K 23, S. 41 – 52.

[162] Marie Steiner, ›Rudolf Steiner und die Künste‹, in ›Gesammelte Schriften II‹, Dornach 1974, S. 249.

[163] ›Über die eurythmische Kunst‹, in ›Die Entstehung und Entwicklung der Eurythmie‹, GA 277a, S. 12.

[164] Votum von Rudolf Steiner an der Konferenz im Eurythmeum Stuttgart am 30. 4. 1924, in ›Die Entstehung und Entwicklung der Eurythmie‹, GA 277a, S. 142.

[165] ›Mein Lebensgang‹, S. 381 f.

[166] Vortrag, Dornach, 5. 9. 1924, in ›Sprachgestaltung und Dramatische Kunst‹, GA 282, S. 59 f.

[167] ›Die geistige Führung des Menschen und der Menschheit‹ (1911), GA 15, S. 13.

[168] Vortrag, Dornach, 5. 9. 1924, in ›Sprachgestaltung und Dramatische Kunst‹, GA 282, S, 65.

[169] Ebenda, S. 75.

[170] ›Wahrspruchworte‹, GA 40, S. 364.

[171] Ebenda, S. 365.

[172] Vortrag, Torquay, England, 20. 8. 1924, in ›Das Initiatenbewusstsein‹, GA 234, S. 192.

[173] Vortrag, Köln, 3. 12. 1906, in ›Das Wesen des Musikalischen‹, GA 283, S. 11.

[174] ›Mein Lebensgang‹, GA 28, S. 73.

[175] Vortrag, Den Haag, 7. 4. 1922, in ›Damit der Mensch ganz Mensch werde. Die Bedeutung der Anthroposophie im Geistesleben der Gegenwart‹, GA 82, S. 21.

[176] Assja Turgenieff, zitiert nach ›Beiträge zur Rudolf Steiner Gesamtausgabe‹ Nr. 103, Dornach 1989, S. 65.

[177] Ebenda.

[178] Vortrag, Stuttgart, 22. 6. 1922, in ›Erziehung und Unterricht aus Menschenerkenntnis‹, GA 302a, S. 94.

[179] Vortrag, Stuttgart, 14. 9. 1923, in ›Initiationswissenschaft und Sternenerkenntnis‹, GA 228, S. 129.

[180] Vortrag, Heidenheim, 29. 4. 1918, in ›Der Tod als Lebenswandlung‹, GA 182, S. 69.

[181] Joseph Beuys im Gespräch mit Peter Brügge, in ›Der Spiegel‹, 4. Juni 1984.

[182] Fragenbeantwortung vom 30. 9. 1920, in ›Das Wesen des Musikalischen‹, GA 283, S. 63.

[183] Vortrag, Dornach, 26. 7. 1914, in ›Das Wesen der Farben‹, GA 291, S. 93.

[184] Vortrag, Dornach, 2. 6. 1923, ebenda, S. 173.

[185] Vortrag, Dornach, 3. 12. 1917, in ›Das Grafische Werk‹, GA-K 45, S. 17.

[186] Ebenda, S. 23.

[187] In ›Kräfte im Weltall, kosmische Fantasie‹, in ›Süddeutsche Zeitung‹ vom 10. 11. 1992.

[188] Vortrag vom 29. August 1922, gehalten in Oxford, in ›Die geistig-seelischen Grundkräfte der Erziehungskunst‹, GA 305, S. 228.

[189] Jürgen Habermas, ›Legitimationsprobleme im Spätkapitalismus‹, Frankfurt 1973, S. 15; vgl. auch C. Offe, ›Krise und Krisenmanagement‹, in: Jänicke, ›Herrschaft und Krise‹, Opladen 1973.

[190] Vgl. Klaus Hurrelmann, ›Erziehungssystem und Gesellschaft‹, Reinbek 1975, S. 43.

[191] Daniel Bell, ›Die Zukunft der westlichen Welt. Kultur und Technik im Widerstreit‹, Frankfurt 1976, S. 19 f.

[192] Votum an einer Versammlung, Stuttgart, 30. 5. 1919, in ›Soziale Ideen – Soziale Wirklichkeit – Soziale Praxis Band I‹, GA 337a, S. 73.

[193] Aus dem Aufruf ›An das deutsche Volk und an die Kulturwelt!‹, in Vortrag, Dornach, 15. 2. 1919, in ›Die soziale Frage als Bewusstseinsfrage‹, GA 189, S. 21.

[194] Ebenda, S. 22.

[195] Vortrag, Dornach, 16. 2. 1919, ebenda, S. 33.

[196] ›Die Kernpunkte der sozialen Frage‹, GA 23, S. 25.

[197] Vortrag ›Beruf und Erwerb‹, Berlin, 12. 3. 1908, in ›Die Erkenntnis der Seele und des Geistes‹, GA 56, S. 233.

[198] Ebenda, S. 245.

[199] Ebenda.

[200] In dem Aufsatz ›Geisteswissenschaft und Soziale Frage‹, in ›Lucifer-Gnosis. Grundlegende Aufsätze zur Anthroposophie‹, GA 34, S. 213.

[201] Ebenda.

[202] In dem Aufsatz ›Freiheit und Gesellschaft‹, in ›Gesammelte Aufsätze zur Kultur- und Zeitgeschichte 1887 – 1901‹, GA 31, S. 255 f.

[203] ›Die Kernpunkte der Sozialen Frage‹, GA 23, S. 106.

[204] Ebenda S. 109.

[205] Ebenda S. 116.

[206] Sigurd Ibsen, ›Gegensätze der Politik‹ (Politikkens Motsetninger), Oslo 1925, in ›Beiträge zur Rudolf Steiner-Gesamtausgabe‹ Heft 58 / 59, Dornach 1977, S. 56.

[207] ›Mein Lebensgang‹, GA 28, S. 146 f.

[208] Ebenda, S. 369.

[209] Ebenda, S. 370.

[210] In ›Gesammelte Aufsätze zur Kultur- und Zeitgeschichte 1887 – 1901‹, GA 31, S. 283 f.

[211] ›Mein Lebensgang‹, GA 28, S. 372.

[212] Vortrag, Dornach, 27. 10. 1918, in ›Geschichtliche Symptomatologie‹, GA 185, S. 136.

[213] Ebenda, S. 26.

[214] Kurt Eisner (Hg.), ›Wilhelm Liebknecht. Sein Leben und Wirken‹, Berlin 1900, S. 56.

[215] Heinrich Schulz, ›Politik und Bildung. Hundert Jahre Arbeiterbildung‹, Berlin 1931, S. 75.

[216] ›Mein Lebensgang‹, GA 28, S. 375 ff.

[217] Rudolf Steiner Archiv, Dornach.

[218] Vortrag, Dornach, 27. 10. 1918, in ›Geschichtliche Symptomatologie‹, GA 185, S. 149.

[219] In ›Briefe, Band II, 1890 – 1925‹, GA 39, S. 432.

[220] Emil Unger-Winkelried, ›Von Bebel zu Hitler‹, Berlin 1934, S. 48 f.

[221] ›Vorwärts. Berliner Volksblatt‹ Nr. 249.21.79, 3. Beilage, 22. Oktober 1904; vollständiger Wiederabdruck in ›Beiträge zur Rudolf Steiner Gesamtausgabe‹, Nr. 111, ›Wissen ist Macht, Macht ist Wissen. Rudolf Steiner als Lehrer an der Arbeiterbildungsschule in

Berlin und Spandau 1899–1904‹, hg. von Walter Kugler, Dornach 1993, S. 30.

[222] Johanna Mücke / Alwin A. Rudolph, ›Erinnerungen an Rudolf Steiner und seine Wirksamkeit an der Arbeiterbildungsschule in Berlin 1899–1904‹, Basel 1979, S. 27.

[223] Ebenda, S. 28.

[224] Vortrag, Zürich, 24. 10. 1919, in ›Soziale Zukunft‹, GA 332a, S. 31 f.

[225] Vortrag, Stuttgart, 22. 4. 1919, in ›Neugestaltung des sozialen Organismus‹, GA 330, S. 15 f.

[226] Vortrag, Wien, 14. 4. 1914, in ›Inneres Wesen des Menschen und Leben zwischen Tod und neuer Geburt‹, GA 153, S. 174.

[227] In ›Aufsätze über die Dreigliederung des sozialen Organismus und zur Zeitlage 1915–192‹, GA 24, S. 269 f.

[228] Vortrag, Zürich, 14. 11. 1917, in ›Die Ergänzung heutiger Wissenschaften durch Anthroposophie‹, GA 73, S. 197 f.

[229] Woodrow Wilson, ›Die neue Freiheit‹, Kap. ›Was ist Fortschritt?‹, München 1914, S. 65 f.

[230] Vortrag, Dornach, 20. Februar 1920, in ›Geistige und soziale Wandlungen in der Menschheitsentwicklung‹, GA 196, S. 245.

[231] Otto Graf Lerchenfeld, ›Erinnerungen‹, in Roman Boos (Hg.),

›Rudolf Steiner während des Weltkrieges‹, Dornach 1933, S. 58.

[232] Ebenda, S. 58 f.

[233] Ebenda, S. 59.

[234] Votum beim Zweiten Diskussionsabend des Schweizer Bundes für Dreigliederung des sozialen Organismus, Dornach, 19. 7. 1920, in ›Soziale Idee – Soziale Wirklichkeit – Soziale Praxis‹, GA 337 b, S. 34 f.

[235] Vortrag, Kristiania (Oslo), 24. 11. 1921, in › Nordische und Mitteleuropäische Geistimpulse‹, GA 209, S. 13.

[236] Arthur Graf Polzer-Hoditz, ›Kaiser Karl. Aus der Geheimmappe seines Kabinettchefs‹, Wien 1929, S. 504 f.

[237] Die Denkschrift gab im wesentlichen den Inhalt der Memoranden Rudolf Steiners wieder, die ihm einige Monate zuvor übergeben worden waren. Bei seiner Abschiedsaudienz legte Polzer-Hoditz seine Denkschrift dem österreichischen Kaiser vor.

[238] In ›Aufsätze über die Dreigliederung des sozialen Organismus und zur Zeitlage‹, GA 24, S. 386–391.

[239] Ebenda, S. 364 f.

[240] ›Die Kernpunkte der Sozialen Frage‹ (1919), GA 23, S. 60.

[241] In ›Beiträge zur Rudolf Steiner Gesamtausgabe‹ Nr. 27/28, hg. von Hella Wiesberger, Dornach 1969, S. 13.

[242] Komitee: gemeint ist das Komitee zur Gründung eines Kulturrates.

[243] Über München war gerade am Tage zuvor (2. Mai) infolge blutiger Auseinandersetzungen zwischen Reichstruppen und der Roten Armee (Räterepublik) der Kriegszustand verhängt worden.

[244] Ebenda, S. 10 f.

[245] Spa: 1918/19 Sitz der Waffenstillstandskommission; im Juli 1920 Ort der ersten Konferenz zwischen Deutschen und Alliierten nach Friedensschluss.

[246] In Wochenzeitung ›Dreigliederung des sozialen Organismus‹, hg. vom ›Bund für soziale Dreigliederung‹, Stuttgart 1919, Heft I/3.

[247] Carl Unger, ›Zur Geschichte der Dreigliederung‹, in Nr. 1 der Wochenzeitung ›Dreigliederung des sozialen Organismus‹, 8. Juli 1919.

[248] Ebenda.

[249] Emil Molt, Manuskript (Rudolf Steiner Archiv) zu dem 1972 erschienenen ›Entwurf meiner Lebensbeschreibung‹, S. 279; in der gedruckten Version ist dieser Passus weggefallen.

[250] Votum an einem Diskussionsabend mit den Arbeiter- und Angestellten-Ausschüssen der Stuttgarter Großbetriebe im Gewerkschaftshaus in Stuttgart am 14. Juni 1919, in ›Betriebsräte und Sozialisierung. Diskussionsabende mit Arbeiterausschüssen‹, GA 331, S. 136 ff.

[251] Ebenda, S. 159.

[252] In Stuttgart am 1. und 2. Januar 1921, in ›Wie wirkt man für den Impuls der Dreigliederung des sozialen Organismus?‹, GA 338, S. 197 ff.

[253] Aus einem Bericht Rudolf Steiners, Dornach, 18. 6. 1922, in ›Westliche und östliche Weltgegensätzlichkeit‹, GA 83, S. 358 ff.

[254] ›Aufsätze über die Dreigliederung des sozialen Organismus und zur Zeitlage 1915–1921‹, GA 24, S. 460 f.

[255] Jules Sauerwein, u. a. Redakteur des ›Matin‹, in einem Gespräch mit Arved Arenstam, in ›Neues Wiener Journal‹, Nr. 11647 vom 25. April 1926.

DANK

Sämtliche Abbildungen und Dokumente wurden dankenswerterweise vom Rudolf Steiner Archiv in Dornach, Schweiz, zur Verfügung gestellt. Der Abdruck längerer Passagen aus der Gesamtausgabe erfolgt mit freundlicher Genehmigung der Rudolf Steiner Nachlassverwaltung.

Der Abdruck der Zeichnung von Emil Orlik erfolgt mit freundlicher Genehmigung der Kunst und Verlagsanstalt Franz Hanfstaengl, München.

■DUMONT TASCHENBÜCHER